富裕層のNo.1投資戦略

INVESTMENT STRATEGY OF WEALTHY CLASS

ヘッジファンドダイレクト株式会社
代表取締役社長
高岡 壮一郎

SOGO HOREI PUBLISHING CO., LTD

はじめに

本書は、個人投資家にとって、利益を一番出しやすい戦略について考察したものである。そして、その戦略を「No.1投資戦略」と名づけてみた。

では、「No.1投資戦略」とは何か。答えはシンプルだ。つまり、「世界で一番優秀な者を自分のために雇い、自分のお金を運用させれば、一番手間をかけずに自分の利益を増やせる確率が高い」という考え方だ。そして、世界で一番優秀な運用実績のある者はと言えば、「ヘッジファンド」である。

ヘッジファンドと言えば、米トランプ大統領がヘッジファンド創業者を政権上級顧問に迎えようとしたり、元FRB議長のアラン・グリーンスパンが米ヘッジファンド運用会社の顧問に就任したり、クリントン元大統領の娘もヘッジファンドで働き、その夫はヘッジファンド創業者であることからわかるように、ヘッジファンドは現代の資本主義社会における特権階級と言えよう。そんなヘッジファンドは日本人にとってこれまで敷居が高すぎる存在であったし、そもそも最低投資額が1億円からでないとヘッジファンドに投資することはできなかった。

しかし、フィンテック時代を迎えた現在、ごく普通の個人投資家でも、投資予算1００0万円程度から、海外一流ヘッジファンドに手頃に投資できる時代になったことを、あなたはもうご存知だろうか？

「東大・銀座・ヘッジファンド」

現代の富裕層たちが欲しがるのはこの3つであることがビッグデータで明らかになった。筆者は金融資産1億円以上を持つ富裕層限定のオンライン・プライベートクラブ「YUCASEE（ゆかし）」を10年以上にわたって運営しており、富裕層に特化した形で個人の生の声を含めた活動データを収集・蓄積している。

「YUCASEE（ゆかし）」は、銀行残高証明等の提出や担当者によるヒアリング等を用いた審査を通じて、純金融資産1億円以上を有する富裕層と認定された人のみがアクセスできる会員制オンラインコミュニティである。その会員活動データや投稿コメントを解析して、志向性を割り出した。

加えて、日本最大級の富裕層向け総合メディアである「ゆかしメディア」を併設しており、オンライン上で無料購読している富裕層・高額所得者を中心とした読者（月間100万アクセス）による長期間にわたり蓄積された1万以上の記事のアクセス解析データや検索ワード、メールマーケティングにおけるクリック率等の反応データ、ソーシャルメディアにおける拡散頻度等を独占的に分析して明らかになったのが、この傾向である。

「大学に入るなら、できれば東大や早慶」

「不動産を買うなら、できれば銀座や青山」

それと同じように、「投資をするなら、できればヘッジファンド」というのが現代の富裕層の本音である。

長期的に優秀な実績を残してきた一流運用者であるところの海外ヘッジファンド・マネジャーに自分の資金を託せば安心だという実利的な考え方と同時に、単なるお金以外に名誉感情や優越感を大切にするのが富裕層の特徴である。

「歴史に裏打ちされた揺るぎない価値。奇をてらわずに、それを手に入れることは、人生における成功の1つである」

格差社会となり嫉妬が渦巻く日本で、人前ではそんな台詞を決して口にはしないけれど、揺るぎない価値を求めて他人に勝る努力を続け王道を歩み続けてきた知的で合理的なオーナー経営者、医師、大企業幹部が本書の想定する読者である。

そんな読者には、ここで大富豪ロスチャイルドの名言を思い出して欲しい。

「資産を築くには大変な勇気と注意が必要だが、これを維持するにはその10倍もの知恵がいる」

本書を開いているあなたは、勇気と細心の注意と努力で人生ゲームに勝利し、もしくは勝利しつつあり、世の中の一般の人よりも多くの資産を蓄えたはずである。振り返ってみれば、勇気を出して挑戦した一度の勝負が今の成功の大半に寄与していることや、甘言を弄する者たちを退けることができた確かな知性と見識、自制心こそが、あなたを成功者という狭き門まで到達させてくれたことを実感していることだろう。

一度勝利を収めたからには、さらに大勝を狙って勝負に出てはならない。現在の地位から滑り落ち、勝利者でなくなるリスク等は考えるにも値しない。かと言って、いわゆる「保守的な運用」に堕すれば、インフレで購買力が低下して転落してしまう。だからこそ、富裕層には富裕層の、確固とした「投資戦略」が必要なのだ。

しかし、本書は何も富裕層にだけ役に立つ本ではない。世の中、人それぞれ様々な価値観があり、各価値観に優劣はない。本書は「何事も一流を求める」価値観の個人投資家と相性が良いというだけに過ぎない。

富裕層がなぜヘッジファンドに投資をするようになったのか。その背景や理由を知り、正しく理解することは、日本のすべての個人投資家にとって、投資で利益を出す確率を飛躍的に高めるものであると確信している。将来あなたが成功し、もしくは相続を受けて富裕層になった暁には、この知恵が必ず役に立つことは言うまでもない。

本書を通じて、現代社会における個人の資産運用の成功法則について何か一つでも気づきを得ていただければ、望外の喜びである。

2017年3月吉日　高岡壮一郎

もくじ

はじめに …… 3
序章　個人投資家にとって最高の時代が到来した …… 14

第1章　なぜ個人投資家の7割が損をしているのか？

01　通算成績で損をしている個人投資家 …… 30
02　日本は南アフリカ以下の資産運用後進国 …… 35
03　個人投資家の利益を優先しない販売会社 …… 40
04　個人投資家の投資リテラシーは先進国で下位 …… 43

COLUMN1. 三井物産入社1年目の頃(1999年〜) …… 47

第2章 投資家のスタイルに関する7つの考察

01 投資判断を自分でするか、任せるかの二択 …… 54
02 自分で運用する場合の情報源の見分け方 …… 66
03 国際分散投資は机上の空論 …… 83
04 個別銘柄の選別よりもアセットクラスの選別 …… 94
05 円預金、インフレ率が2%なら36年後に価値は半減 …… 107
06 投資信託の選び方 …… 118
07 投資運用サービスの選び方(ラップ口座・ロボアドバイザー) …… 133
08 最高の投資戦略とは何か? …… 143
COLUMN2. 起業(2005年〜) …… 154

第3章　なぜ富裕層はヘッジファンドに投資しているのか？

01　ヘッジファンドが世界の中心になった経緯　164
02　年収数千億円のヘッジファンド・マネジャー9名の素顔　173
03　ヘッジファンドの各種戦略　195
04　世界の富裕層や機関投資家がヘッジファンドに投資する3つの理由　205
05　ヘッジファンドの仕組み　212
06　ヘッジファンドのリスクと選別方法　218
07　個人が年利10%で運用する投資法との比較　235
08　ヘッジファンドを購入する3つの方法　248
COLUMN3.　新しいビジネスモデルで日本に変革を（2008年〜）　259

第4章　富裕層向け金融機関であるプライベートバンクと投資助言会社

01 富裕層向けプライベートバンク …… 264
02 富裕層向け投資助言会社 …… 270
03 富裕層向け金融ビジネスの現在 …… 279
COLUMN4. 挫折と再起動（2013年〜） …… 283

第5章　富裕層が保有している「手頃なヘッジファンド」の実例

01 約1000万円からヘッジファンドに投資できる時代に …… 294
02 データ分析が強みの英国系名門ヘッジファンドA …… 298
03 めったに損しない安定第一のスイス系ヘッジファンドB …… 311

04 18年間の運用で年次マイナスは2回だけ、債券より堅いヘッジファンドC …… 317
05 リーマン・ショックの年に50%リターン、下げ相場でも儲かるヘッジファンドD …… 323
COLUMN5. フィンテック時代の幕開け（2015年～） …… 339

第6章 フィンテック時代の資産運用

01 投資家による販売会社の中抜き …… 346
02 個人投資家のリテラシーの高まりと利益相反 …… 352
03 個人投資家のグローバル化 …… 357
04 フィンテック革命による個人投資家への恩恵 …… 361
おわりに～フィクションとしてのマネー～ …… 366
参考文献 …… 373

編集協力　山中勇樹
装丁　小松学（ＺＵＧＡ）
本文デザイン　土屋和泉
本文ＤＴＰ＆図表作成　横内俊彦

序章　個人投資家にとって最高の時代が到来した

❖なぜ今までの日本人は損をしてきたのか？

あなたは、初めて投資を開始したときから今まで、トータルで実際にいくら儲けているだろうか？　つまり、ご自身の過去の運用成績は通算でいかがであろうか？

日本の個人投資家で、投資をして「通算」で儲かっているのは実に全体の2割のみ。大半の個人投資家は投資で損をしている。そして、その損失額は平均してベンツ1台分（約525万円）である。

筆者は金融資産1億円以上を持つ富裕層限定のプライベートクラブ「YUCASEE

(ゆかし)」を10年間運営しており、富裕層向けの投資助言会社ヘッジファンドダイレクトのオーナー経営者でもある。同社では、投資の専門家であるコンサルタントたちがこれまで数千人もの富裕層の投資相談を承ってきた。

そこで明らかになったのは、富裕層だからと言って、すべての人が投資で利益を出しているわけではないということだ。投資で利益を出しているのは、正しい知識を有している人のみであった。富裕層であっても損する可能性が高い投資に手を出している人々が多々いるのである。

一般の投資家よりも有利な情報に接しているつもりだったのに、彼らが実際には投資で負けている理由はなぜか？　その理由の1つが、日本人だからである。

ではなぜ、日本人は損をするのか。それは大きく2点ある。

1つが投資家自身の問題である。そもそも日本では個人投資家が投資教育を受けておらず、知識(投資リテラシー)が低い。G7(先進7カ国)の中で第6位、世界では第38位という驚くべき低さである(S&Pグローバル・フィナンシャル・リテラシー調べ)。その低リテラシーを反映しているのが、金融商品の売れ筋ランキングだ。

ネット証券の投信販売ランキングを見ると、元本を取り崩して見せかけの高配当(タコ足配当）を謳う毎月分配型ファンドが売れ筋上位になっているという現実がある。これだけ新聞で報道されているにもかかわらず、今どきタコ足配当の分配型投信を買う人がいるなんて、大手証券会社が高齢者に投資信託を押し売りしているだけじゃないのか？　と思われるかもしれない。しかし、高分配型投信が売れているのはネット証券なのである。つまり誰かに押し売りされたのではなく、個人投資家が自発的に購入していることを意味する。毎月分配型投信１００本のうち９割が赤字であるというのに（２０１６年1月末『ダイヤモンドＺＡｉ』調べ）。

合理的に考えれば、損をする構造の商品に投資家が群がるのはおかしい。おそらく、配当金を金利と勘違いしたか何かの理由で、実は元本が毀損《きそん》していることに投資家が気がついていないのかもしれないし、配当払い出しのために税金が二重にかかっており損をしていることを知らないのかもしれない。

「利回り10％」と謳われている地方の築古アパート経営（投資）をローンを組んで行う個人投資家がいる。表面利回りと低金利の鞘《さや》を抜いて有利に資産運用をしているつもりになっているが、実は最後に物件を売却したときには、インカムゲインとして貯めたキャッシュフローのすべてを毀損するほどの売却損や大規模修繕が将来発生することに気がついていないのかもしれない。

ブラジルレアル建ての確定利回り10％の債券を買う個人投資家もいる。安定的な商品を買ったつもりが、毎年のクーポン収入を上回るレベルで、元本部分が為替下落により毀損するリスクをとっている。

そもそも同国の通貨は金利平価説に立てば将来下落する可能性が高く、国の信用力が低いからこその高い債券利回りで販売されているのに、目先の利回り数字に目がくらみ、最終的には損をしてしまう人が多い。

新興国通貨にしても不動産投資にしても、投資は出口時点におけるインカムゲインとキャピタルゲインの合計によって儲けが決まる。しかし、多くの投資家が入口で片方しか見ていないのである。結局、儲かるのは入口の商品販売で手数料を得た証券会社や不動産販売会社だけである。

では、個人投資家の情報源となるマスコミはというと、あいかわらず「低コストでの国際分散投資」一辺倒だ。個人投資家向けの投資の教科書では「国際分散投資」を第一に勧められる。「リスクを分散させて、日本株や世界株・債券等を組み合わせて、異なる値動きをする複数のアセットクラス（資産）を持ちましょう」というわけだ。

しかし、この方法で多大な損失を被《こうむ》った個人投資家が多いのが現実だ。「国際分散投資」とは概ね、相場に身を任せるだけなので、リーマン・ショックのような世界的な金融危機への備えにはならない。金融危機が起きた際には、世界の株式・不動産・コモディティ等、あらゆる資産（アセットクラス）の相関性が高まり（つまり分散した意味がなくなり）、まとめて一緒に暴落したという現実がある。各アセットクラスの相関が異なるのでリスクが減少するとのナイーブな現代ファイナンス理論は現実の前に打ち砕かれてしまった。

マスコミや評論家はリテラシーが低い層を顧客対象として、もっともらしい理屈を言っていればそれがそのまま売上に繋がる。しかし、投資家は自分の知識・発想をお金に換えるのが本分である。投資家の稼ぎの源泉、商売道具は情報と思考そのものである。世間に流布する一見わかりやすく耳障りのいい一般論は、必ずしも真実ではない。「世間で広く流布する論調」など、賢明なる投資家にとっては、大多数の他人が何を考え何を信じているのかを知ることで、自分と世間の知識ギャップを再確認し、「自分が保有している知識やノウハウに優位性があるかどうかを自己確認するための一材料」に過ぎず、世の言説を真実として盲信してはいけないものである。

「リスクとリターン」についても勘違いしている個人投資家が大半だ。資産運用で「高いリターン」を出すには、「高いリスク」をとる必要があると思い込んでいないだろうか？生半可な知識から、「リスクとリターンは同じ幅」だと勘違いして、「低リスク・高リターン」の資産運用があることを知らない人が実に多い。それは「シャープ・レシオ」という指標を知らないからだ。「低リスクで高リターンを目指す」という自覚を持たないと、そもそも自立的に金融商品を選べない。

日本人が投資で損をするもう1つの理由は、投資家を取り巻く外部環境である。問題は、国内の資産運用業界がまだまだ後進的であるということだ。プロに資産運用を任す形態が投資信託であるが、実は日本の投資信託業界は世界ランキング最下位クラスで、序列は南アフリカ以下である。かのピーター・ドラッカーは「日本の金融は50年遅れている」と指摘している。実際、２０１５年に米モーニングスターが発表した各国投信市場の評価である「グローバル・ファンド・インベスター・エクスペリエンス（ＧＦＩＥ）」によると、日本の投信業界は、25カ国中、下から2番目で、南アフリカやタイよりも低い評価だ。

アメリカの投資信託の運用利回りは過去10年間平均で5・2％なのに対して、日本は▲0・11％である（平成28年度金融行政方針）。

金融商品とはデータが大事で、良い金融商品かどうかの判断には10年以上の実績が必要となる。しかし、過去10年間で年利10％以上の実績を出したファンドは日本には１本もない。日本では、過去10年間で年率10％以上で回ったトラックレコードのあるファンドは５０５９本中、ゼロ本なのである。（モーニングスター公表データを活用し、ＳＭＡ／ＤＣを除く投資信託全５０５９本を対象にヘッジファンドダイレクトが調査）。

なぜ長期保有に足る優良なファンドが日本で育たなかったのか？　それは個人投資家が優良なファンドを長期保有して売買を減らせば、証券会社や銀行が儲からなくなるからである。この点、金融庁幹部は「回転売買や分配金頼みの販売会社は社会的な意義がない」と一喝するほどである（『日本経済新聞』２０１４年6月12日）。

❖なぜこれからは個人投資家が儲かる時代なのか？

財務省の発表によれば、日本の財政は４９０兆円の債務超過で、かつ人口は減少している。このことから日本国民の平均寿命が１００歳となり老後の生活費が１億円を超す試算（生命保険文化センター）が出ている中、国は国民に自力での資産運用を求めざるを得ず、

「貯蓄から投資へ」が国策になっている。それにも関わらず、個人投資家が投資を避けるのは、前記のように個人投資家を取り巻く環境が芳しくないからである。これで投資で儲けろと言う方が難しい。

ところが、今は時代の転換点が来ている。個人投資家を取り巻く環境がグローバル化し、またフィンテックの登場によって、個人投資家はかつてない海外の優良な投資機会にアクセスできるようになったのだ。つまり、日本の個人投資家の利益を制約していた外部環境（日本の販売会社や運用会社）から自由になることができるようになったのである。

考えてみていただきたい。年平均10％以上で10年間運用すれば手元資金は2・6倍になる。そのような実績のある投資機会にあなたもアクセスできるとしたらいかがだろう。

10％というのは、コスト差引後のリターンである。あなたの資産2000万円を50歳から年利10％で10年間運用できれば、複利効果によって、税引前で5187万円となる。さらに60歳から10年間同じように運用すれば、70歳の時点で1億3454万円が手に入る計算だ。

実は昔から過去実績を重視したアプローチを採用しているのが、全米最大の資産残高376億ドルを誇るハーバード大学基金（過去20年間の運用実績は年率11・8％　2015

年次決算資料）等の洗練された機関投資家や海外の超富裕層だ。

現在の資本主義社会では、一番知性の高い場所に一番マネーが集まり、一番マネーが集まるところに一番知性が集まってくる。したがって、ハーバード大学基金や海外超富裕層が実践している投資法こそが、一番投資で成功する蓋然性が高いと筆者は考える。実際、彼らは資産運用で結果を出している。

では、ハーバード大学基金等の賢い機関投資家や超富裕層は実際に何を活用して資産運用をしているのか？　その答えがヘッジファンドを活用した投資である。

ヘッジファンドの定義は各種あるが、「相場の上下に関わらず、絶対収益を追求する成功報酬型のファンド」とされる。

要するに、高い手数料を取る代わりに、高い運用リターンを返しますよ、という資産運用の請負人である。ヘッジファンドと言うとイギリス政府を打ち負かしたとされるジョージ・ソロスが有名であるが、一般的な知名度がそれほどないヘッジファンド・マネジャーですら年収数千億円の世界で、アメリカのトランプ大統領の娘もヘッジファンド業界の男と結婚している等、現代アメリカ社会におけるエスタブリッシュメントである。ハーバードＭＢＡ卒業者の就職先として、ヘッジファンドはマッキンゼー等のコンサルティング会社を上回る人気業界となっている（2014年ハーバード・ビジネススクール）。

ヘッジファンドはリーマン・ショックのような金融危機の中でも利益を叩き出すプロ中のプロであり、頭脳のオリンピックのチャンピオンと呼ばれている。あたりまえだが、日本の運用会社では見ることのできない「過去10年間以上にわたり年平均10%以上の運用実績」を有するファンドは多々ある。

あなたは個人投資家として、大学基金や海外の超富裕層が実践している投資スタイルを真似して資産を倍増すべきである。つまり、世界ランキング上位のヘッジファンドを活用して資産運用をするのである。世界で一番賢い人、世界で一番お金持ちで情報を持っている先進国の人たちに倣《なら》い、プロ中のプロに自分のお金を殖やしてもらうのと、南アフリカ以下のレベルの後進国日本の金融業界とつきあいながら、アマチュアである自分の独力で資産運用を続けるのと、どちらがお金を殖やせそうだろうか？　合理的に考えてみれば、答えは自明のはずだ。

ヘッジファンドは主に機関投資家向けの商品であり、日本の証券会社や銀行の店頭では販売されていない。しかし、今はフィンテック時代になり、一般の個人投資家でも海外のヘッジファンドに直接投資することが可能となった。一流ヘッジファンドに投資をするということは、世界最高峰の頭脳と情報を有する一流ヘッジファンド・マネジャーを自分のお金を増やすために雇うことと同義である。つまりアウトソーシングである。だからこそ、忙しい開業医やオーナー経営者、大企業幹部、富裕層を中心に、ヘッジファンドを活用した資産運用法が日本でも普及しつつある。

❖本書の目的

本書は特定のヘッジファンドを買うことを勧める本ではない。筆者は証券会社や銀行と異なり、特定のファンドを販売する立場にはないし、販売手数料や広告料を得る立場でもない。中立的に投資家にアドバイスをすることで、投資家からアドバイザリー・フィーを頂戴することを生業にする投資助言会社ヘッジファンドダイレクト株式会社のオーナー経営者という立場である。投資助言対象として世界中10万本以上のファンドを分析し、これまで数千人の富裕層に対して累計８９５億円以上（２０１６年12月末）の投資助言を提供してきた実績がある。

海外の金融商品と言えば、怪しい雰囲気がつきまとう。過去には詐欺商品等もあった。

1998年に外為法が改正され、個人投資家が海外のファンドを購入できるようになった（いわゆる金融ビッグバン）が、その規制緩和の流れの中で、AIJ事件やMRI事件のような詐欺ファンド等も登場し、社会問題になった。そのような経緯で規制が強化され、詐欺商品や詐欺業者は淘汰されていった。特に2014年以降は海外ファンドの扱いに関して、日本の金融当局の法整備も進んだ。海外ファンド、特にヘッジファンドについても、リーマン・ショック等の金融危機を経験したことにより、本物と偽物の区別が明らかになった。つまり「時による選別」を受けた結果、危機を潜り抜けた本当に優秀なヘッジファンドに投資することに対する投資家から見た安心感も高まってきているわけだ。

最近、AI（人工知能）に期待が高まり、ロボアドバイザーが人間の英知を超えた力を発揮して、運用でリターンを出してくれるかのような期待が高まっている。しかし、実際のところ、ロボアドバイザーはその運用プログラムを書いた「中の人」の運用スキルによってその運用成果が規定されてしまう。実際、世にあるロボアドバイザーの実際の運用成績はマイナスのものが多い。その結果、運用手数料の低コストが売りになるのだが（すでに無料のロボアドバイザーもある）、低コストの運用で損をするなら、投資家としてはメリットがなく、安物買いの銭失いである。

そもそも、「AI」や「ビッグデータ」という言葉がバズワードになる今から遡って30年以上も前から、何十億円もの設備投資をして、あらゆるデータを集めコンピュータで解析をするアルゴリズムを日々チューニングしてPDCAを回し続け、腕に磨きをかけているのがクオンツ戦略をとるヘッジファンドたちである。彼らは競争の中で生き残り、長期間にわたり確かな運用実績を出してきた。そのような過去実績のあるアルゴリズムや投資手法こそが、先行き不透明な時代に投資家が求めるものであろう。

❖本書の構成

今こそ、外部環境が整ってきた。

しかし、そのタイミングだからすぐ実践ということではなくて、まずは正しい知識を身に着けることが先決だ。それは投資についての教科書的な知識と、資産運用業界の構造についての知識の両方だ。その2つの知識があれば、金融業界の各業者たちを上手に使いこなせて、自らのお金を殖やすための判断軸ができる。老子の言葉に「授人以魚 不如授人以漁」というものがある。ある人に魚を1匹与えれば、その人は1日食える。しかし、魚の獲り方を教えれば、その人は一生を通して食える。そのような観点から、投資家として成功するために必要なリテラシーを本書1冊で理解できるように随所にデータや情報を織り込んだ。

第1章では、個人投資家が損をしている理由として、現在の日本の外部環境について言及する。

第2章では、個人投資家が損をする理由の1つである「投資判断の歪み」「誤った思い込み」に焦点を当て、合理的な投資スタイルとは何かを考察していく。

第3章では、前章での考察を踏まえた上で、合理的投資スタイルの1つであるヘッジファンド投資について理解を深める。

第4章では、ヘッジファンド投資を実践する際の「富裕層向け金融機関選び」という観点から、日本国内で利用可能なプライベートバンクと投資助言会社に言及する。

第5章では、実際の富裕層が投資している手頃なヘッジファンドの実例を見ていく。

最後の第6章では、フィンテック時代の個人投資家の資産運用について概観する。

各章の最後には、コーヒーブレイクとして筆者の経営体験談をコラムとして添えた。

日本の個人投資家の金融資産は１７００兆円。利回りが１％上昇すれば17兆円の経済効果があり、これは日本のＧＤＰを３％も押し上げる。人口減少社会である日本を救うのは、賢い個人投資家であるあなた自身なのである。今まで世界水準から見て遅れていた日本の個人投資家だからこそ、まだまだ伸び代があるのである。本書によって、１人でも多くの個人投資家の方々に成功していただき、これからの日本社会全体が少しでも明るくなる一助になれば、筆者としてこの上ない喜びである。

第1章

なぜ個人投資家の7割が損をしているのか?

01.

通算成績で損をしている個人投資家

❖平均損失額はベンツCクラス1台分

あなたは今まで証券会社で株を購入したり、銀行に預金をしたり、投資信託を購入したりしたことがあるだろう。では、今までの人生での投資の通算成績は何%だったか思い出していただきたい。一度でも金融商品を購入したことがあるすべての人は、自分のお金を管理・殖やそうとするファンドマネジャーであると言える。

銀行預金しかしたことがない人ならリターンはほぼゼロ%に近いだろう。株式投資で一時的に資産を何度も倍にしたことがある人も、その後の1回のミスですべての利益を吹き飛ばしてしまい、通算損益はマイナスになった人もいるだろう。

日本の個人投資家の７割は負けており、その損失額の通算は１人あたりベンツ１台分に相当するマイナス５２５万円となっている、との調査結果がある。この調査は、累計投資金額が３００万円以上の国内在住の個人投資家（20歳以上の男女）１０００人を対象に２０１２年に富士経済研究所の協力の元、筆者が経営する投資助言会社ヘッジファンドダイレクト株式会社が調査したものである。その結果は以下のようなものである。

①投資家の７割は通算損益でマイナス。通算損益平均額はマイナス５２５万円
②投資信託の平均損益率はマイナス30・７％
③株式投資家の７割は失敗し、半値以下に

❖損をしている人が72・４％

すべての金融商品を合算した通算損益で、利益を出している個人投資家は全体の20・6％に過ぎず、損をしている層が72・４％だった。また、投資家の損益平均額は、マイナス

525万円（平均投資額1775万円に対し、平均時価は1249万円。投資額に対し28・7％の損失）。また、投資をいつ開始したかに関わらず、通算平均損益率はすべてマイナスとなっている。86・1％が株式投資の経験があったが、損している人の平均損益率はマイナス53・2％（平均投資額1002万円、平均時価469万円）だった。

投資信託に投資をした場合の平均損益率はマイナス30・7％となった。この調査について、経済評論家の山崎元氏は「損益状況は、一言で言うと『お気の毒』だ。『貯蓄から、投資へ』というキャッチフレーズと共に歩んだ人は、残念ながら報われていない。証券、銀行等ど投資信託の販売会社も含めた広い意味でも運用業界にとって反省材料とすべきデータだろう」と調査レポート内で講評した。

本調査はアベノミクスで株価上昇が始まる2013年の前に実施されているため、その後、株式投資で含み資産を殖やした個人投資家も多いのかもしれない。ただ、このデータから読み取れるのは、通算成績で、投資で儲かる人は2割のみであるということだ。個人投資家は1人あたり平均して1800万円近くを投資してみたところで、結局はメルセデスベンツCクラス1台分を損して終わっていたという残念な事実である。

❖殖えない金融資産

1995年を1として、家計の金融資産がこの20年間でどれくらい伸びたかを金融庁が分析した結果（平成27年度金融レポート）によると、

アメリカ　3・11倍
イギリス　2・83倍
日本　　　1・47倍

という結果である。

一般家庭の家計資産の伸びが、アメリカに2倍以上差を付けられているその主要因は、そもそも家計の45・5％が投資に回りお金を働かせる習慣があるアメリカと、18・8％しか投資に回らず貯金で寝かすだけの日本という違いが大きい。しかし、投資で損をする日本人が多いこともこの原因の1つだろう。

ではなぜ、日本人は投資で損をしているのか。その原因は、①個人投資家の問題、金融商品を作るメーカーである②運用会社の問題、金融商品を売る③販売会社の問題の3つに分解できる。まずは順番に見ていこう。

02. 日本は南アフリカ以下の資産運用後進国

❖日本の投信業界は南アフリカ以下

個人投資家が自分で株や不動産を売買するとき、つまりこれらの原資産を売買するとき、そして自分の資産を様々な投資対象に分散するとき、自分自身が自分の資金を扱うファンドマネジャーであると言える。しかし、忙しい個人投資家は資産運用をプロにアウトソーシングすることができる。そのアウトソーシングの1つの手段が、投資信託の購入だ。では、プロであるところの投資信託は、日本は世界から見てどの程度のレベルなのか？

米モーニングスターが世界25カ国の投信市場を評価した「グローバル・ファンド・インベスター・エクスペリエンス（ＧＦＩＥ）」の２０１５年版によると、その評価は次の通りだ。

Ａ　アメリカ、オランダ、台湾、韓国
Ｂ＋　イギリス
Ｂ　スウェーデン、オーストラリア、デンマーク、フィンランド、ノルウェー、スイス
Ｃ＋　カナダ、ドイツ、インド、ニュージーランド、タイ
Ｃ　ベルギー、フランス、香港、シンガポール、南アフリカ、スペイン、イタリア
Ｃ－　日本
Ｄ＋　中国

残念なことに、南アフリカ以下の順位で、日本の下には中国しかいない。調査は、規制および税制、目論見書や運用報告書での情報開示、手数料や各種費用、販売行為とメディア報道等の切り口から各国の投信業界を格付け評価している。その中で特に日本の投資信託業界で問題なのは、運用報告書にファンドマネジャーの名前やその実績が非開示である

という点である。これはつまり会社の肩書きしかないサラリーマン型のファンドマネジャーが日本の場合は大半を占めていることに関係している。また、ファンドマネジャー本人が自分の過去の運用実績に自信がないからだろう。

❖日本で販売されている投信で過去10年以上年率10％以上のファンドはゼロ

運用業者の質は、「10年間以上の長期実績で評価する」のが原則だ。理由は、「まぐれ」に騙されないためだ。

わずか数年だけ高い運用成績なら単なる「まぐれ」かもしれない。単に全体相場という外部環境が良かっただけかもしれない。あるいは「無謀に高いリスクをとって、たまたま高いリターンを実現しただけ」かもしれない。したがって、最低10年間の実績を確認すれば、リーマン・ショック等の金融危機や下げ相場を無事に乗り切れたかどうかがわかる。

そこで、日本国内に流通する投資信託の過去10年間の平均年リターンを調べると、年利10％以上のファンドは１つもないことがわかる（２０１６年2月末モーニングスター公表データより　ＳＭＡ／ＤＣを除く全ファンド対象）。

証券会社や銀行に行くと、売れ筋ファンドのポップが目立つ。「1位　○○証券US－REITオープン」「2位　○○グローバル好配当株式（毎月決算型）」などと書いてある。綺麗なパンフレットがあるので手に取ってみたくなるが、もし長期投資に資するような優良ファンドを入手したいのであれば、眼を皿のようにして日本の個別投信を吟味してもしょうがない。

あなたがプロ野球の監督で、高校野球のチームから自軍にスカウトする逸材を探しているとする。そのとき、一度も試合で勝ったことがない弱小高校と、何度も甲子園に出場しているエリート高校のどちらにスカウトに行くだろうか？　たしかに、一度も勝ったことのない高校の中にも、将来が期待できる球児がいるかもしれない。しかし、時間と手間を考えるなら、過去に実績のあるチームの中から、メンバーを精査するのではないだろうか？

それと同様に、まずは優れた母集団の中から、最適な個別ファンドを選ぶべきであり、そのような観点からすると、日本で販売されている投資信託の中から、自分に合った商品を探す積極的な理由が現時点ではないと言える。

日本には過去10年間で年10％以上の過去実績のある投資信託はないため、必然的に日本の投信業界においては、ファンドマネジャーの実績を個人投資家に開示しない運びになったと思われる。実績がないのが投資家にばれてしまうと、投資家の投信を購入する気が失せるからである。その結果、日本の投信業界は南アフリカ以下と評価されてしまった。

ではそもそも、日本の投信業界・運用業界がお粗末な理由は何か？　その原因は日本の販売会社（証券会社等）にある。

03. 個人投資家の利益を優先しない販売会社

❖顧客を優先しない販売業者

個人投資家に金融商品を販売するのが証券会社や銀行である。金融庁の２０１５年の金融行政方針では「販売会社については、従来、投資信託の回転売買等手数料稼ぎを目的とした顧客本位とは言えない経営の問題が指摘されている他、顧客が支払っている手数料の透明化等についても改善の余地が残されている。販売会社が、真に顧客のためになる質の高い金融商品・サービスを提供することで、顧客の安定的な資産形成が促進され、その結果として販売会社の収益が確保される、という姿を目指していくことが望まれる」と指摘されている。

つまり、顧客の利益よりも、販売会社が投信購入時の販売手数料目当てで、投信を販売しているという指摘である。投信の保有期間は日本の２・６年に対して、アメリカは４・６年、イギリスは４・５年である（２０１５年実績）。日本の投信保有期間が２年を超えたのは金融庁が前記のように指摘・指導を行うようになったからで、もともと２０１３年では投信の平均保有期間は１・７年であった。

❖下請けの運用業者

この問題の原因は、日本の多くの運用会社の親会社が証券会社であるからだ。独立系の資産運用会社が銀行や証券会社と肩を並べて存在感を示す欧米に比べ、日本の資産運用会社は長らく系列の枠の中にとどまっている。いわゆる証券系列問題である。

個人投資家からすると、長期間高利回り実績を出す優良ファンドを長期保有するのが取引コスト削減の観点から有利だが、販売会社から見ると、個人投資家が投信を長期保有することは自らの利益拡大にならない。したがって、長期運用実績のある優良なファンドを育てようというインセンティブが金融業界に働かなかった。むしろ、次から次に新規投信を設定する方が販売手数料を稼ぎやすい。その結果、日本には過去10年間で年10％以上の過去実績のある優良投信が生まれなかったと言えよう。三井住友アセットマネジメント（三井住友銀行が親会社）の横山邦男社長（当時）曰く、「この何十年もの間、いわば『メーカー』機能を持っている資産運用会社が下請けで、その下請け会社は親会社の意向ばかりを見てきました。その向こうにいるはずのお客様の意向は、残念ながら見ていなかったと思います」と２０１６年に『日経ビジネス』のインタビューに答えている。

このように金融業界全体が顧客志向とは言えない状況であったが、業界ばかりを責めるわけにはいかない。なぜなら、業界とは最終需要者である個人投資家の合わせ鏡であるからだ。家電製品や外食産業、アニメーション等、日本の厳しい消費者の目で国際的にも高水準に産業が発達した例もある中、日本のリテール金融は発達が遅れた。

その理由は個人投資家のリテラシーが低いからであった。

04. 個人投資家の投資リテラシーは先進国で下位

❖金融リテラシーはG７中６位、世界で38位

まず、日本の個人投資家は、諸外国の投資家に比べて、どのくらい金融リテラシーが低いのか。アメリカの有力格付け会社スタンダード・アンド・プアーズ（S&P）が、２０１５年に世界各国を対象に実施した「グローバル・ファイナンシャル・リテラシー調査」によると、G７の中で６位、世界では38位だ。特に、資産運用を考えるにあたり一番基礎となる概念である「インフレ」と「複利」についての理解は、G７中最下位の水準だ。イタリアをやや上回って最下位は免れているものの、新興国である南アフリカの金融リテラシーとほぼ同じ水準である。

別の調査結果として、日本の金融広報中央委員会による「金融リテラシー調査（2016年）」を見ても、共通問題による正答率はアメリカよりも10％、ドイツやイギリスと比較すると7～9％下回っている。

❖資産運用の知識を学びたくない日本人

さらに驚くことに2016年に金融庁によるアンケート調査「日本人の投資に対する考え方」によると、投資未経験者の83％が「投資を必要としない」と回答している。つまり本書を開いたあなたのような知識欲がある人は、日本人全体の2割弱に過ぎないのだ。

そこで、関係省庁（金融庁、消費者庁、文部科学省）、有識者、金融関係団体（全国銀行協会、日本証券業協会、投資信託協会、生命保険文化センター、日本損害保険協会、日本FP協会、日本取引所グループ、運営管理機関連絡協議会）、金融広報中央委員会をメンバーとして、2013年6月に金融広報中央委員会（事務局　日本銀行情報サービス局内）の中に金融経済教育推進会議が立ち上がった。この中で、最低限身に着けるべき金融リテラシーの年齢層別スタンダードが定められた。そこで高校生までに身に着ける知識として、以下のようなものが示されている。

- 金融商品について、利益が出たり損失が出たりする特徴を踏まえて、リスクとリターンの関係について理解する
- 複利を理解する
- 預金・株式・債券・保険等の基本的な特徴を理解する
- 投資対象の分散
- 投機と投資の違い
- 長期投資を理解する

さて、このような基本的な知識は当然、個人投資家として知っているのは前提で、知らずに投資に手を出すのは、ルールを知らずに素手でボクシングをするようなものであるが、これらの高校生レベルの一般知識があったとしても、投資という試合で勝つのは難しい。通算でベンツ1台分ほど投資で損をしているのが日本の個人投資家である。そこで次章では、「個人投資家が勘違いしがちなこと」について検討を加えた上で、より実践的に、投

資に勝つための知識を整理していきたい。

COLUMN 1.

三井物産入社1年目の頃(1999年〜)

私が新卒で入社したのは三井物産株式会社という商社である。1999年当時は就職氷河期で、「東大を出ていても就職できない」などとメディアで脅かされながら各社を回る中で、「剣道一筋12年」が売りの私を拾ってくれたのが三井物産だった。その後、「新卒向け採用パンフレット」に登場し、キャンパスで後輩たちに同社への入社を勧誘していた自分が、まさか31歳で起業することになるとは思ってもみなかった。

入社配属面談で、どこの部署に行きたいのか、人事の方に聞かれた際、私はビジネスの知識が一番身に着くところに配属して欲しいとお願いした。その結果、「海外審査室」という部署に配属してもらった。海外審査室は、各事業部(エネルギーや情報産業、食糧等)が海外に事業投資をしたりする際に、事業性やリスクをデューデリジェンスする仕事だ。実作業で言えば、経営会議等にかける稟議書を作成するということになる。新人である私の世話役はハーバードMBA出身の中堅社員と中国国籍の先輩、直属の上司はハーバードAMP出身のロマンスグレーであった。入社3年目に希望して「情報産業本部」という営業部隊に移るまで、ビジネスマンとしての基礎は海外審査室で鍛えていただいた。

当時のロマンスグレー上司は誰よりも早く出社して、『フィナンシャルタイムズ』（FT）を読み、部下が知っておくべき情報に赤線を鉛筆で引いてくれていた。上司から年次順にその新聞が回ってくるから、私は昼前の午前11時くらいにFTを読むことになる。仕事で読む資料は海外企業の決算書や海外経済レポート等、全部英語で書かれている。メールでやりとりする相手も海外なので当然英語である。こう書くと、大変そうなイメージがあるが、英語圏の書物は実はわかりやすい。結論や要点が先に書いてあるので、ことビジネスの面では英語の方が簡単と言えた。

事業投資や事業計画の審査には、財務・経理・法律の知識が必要になるが、それらは名著と呼ばれる本を読んで学んでいった。とりわけ、ロバート・マートンの『現代ファイナンス論意思決定のための理論と実践』は、投資判断とは何かをわからせてくれた名著で、お勧め本を聞かれたら、いつもこの本を紹介している。

事業投資の審査をするにあたっては、教科書的な知識だけではなく、幅広い実践的な知識が必要だった。しかし、一年坊主には何も知識がない。ただ私が幸運だったのは、入社したのが1999年だったことだ。グーグルが創業したのが1998年。当時はいくつか検索エンジンができたばかりで、今のようにSEO対策コンテンツや玉石混淆の情報がネットにあふれかえっている状況ではなく、名のある専門家の有益な情報がインターネット上で目立つ時代だった。

英語で検索すれば、ビジネスで知りたいことがすぐにわかることに気がついた。さらに私が配属されていた部署には、過去、三井物産が実際に投資をしてきた全案件の稟議書が紙で保存されていたため、あらゆる国のあらゆるビジネスについての知見を得られた。夢中になって情報を吸収した。そのおかげでなんとか仕事をこなすことができた。

私は欧州の担当だったから、ロンドン在住の関係者とメールで仕事をしていたのだが、「日本に仕事のできる奴がいる」と噂になったらしい。その正体が実は一年坊主であると知って、とても驚かれた。それもこれも、インターネットの存在と、部署に紙で保存されていた稟議書の束という先人の良質な知識のストックのおかげである。

その後、私は「インターネット×金融」の分野で起業することになる。

「インターネット×金融」は今では「インターネット×金融×グローバル」と呼ばれているが、この領域が伸びるであろうという確信は、この入社1年目における稟議書を読んでビジネス全体を俯瞰した経験から来ている。

事業投資の審査担当の末端として、各事業部長や事業責任者の多くと話をした。儲かりそうな良いビジネスを提案してくる人は皆、その人自身に「色気」がある。ダメそうな稟議を書く人は、まったくオーラがない。先輩はそれを「金の匂いのする人、しない人」と表現していた。

色々と理屈を積み上げようと、要は、責任者にビジネスのセンスがあるかないかで周囲は評価するということを知った。

顔がいいとか、頭がいいとか、そういうことではなく、「儲かる感じ」というものがあるのだ。当時の物産の人事評価票の中には「商売センス」という項目があり、会社として公式に能力として認められていた。

私は後に起業、1年後にベンチャーキャピタル他から5億円近く資金調達をした。

当時としては大型の資金調達事例の1つだった。出資をしてくれた企業の1つが東京海上火災保険会社株式会社（現東京海上日動）本社の金融部隊だったが、当時の投資部長が「あの髙岡という社長は、スーパー社長だ。儲かる匂いがする」と言ってくださったと聞いて、調達資金よりも、「商売センス」を褒められたことの方が、嬉しい思い出として残っている。

「直感」と呼ばれる総合判断力の威力も、1年生時代に思い知った。あるとき、エネルギー部隊が有望な企業との取引を開始しようと稟議をあげてきた。その会社は、ハーバード大学MBAで一番賢い男と呼ばれていた社長が率いる先進的な企業。『ウォール・ストリート・ジャーナル』でも絶賛されていて、株価も急上昇していた。そんなセクシーな会社との取引許可を求める稟議で、浅学の私は「優良取引先だ」というコメントをつけて、上席に稟議を回した。

ところが、審査セクションで最終決裁する部長は、この案件を瞬殺で却下した。部長に根拠を聞いたら、「勘だ」という。営業部はざわついた。新人の私にはまったく理解できなかった。

その取引先とはエンロンである。三井物産には「勘だ」と言ってドルを大幅ショートしたかロングしたかで大儲けして、その後に日銀の理事に転身した人もいた。

「評論家になるな」とよく言われた。口だけならエラそうなことでも、もっともらしいことでも、誰でも言える。「外資系コンサルってなんかかっこいいですね」とお偉方の前で私が発言したら、「部外者がペーパーにまとめられる時点でもうビジネスとしては枯れている。業界インサイダーしか知らない情報に自分だけがアクセスしているレベル感じゃないと、本当の仕事にならない」とのことだった。

当時はまだ煙草を吸っている人が多かった。なぜかマルボロが多かった。私は吸わなかったが、煙草部屋で色々な話がされているらしいとわかったので、自分も煙草をやるようにした。もちろんマルボロだ。車はＢＭＷが人気だった。私も初めて買った車はＢＭＷだ。シャツは青が人気だった。私のシャツも青となった。物産を退社して起業してからは、煙草をやめた。今は車も乗らないし、シャツも白になった。ヘッジファンドダイレクトの社長として海外の投資案件の分析をしているが、そこだけは今でも入社１年目の頃と同じだ。（コラム２に続く）

第2章

投資家のスタイルに関する7つの考察

01. 投資判断を自分でするか、任せるかの二択

❖低コストは安物買いの銭失い 大切なのは「コスト控除後のリターン」

投資に関する指南として、マスコミでは「自分でできる低コスト投資法」が最初に語られることが多いが、そこにのみ着眼するのは片手落ちである。本来は「コスト控除後のリターン」で考えるべきである。

あなたが投資で利益を上げようとするなら、「利益」＝「売却値」＋「期間中の配当・利子」－「買値」－「税金」－「取引コスト」の最大化を目指すことになる。

これは、「利益」＝「リターン（売買差益＋期中リターン）」－「コスト（税金・取引）」とまとめることができる。

コストである税金や取引費用は自分でコントロールできないため、結局はリターンの最大化こそが投資家が最も注力する部分だ。

❖評論家が謳う「低コスト」は、安物買いの銭失い

低リテラシー層を主要顧客とするマスコミや書籍等で流布する評論家によるコンテンツでは、個人投資家が、セルフサービスで自分で運用することがフォーカスされて、「低コスト」の投資法がよく取り上げられる。しかし、それは投資利益の方程式である「利益」＝「売却値」＋「期間中の配当・利子」－「買値」－「税金」－「取引コスト」の中の１要素である「取引コスト」だけに注目しているに過ぎない。

なぜ評論家においては「低コスト」に関する話題ばかりが目につくのかと言えば、将来が不確定である投資において、唯一事前にわかるのが「コスト」であるからだ。低コストな投資法を他人に勧めることにおいては、なんらクレームを受けるリスクがない。

ところが、評論家ではない個人投資家にとっては「コスト控除後の利益」が一番重要で、これを最大化するのが目的である。たとえば、ヘッジファンドの実績として年利10％以上

と言えば、それはコスト控除後のリターンである。投資家にとって、自分が受け取る手取りリターンが良好でありさえすれば、運用業者であるヘッジファンドが手数料をいくら取っていようが関係ない。逆に低コストのインデックスを買って、その後に金融危機が来て暴落して損をするのであれば、安物買いの銭失いということになる。

「コスト控除後のリターン」を最大化するには、誰が見てもわかる「取引コスト」だけではなく、リターンを出すスキル・ノウハウこそが重要である。そのノウハウを持つ人間が、それをマスコミに語るメリットはない。

ノウハウのある現役の運用業者なら黙って本業のビジネスで資金を増やすか、引退した後は嫉妬されないようにおとなしくしていることが多い。

これがマスコミになかなか貴重な情報が出ない理由である。

❖自分でやるか、他人に任せるかの二択しかない

さて、「コスト控除後のリターン」の最大化を目指す場合、そのアプローチは大きく2つに分かれる。1つ目は自分で運用する。2つ目は他人に任せるである。

図表1　投資で利益をあげるためのアプローチ

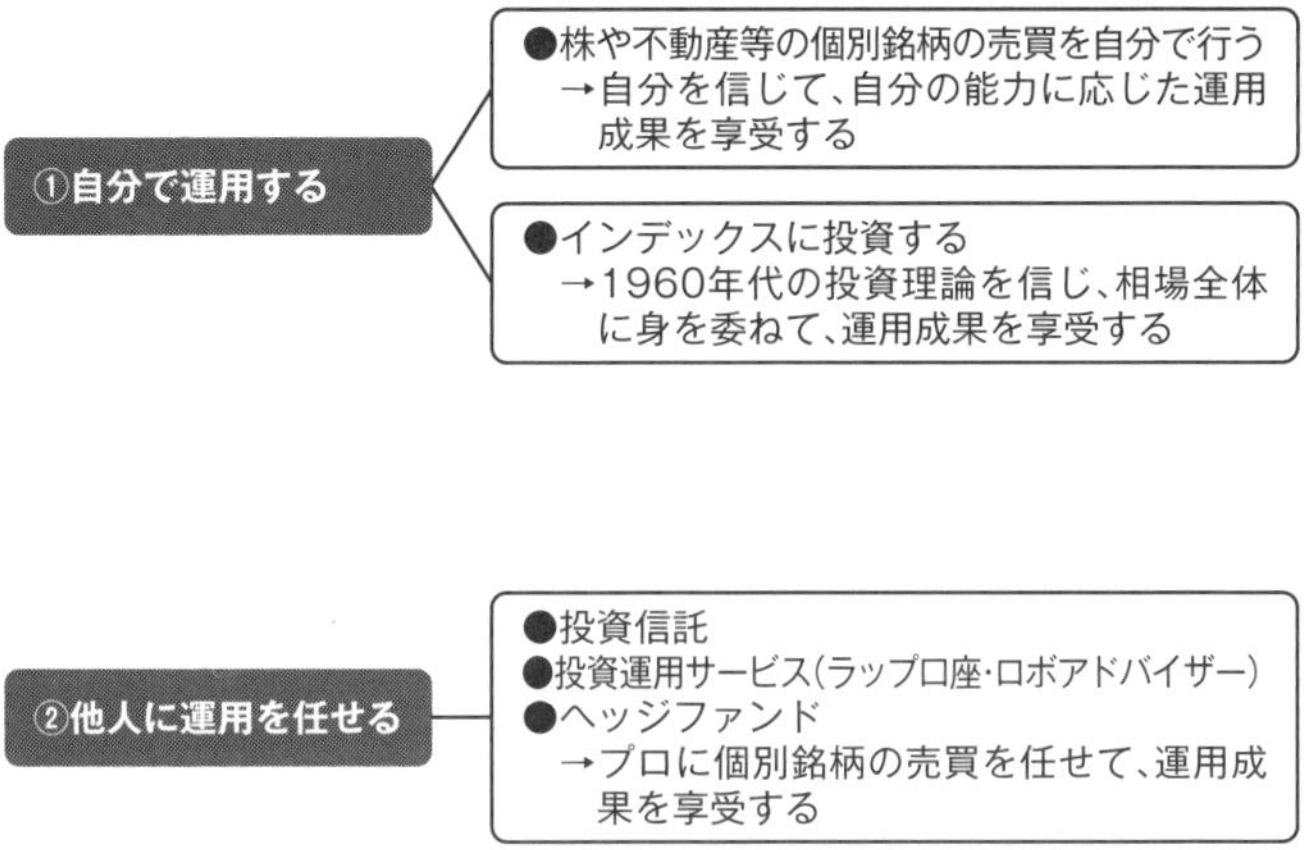
①自分で運用する
●株や不動産等の個別銘柄の売買を自分で行う
→自分を信じて、自分の能力に応じた運用成果を享受する
●インデックスに投資する
→1960年代の投資理論を信じ、相場全体に身を委ねて、運用成果を享受する
②他人に運用を任せる
●投資信託
●投資運用サービス(ラップ口座・ロボアドバイザー)
●ヘッジファンド
→プロに個別銘柄の売買を任せて、運用成果を享受する

１つ目の自分で運用する場合も、大きく２つに分かれる。自分の目利き力を信じて、アクティブに株や不動産等の個別銘柄を自分で仕込み高値で売る。もしくは、自分の目利き力を信用せず、インデックスに投資する。つまり効率性市場仮説を信用し、個別銘柄の選別で利益を上げるのは困難と認識した上で、パッシブにおとなしく市況の上げ下げに身を委ねることになる。

２つ目の他人に任せる場合とは、プロの運用業者に資産運用をアウトソーシングすることである。つまり投資信託を購入したり、投資一任サービスを契約したりして、プロに売買判断を委ねることになる。まとめると図表１の通りである。

実はこの構造が理解できてない人が世間には多いので、さらに詳しく説明する。

❖個別銘柄の選定と、運用業者の選別

株・債券・通貨・原油等なんでもいいが、「市場で取引できるもの」はすべてまとめて原資産と呼ばれる。投資家にとっての投資判断とは、いま自分が行っていることが「原資産の個別銘柄の選定」をしているのか、「原資産の売買を任せている運用業者の選別」をしているのか、自覚的でなければいけないのに、その区別がついていない人が多い。

株や不動産を買うことと、ファンドを買うことは、「買う」という表現は同じだが、その意味するところはまったく異なる。

もしあなたが、日本株をネット証券で購入したり、不動産投資で一棟マンションを購入したりしているのであれば、取引過程において不動産仲介業者やネット証券という業者を通すものの、リターンの源泉である売りと買いの判断を自分で下しているわけであるから、あなた自身がファンドマネジャーで、自分で運用していると言える。そして、日本人の大半が通算成績でベンツ1台分の損をしているというわけだ。

他方、何を買って何を売るのかの判断を他人であるプロに任せるというアウトソーシングという考え方がある。そのアウトソーシングを受ける業者を運用業者という。投資信託を購入するということは、投資信託のファンドマネジャーに資金を預けることであり、投資一任サービスと契約することも同様に、ファンドマネジャーに資金を預けるということである。

日本株に投資する投資信託があった場合、まずは投資家のお金が投資信託のファンドマネジャーに預けられていることになる。ファンドマネジャーはたとえば年率１・５％の手数料を投資家からもらいながら、預かった資金を殖やすことを求められている。

あなたが意思決定をするのは、野村証券のラップサービスに任せるのか、新しいロボットアドバイザーに任せるのか、過去の運用実績の高いヘッジファンドに任せるのか、どの投資信託のマネジャーに任せるのか、という「任命」そのものであり、何を買って何を売るのかという個別売買に関しては自らの判断を行わない。投資家は、個別銘柄の選別の手前の段階で、各運用業者がどのような投資戦略や過去実績を有するかで、誰に任せるかを選別することになる。

なお、あなたが複数の投資信託を購入し組み合わせて保有しているということであれば、

図表2　投資家・運用業者・個別銘柄の関係

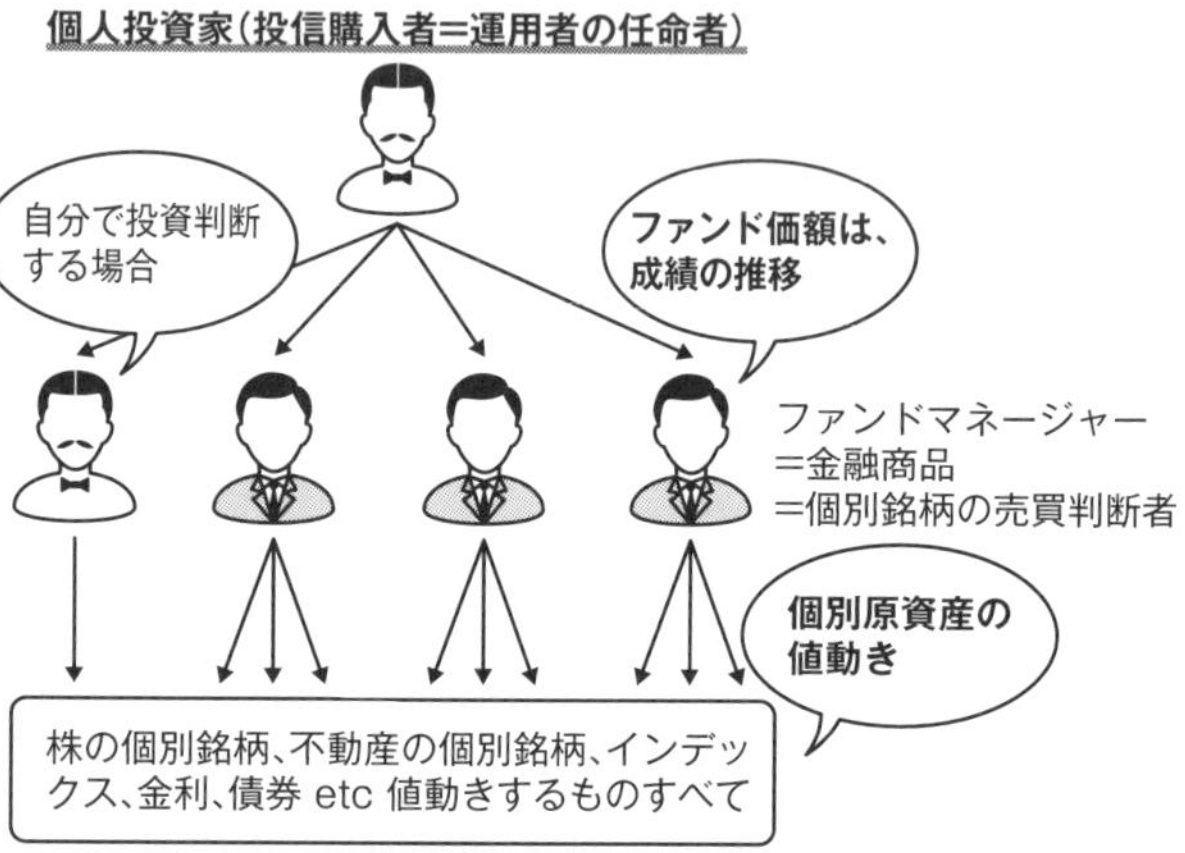

あなた自身は、ファンドマネジャーを複数起用している「ファンド・オブ・ファンズ」のマネジャーの立場であるということだ（図表2）。

もう少し話を進めよう。もしあなたが1960年代から存在する伝統的な投資理論を学び、「個別銘柄で売買するアクティブ投資は、市場全体を購入したに等しいインデックス投資に負ける」という話を聞いて、インデックスを活用した投資をすることにしたとする。そこで、具体的にネット証券で、日本株インデックスと世界株インデックスを組み合わせた場合、これはどういう意味を持つだろうか。

あなたは日本株と世界株を用いてポート

フォリオを組んだことになるわけだが、これもすなわち、あなた自身がアクティブなファンドマネジャーとして、投資判断をしていることになる。すなわち、自分で運用していると言える。どのような投資判断かと言えば、「個別銘柄を売買するより、市場全体を購入した方が勝算がある」という判断を下し、「日本株だけに張るよりも、世界株にも張ろう。その割合は１：３にしよう」というアロケーションの判断を下したということである。

❖「割安な投資信託」はない

投資信託が値下がりしていたときに、「そろそろ割安なので買ってみようか」と言い出す人がいる。この話のおかしな点がわかるだろうか？

株において「そろそろ割安なので買ってみよう」という考えはありうる。ある日本の個別株の値段が下がっているとき、あなたがその銘柄を買うことには意味がある。その株が今後反転するとしたら、会社自体のファンダメンタル価値が変化して企業評価額が高くなったときや、当該株を巡る需給関係が好転したとき、もしくは当該株が属する市場全体（たとえば日経平均）が好調になったときであり、そのような可能性はありうるだろう。

「株価が割安だと判断したら買う」という判断を、あなたというファンドマネジャーが下したことを意味する。

では、投資信託の価格が値下がりしたとき、それを割安とみて、あなたが購入することにはどういう意味があるだろうか？

もし投資信託の価格（基準価格という）が下がっているのであれば、ファンドマネジャーによる個別銘柄の売買、つまり運用成果の結果としてお金が減ったことを意味しているに過ぎない。つまり、ファンドマネジャーの腕が悪いということである。

では、値下がりした投資信託を「割安だ」と考えて購入するという考え方は成立するのだろうか？　もし成立するとしたら、今までは腕が悪かったが、ファンドマネジャーが改心して、これから運用成績が上がると期待される場合だろう。しかし、実際問題として、過去実績のないファンドマネジャーの腕が将来上がっていくかというと、なかなか信用するのは難しいだろう。

つまり、あなたが原資産に投資をする場合には、原資産の値動き期待に対する判断はあなたに委ねられているので、「値段が今は下がっているが、それは割安な資産なので、将来、自立反発はありうる」という期待は成り立つ。他方で、プロに任せるという選択の1

つとして投信信託を購入したにも関わらず、投資信託の時価が下がっているときには、「単にファンドマネジャーの腕が悪いだけ」なのである。

そのタイミングであなたがやるべきは、ファンドマネジャーを信じて引き続き起用するか、解任するかの判断なのである。投資信託を売る＝ファンドマネジャーをクビにする、ということしかないのである。

この点、『敗者のゲーム』の著者チャールズ・エリスが指摘するように、優秀なファンドを選んだ上で、そのファンドを最低でも10年保有すべきである。多くの投資家は、投信の時価が高いときに買い、安いときに売ってしまうため、投信自体のリターンよりも、投資家が得るリターンは大幅に低い傾向があるからだ。

❖市場インデックスをベンチマークとした相対的な勝敗は無意味

日本の投資信託のファンドマネジャーは主にロング（買い持ち）中心である。投資対象が、日本株であれ、中国株であれ、商業用不動産であれ、儲かる銘柄を見つけて自分のファンドに組み入れることで、投資家を儲けさせることがファンドマネジャーの仕事である。

ファンドマネジャーは時には相場全体の下落によって、運用資産を減らすことがある。そのときに、「相場全体の下落に比べれば、まだ負け幅が少ない」などと、ベンチマークに対して相対的に勝った、負けたと言ってその評価を気にしているのは、投資信託のサラリーマン・ファンドマネジャーだけである。結局のところ、投資信託を購入した個人投資家、つまり投資信託のファンドマネジャーに投資判断をアウトソーシングした個人投資家の財産が損をしていることにはなんら変わりない。

たとえば、本当に腕の良い日本株の投資信託のファンドマネジャーであれば、日経平均が下がろうが暴落しようが、巧みな銘柄選定の結果として、投資信託の基準価格を上げることができる。そこで、このような全体相場・ベンチマークがどうであれ、投資家の利益の絶対額を増やすことを目的とした投資信託は、あえて「絶対収益型のヘッジファンド」と呼ばれるようになり、機関投資家や富裕層はヘッジファンドに資金を預けるようになった。これについては後述するが、ここでは、運用業者の選別という判断と、原資産である投資対象の選別という判断が異なるレイヤーにあることを理解しておきたい。

投資に成功するということは、値上がり株を見つけることでも、ベンチマーク以上の成績を上げることでもない。自ら取りうるリスクの限界の範囲で、投資目的達成のため、市場の現実に即した長期的な投資計画、特に資産配分方針を策定し、市場の変動に左右されず、強い自己規律の下で、その方針を守ってゆく、ということだ。そうすれば、長期的な経済成長に見合う各資産の長期リターンを獲得することができる。

02.
自分で運用する場合の情報源の見分け方

自分で投資するスタイルの場合は、その情報源は主にメディア・ネット・業者となる。総務省の調べによると、インターネットの浸透により、私たちを取り巻く情報量は10年前の500倍に増加している。このような「情報爆発時代」では、玉石混淆の中から自分にふさわしい情報を見つけ出すために大変な労力がかかるようになった。そこで、各情報源に関する注意を列挙しておこう。

❖投資指南本

『敗者のゲーム』の著者チャールズ・エリスは「市販されている投資関係の書籍のほとんどは、個人投資家がプロの投資家に勝てるという幻想を売っている」と喝破した。

筆者の趣味は読書である。

何も投資関係書籍に限らないが、3日で1冊読むとすると、1年で100冊、10年で1000冊、20年で2000冊は読んだだろうか。

どんな本でも読んだ分だけメリットがあるが、これぞという良書は希少である。そこで参考文献として本書の巻末に良書を列記したので一読をお勧めする。それが面倒な人は、それらの本のエッセンスを凝縮した上で現在の情勢にアレンジしてある本書を読むことでそれに代替すれば費用対効果が高いだろう。

❖友人や親類

ホング、キュービックらの研究によると、投資リテラシーや学歴、リスク許容度に関わらず、投資銘柄の選択は友人や親類が大きな影響を及ぼすという。その結果、ブームやバブルが起きる。しかし、大衆が投資で金持ちになったという話はあまりない。

❖マスコミに掲載される市場関係者・評論家の情報

マスコミ情報も、その時々の大衆のセンチメントを反映した論調になりやすい。チャールズ・エリスは『敗者のゲーム』で「運用というものは、素人にとって常に『納得できる』とは限らない。時には直感と正反対のことがある」と指摘している。

一般の投資家やマスコミは、下げ相場では慎重になりすぎ、反対に上げ相場では強気になりすぎる傾向がある。この対策として、ＩＴバブル時代、２００８年の大暴落といった時期の新聞を何時間かかけて読めば、大衆やマスコミの論調の行きすぎぶりがよく理解できる。

一般マスコミによる経済評論として、「ミセス・ワタナベ（ＦＸの個人投資家のこと）がドルを買いあがり、市場に影響を与えた」という話がメディアに載るが、これは空想である。国際決済銀行（ＢＩＳ）の調べでは、世界の外国為替の１日の取引額は約５００兆円で、日本のＧＤＰと同じ規模である。ＦＸの個人投資家が為替に影響を与えられるはずがない。

『日本経済新聞』の読者数は、日本の人口のたった2・48％である。残りの98％近い人に比べて、日本経済新聞の読者であれば、経済・ビジネスに関心が高い方である。しかしその紙面が必ずしも真実を伝えるとは限らない。

たとえば「ヘッジファンドがドルを買って円を崩す」という専門家のコメントが掲載されることが多々ある。しかし、ヘッジファンドの本当の取引相手である金融機関（プライムブローカー）は守秘義務の関係で情報を外部に漏らさない。したがって、「ヘッジファンドが……」という情報は、ヘッジファンドと関わりがない自称専門家による空想である。

「GPIF（年金積立金管理運用独立行政法人）の買いが入った」等の手口情報もあるが、これも妄想に近い。GPIFの運用は委託先である外部運用会社を通じて市場で売買されており、運用会社は守秘義務がある上に複数の投資家を顧客に持っているため、GPIFの買い手口がわかると主張する人は、単に取引の仕組みを知らないだけということになる。

「ヘッジファンドの決算は11月に集中している。したがって、換金売りが出て株が下がった」という報道もあるが、これも空想である。ヘッジファンドは投資信託と同じであり、常に預り資産を時価評価している。何も期末に資産を売って現金化した上で、損益を実現させるわけではない。運用業と一般の事業会社を混同した素人による妄言《もうげん》である。

このように新聞における市況欄では、事実と意見（妄想）の区別をつけた上で慎重に情報習得をするべきである。

❖経済の教科書

経済の先行きを予測しようとするアナリストは多い。教科書通りに考えると、経済現象には以下の原則がある。

【金利】

「景気がいい→高金利」「景気が悪い→低金利」
「お金が少ない→高金利」「お金が多い→低金利」

【株価】

「景気がいい→株高」「景気が悪い→株安」
「低金利→株高」「高金利→株安」

【物価】
「景気がいい↓物価高」「景気が悪い↓物価安」
「お金が多い↓物価高」「お金が少ない↓物価安」
「物価高↓高金利」「物価安↓低金利」

【為替】
「景気がいい↓円高」「景気が悪い↓円安」
「高金利↓円高」「低金利↓円安」
「物価安↓円高」「物価高↓円安」

ところが、「景気が悪いのに円高」等の事象も度々発生し、現実の経済においては、どの要素がどの程度の重みづけで経済に影響を与えるのか、それらの関係性を予測するのは非常に困難であり、同じ事象を見ても学者や評論家の見解が分かれる所以である。マネタリー・アプローチとして、長期的に大量に発行された通貨は、少ない通貨に対して下がるとされるが短期的な思惑や需給によって逆になることもある。

そこで事実をよく分析することが大事になる。利用すると便利な情報源に「TRADING ECONOMICS」というサイトがある。GDP、金利等のマクロ指標が整理されており世界全体から見た現在の位置関係をスピーディーに把握できる。

❖因果関係と相関関係

「アメリカの長期金利とドル円の動きには相関関係がある。したがって、円は上がるだろう（下がるだろう）」という話がある。これは「ビールが売れた日は、アイスが売れる。したがって、ビールが売れれば、アイスも売れる」と勘違いするのと同じである。因果関係と相関関係を混同している。結局は、「気温」がビールとアイスの売上増の原因であり、これを突き止める必要がある。多くの場合、経済事象の場合は、まずは「景気」を原因と考えておくと理解しやすい。

❖専門家による予測

専門家による10～20年単位のマクロ長期予測は当たる場合も多々あるが、ミクロや短期（1日～半年）の予測ははずれることが多い。ハーバード大学のマイケル・サンドレットとマサチューセッツ工科大学のスディール・ミルクリシュムルティは、アナリストによる企業業績の1年後の利益予想について、アナリストによるカバレッジが最も高い約１００0社にのぼる企業を調べた。その結果、予想と実績との年平均誤差は31・３％にも達し、この誤差は毎年一貫していたという。３割も外したと見るか、７割も当てたと見るかであるが、アナリストは大まかな方向性は当てていると考えるのが妥当だろう。

❖インターネットの口コミ

投資は元本の保証がなく、儲かっても、損しても自己責任である。だからこそ、自分と同様の立場の他の投資家たちの言動が気になる。他方で、ネット上では、玉石混淆で情報が錯綜している。

情報爆発の時代、もはやネットには不正確な情報が蔓延し、情報収集において、非常に非効率な場所となってしまったという現実がある。

レストランと異なり、金融情報・投資情報に関して口コミ情報はあてにならない。そもそも日本人の7～9割は投資で損をしていると言われている上に、欧米と違い投資教育が学校で行われておらず、今の大人は公的な金融教育を受けていない。よって、そもそも金融リテラシーが低い人による口コミがネット上に溢れているのが現実である。間違った情報が多数集まったからと言って、正しくなるわけではない。こと投資において口コミに頼るということは、「投稿者の9割が味覚音痴の食べログ」を参考にしてレストランを選ぶに等しい行為だ。

そもそも大衆は非合理的である。バートン・マルキールは『ウォール街のランダム・ウォーカー』の中で、次のような投資家の非合理な4行動類型を指摘している。

①自信過剰

②偏った判断

③群れの心理

④損失回避願望

インターネット上は、「非合理的な行動」が「見える化」されており、まるで非合理の博覧会のごとくである。グーグル検索で上位に並ぶ情報に信頼性があるというわけではない。ＤｅＮＡのキュレーションメディア「ウェルク」（ＷＥＬＱ）の問題で明らかになったように、誤った情報でも検索エンジンで上位表示されるように細工（ＳＥＯ対策）できる時代のため、インターネット上の検索結果はいまや「ゴミの海」という指摘もある。トランプが勝利した大統領選においても「フェイク・ニュース」が問題になった。

ひと昔前はネットに有益な情報があるとされ、それを検索しないのは「情報弱者（情報弱）」と呼ばれていた。しかし今や、ゴミの海と化したネットで無料情報を検索して有益な情報を得ようとする人こそが、時間と労力の無駄に気がつかないという意味で、情報弱者と呼ばれるようになっている。

インターネットで情報を取得する際には、コンテンツの発言者を確認し、その信頼性と質を自分で目視して確認する必要がある。

❖投資・金融コンテンツは財務局情報をまず確認

では、どのような基準で、発言者の質を判断すればいいのだろうか。金融・投資コンテンツに特に注意が必要となるには理由がある。実は「投資・資産運用の具体論」については、投資助言業等の財務局の登録なしに言及することは、有償・無償を問わず、法的に規制されているため、そのような登録を有さない〝自称識者〟の発言をいくら読んでも具体的な参考にはなりづらい。最近はネットで「投資コンサルタント」を名乗り、誤った情報を流すモグリ行為が激増した結果、非常に規制が強化されている。したがって、まずは「関東財務局〇〇号」等の表記のある確かな情報発信者の意見を参考にするべきで、そのような表記のない情報発信者のコンテンツは一顧だにしないのが得策である。

❖販売業者と投資家の利益相反

関東財務局等に登録されている業者も、厳密には「投資家のために働く」と法的に規定されているバイサイド・エージェントと、金融商品を販売する立場のセルサイド・エージェントの２つに分かれる。個人投資家の立場から見た場合、セルサイドとは「運用業者（商品の作り手）」と「販売業者（商品の売り手）」、バイサイドは、「投資助言会社（商品の買い手のお手伝い）」になる（図表３、図表４）。

銀行や証券会社は、金融商品を販売する立場である。評論家の山崎元氏は次のように指摘している。

「お金の運用について、『相談する相手』と『金融商品を購入する（かもしれない）相手』は別々の相手にすることが肝心です。金融機関での相談は、たとえ無料であっても厳禁です。たとえば、退職金が振り込まれた銀行の行員に、退職金の運用について相談してみるというような行為こそが、『愚かな顧客』の典型的な行動です」（『２０１６年度版お金の使い方』）

このようにセルサイドである販売業者と個人投資家の間にある「利益相反関係」には注意が必要だ。

だからこそ、金融商品取引法上、「投資家のために」働く業者は投資助言業者と定義されており、運用会社のために働く販売会社とは区別されている。

図表3　投資家と販売会社、運用会社、助言会社の関係

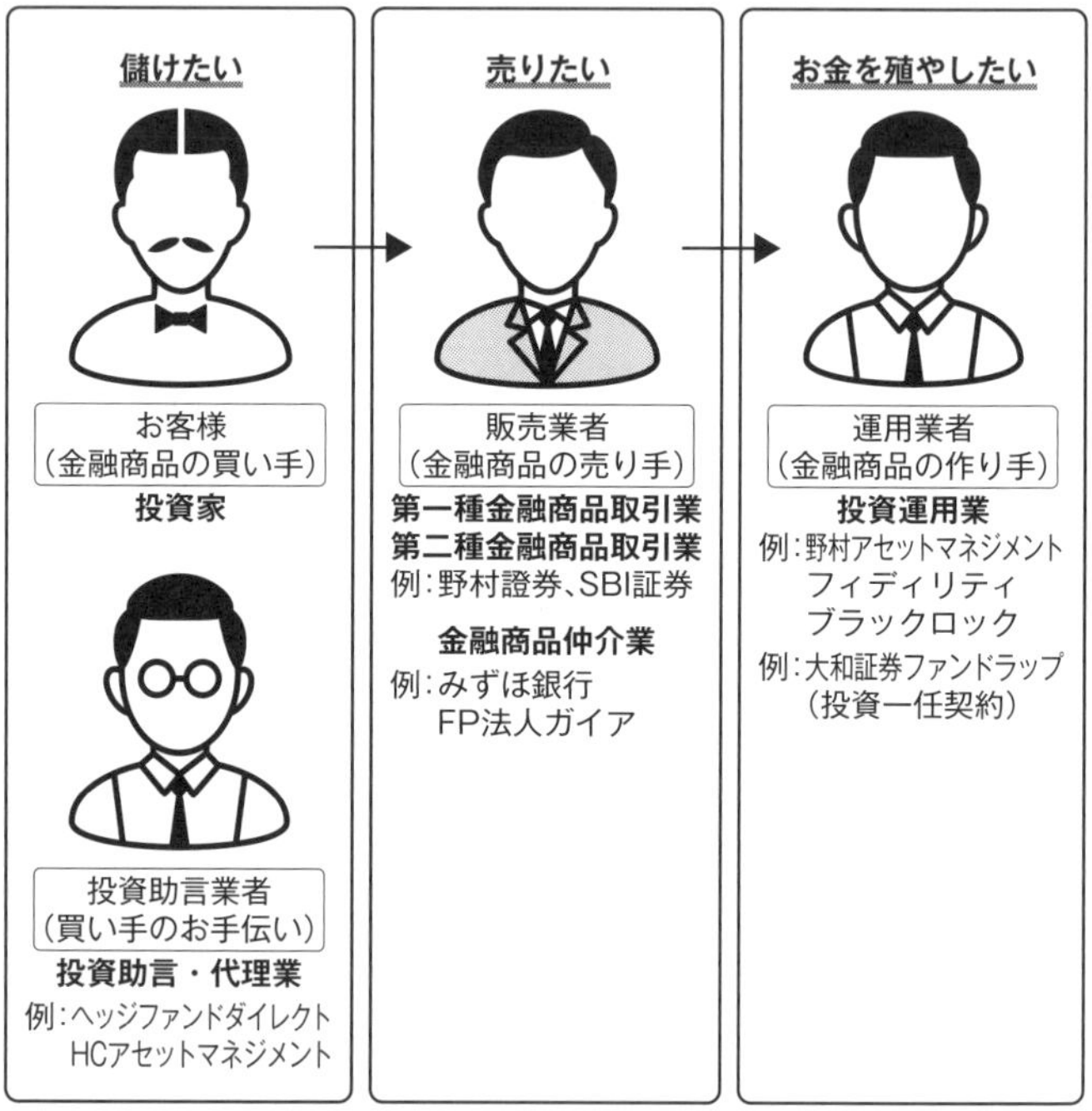

上記は概略。詳細・正確な理解のためには、関東財務局「金融商品取引法制について」を参照
（注意）金融業界の業界用語では一般的に、“株等のアセットクラス側から見て”、運用会社がバイサイド、販売会社がセルサイドと表現する。しかしながら、本書では、個人投資家側の視点から、個人投資家側をバイサイド、それと対立する立場をセルサイドと表記している点に留意

図表４　個人向け金融機関の分類

	一般名称	金融商品に対して	主要会社名 （サービス）	関東財務局登録	法的立場	インセンティブ
バイサイド （買い手側）	個人投資家	買い手 Buyer	NA	NA	NA	お金を殖やしたい
	助言会社	買い手の支援 Advisory	ヘッジファンドダイレクト 株式会社 HCアセットマネジメント 株式会社	投資助言・代理業	投資家のために助言業（資金を預からない）	
セルサイド （売り手側）	販売会社	売り手 Sales	野村証券 クレディ・スイス証券株式会社	第一種金融商品取引業	金融商品の販売業	販売手数料を稼ぎたい
			三菱東京UFJ銀行 三井住友銀行	金融商品仲介業	販売業への仲介	
			FP法人ガイア （独立系フィナンシャルアドバイザーIFA）			
	運用会社	作り手 Maker	野村アセットマネジメント フィディリティ投信 セゾン投信	投資運用業	資金を預かり運用（金融商品の製造）	お金を殖やしたい
			大和証券 （ファンドラップサービス・投資一任契約）			

このあたりの事情をご存知の方が少ないため、金融業界での各社の立場を、医療業界にたとえてみよう。あなたが風邪の患者で「良い薬を飲んで元気になりたい」と思っているとする。

製薬メーカーは薬を売って儲けたいので「すぐに効く」などといいことばかり言うかもしれないし、薬を売るドラッグストアも、販売利益が高い商品（流通マージンが高い商品）だけを「売れ筋ランキング上位！」などと言ってお客様に勧めるかもしれない。

ただし医者は、ドラッグストアや製薬メーカーから独立して、メーカー・流通からお金をもらわず、患者だけからお金をもらって、中立的な立場でどの薬を飲むべきかを有償で診断（アドバイス）するのが仕事である。風邪が治るかどうかは、自分と相性の良い薬次第である（図表5）。

同じように、金融の世界で利益が出るかどうかは、購入した金融商品次第である。金融商品を作るのは運用会社だ。つまり、金融業界のバリューチェーンにおいては、儲けたいと思っているお客様から見た価値の源泉は、「運用業者」にある。

日本では従来、販売会社（銀行・証券）のみが表に出ており、運用業者に関する情報は表に出ていなかった。運用業者が今まで表に顔を出さず、販売会社の後ろに隠れていたの

図表５　薬業界の関係と類似

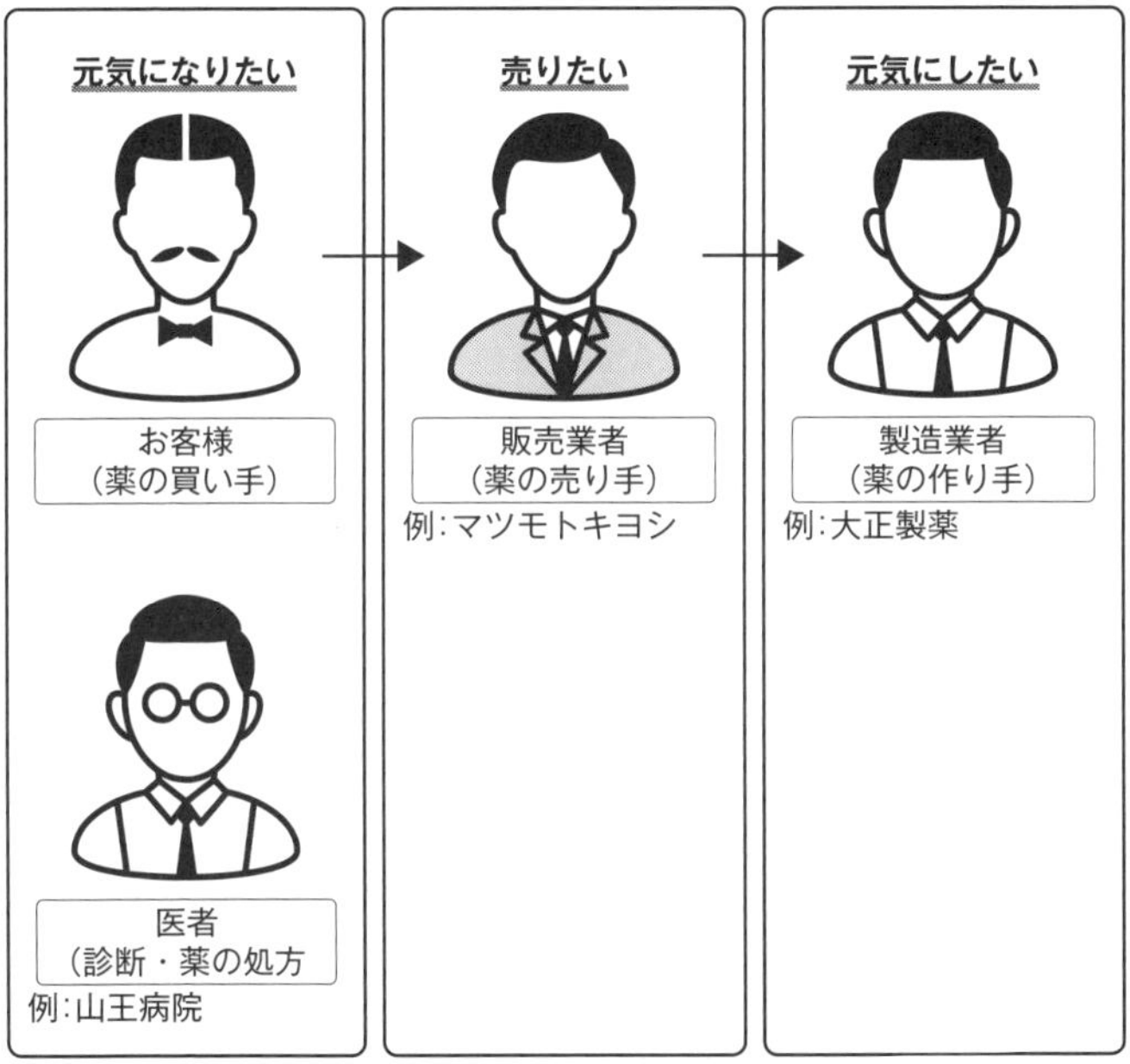

	商品との関係	一般名称	医療業界（具体例）	金融業界（具体例）	一般名称
バイサイド	購入者 Buyer	患者	あなた	あなた	投資家
	助言 Consulting	医者	山王病院	ヘッジファンドダイレクト	助言会社
セルサイド	商品 Product	薬	パブロン	セゾン･バンガード･グローバルファンド	金融商品
	製造 Maker	製薬メーカー	大正製薬	セゾン投信	運用会社
	販売 Sales	販売業者	マツモトキヨシ	野村証券	販売会社

は、運用成績が悪くて投資家に損をさせた際にクレームが来ないようにするためでもあっただろうし、前述の通り、運用業者に誇るべき過去実績がなかったこともその要因であったことだろう。

また投資家が投資家サイドの立場に立ったアドバイスを求めたいときには、投資助言業ライセンスを有する業者に相談すると中立的なアドバイスを得られる。

03. 国際分散投資は机上の空論

❖国際分散投資だけでは、資産を守れない

自分で投資するスタイルの形態として、アクティブ投資とパッシブ投資がある。パッシブ投資派は、個別銘柄の売買では市場を上回るリターンが出るはずがないので、市場全体に投資するのが良いと信じている。つまり学者を信じる流派である。

一般的な投資指南として、マスコミに出る評論家や、個人投資家向けの投資の教科書では「国際分散投資」を第一に勧められている。「リスクを分散させて、日本株や世界株・債券等を組み合わせて、複数のアセットクラス（資産）を持ちましょう」というわけだ。その際には低コストＥＴＦを用いて自分でポートフォリオを作ることが推奨されたりする。

一般的な投資家にとってはそれ以外に選択肢がないので、一般メディアがこれを推奨することは間違っていない。

特に若年層・投資の初心者の立場から見ると、長期・積立・分散投資で時間を味方につけて、超長期の資産運用を視野に、20～30年かけて老後資産の形成をするのであれば、これは投資の王道として理に適っていると言える。手元に現金・有価証券等のストックがなく、これから給料等のフローを活かして資産形成をしようという若年層の取りうる選択肢は国際分散投資をドルコスト平均法で行うこと一択で良いと筆者は考えている。

しかし、手元にストックがある富裕層からすると、1000万円以上のある程度まとまった資金を投資して、自分の目が黒いうちの向こう5～10年先の最大リターンを狙うのであれば、国際分散投資・インデックス投資に頼る「一般人の投資法」だけでは、資産防衛に不安が残ると言える。

❖金融理論の基礎

なぜ国際分散投資が世間で推奨されるのかといえば、資産運用の基本となる考え方であ

図表６　期待リターンの正規分布

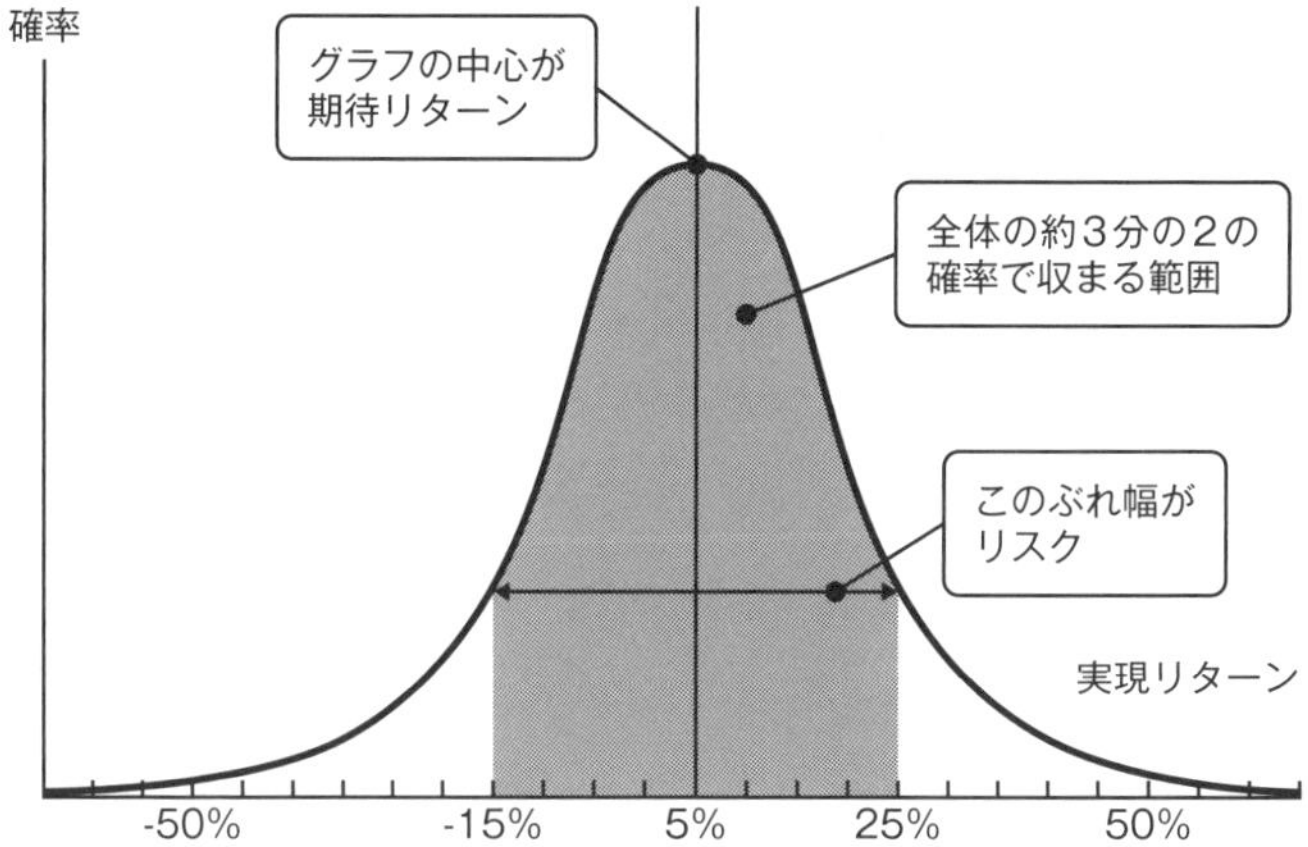

る「現代ファイナンス理論」に立脚しているからである。

現代ファイナンス理論からは、数々のノーベル経済学賞が生まれている。

まずは、ファイナンス理論の基本からおさらいしよう。投資における「リスク」とは、期待リターンの不確実性の度合いのことを言う。「損をする」という意味ではない。

図表６は、「ある個別銘柄への投資の期待リターンが５％のとき、そのリターンが３分の２の確率で上下20％のぶれの範囲内で収まる」ことを示す正規分布の例だ。このとき、期待リターンは５％、リスクは20％と表現する。

さらに、個別銘柄を組み合わせることによって期待リターンを一定にすれば、リスクだけを下げることが可能だ。これが分散投資である。

たとえば、雨が降ったらおいしくなるワインAと、晴れたらおいしくなるワインBの2つがある場合、いずれも保有しておけば、雨が降っても、晴れても、おいしいワインを飲むことができる。このような考え方が、分散投資、いわゆる「ポートフォリオ」（保有している金融資産の集合体）の基本だ。

「相関性のない資産を組み合わせて保有したときに、期待リターンはそのままに、ポートフォリオ全体のリスクは最大限、減らすことができる」

これは、現代ポートフォリオ理論で1990年にノーベル経済学賞を受賞したハリー・マーコビッツの言葉だ。この言葉に、マーコビッツが1952年に発表したポートフォリオ理論の基礎となる「平均・分散モデル」が表れている。

❖理論的に最適なポートフォリオ

では、「現代ファイナンス論」によると、どのようなポートフォリオがよりハイリターンで、よりローリスクになるのだろうか。ノーベル経済学賞を受賞したジェームズ・トービンが導いた結論はこうだ。

- すべての投資家が完全に合理的・効率的だと仮定すると、接点ポートフォリオは市場ポートフォリオそのものになる
- 投資家は、現金等のリスクフリー資産を保有しつつ、リスク資産への配分、その割合を決めればいいだけだ。後は、どういうリスク資産を持つかという問題に過ぎない

ノーベル経済学賞受賞者のウィリアム・フォーサイス・シャープによると、市場が効率的だとすると、すべての投資家は市場平均に勝てないことになる。あなたがコントロールできるのは、リスク資産に投下する金額だけだ。

ダルバー・アソシエイツの調査によると、「売買タイミングの選択の間違いのせいで、平均的な個人投資家が手にするリターンは、市場インデックス・ファンドをずっと保有している場合に比べて５％は低くなっている」という結果もある。

だからこそ、理論的に最適なポートフォリオとは、市場全体の動向を示す指標「インデ

ックス」に投資することとなる。

❖個人投資家が実践可能な最適ポートフォリオ

これを日本の個人投資家に合わせて実践するとすれば、TOPIXに連動するインデックス・ファンドとMSCIコクサイに連動するインデックス・ファンドに、時価総額に比率に応じて15：85程度の割合で投資することになる。あとの残りは現金で保有しておこう、ということになる。

ところが、理論的に正しいことが実践で利益が出るとは限らない。

❖ウォーレン・バフェット「分散投資は無知に対するヘッジ」

「市場に勝とうとするのは無意味である」と唱える『敗者のゲーム』の著者チャールズ・エリスは、インデックス原理主義者であるが、彼の著書にも、約2割のファンドマネジャーがインデックスを上回る成績を叩き出すことが記されているし、アクティブファンドに投資を委託するなら、最低10年間は継続するべきであると書かれている。

この点、年率22％という驚異的な長期運用実績を誇り、世界一の投資家と名高いウォーレン・バフェットは、「分散投資は無知に対するヘッジだ。自分で何をやっているかわかっているものにとって、分散投資はほとんど意味がない」と喝破している。近年になり初心者に対してはインデックスによる分散投資を推奨しているバフェットであるが、自身の目利き力で銘柄を発掘する能力を投資家に売っていた現役時代は、平均点を目指すインデックス投資を前述のように見做していた。

ファイナンス理論の学者によると、天才投資家もチンパンジーも同じく「まぐれ」と見做す。これに対して、「学者が本当に頭がいいのであれば、彼らはなぜ私よりも貧乏なのか？」とバフェットは反論している。

❖リーマン・ショック以降の金融業界での常識

しかし、この方法で多大な損失を被った個人投資家が多いのが現実だ。「国際分散投資」とは、概ね、相場に身を任せるだけなので（パッシブ投資）、リーマン・ショックのような世界的な金融危機が起こると、世界の株式・不動産・コモディティ等、あらゆる資産（アセットクラス）が暴落する。

具体的には、リーマン・ショック時には、世界株式、不動産、金属、原油等が軒並み下落した（図表7）。

リーマン・ショック後のマーケットは、世界の株式が51％のマイナスとなった。株とは相関関係が低いと言われていた不動産も実に63・5％のマイナスだ。金属もマイナス58・2％、原油もマイナス36・7％。つまり、異なるアセットクラスで相関が低いもの同士を組み合わせれば良いという分散投資の理論は、現在のようにあらゆる市場の相関が強まったグローバル経済においては、あてはまらなくなってきたのである。

簡単に言うと、効率性市場仮説とは、市場価格がどのように決まるかの理論だ。リスク測定、ポートフォリオ最適化、インデックス投資、オプション価格の決定を含めてすべての基礎になっている。

①市場で取引される資産価格は、公表されたすべての情報をすでに織り込み済みである

図表７　単純な分散投資では世界的な金融危機に無力

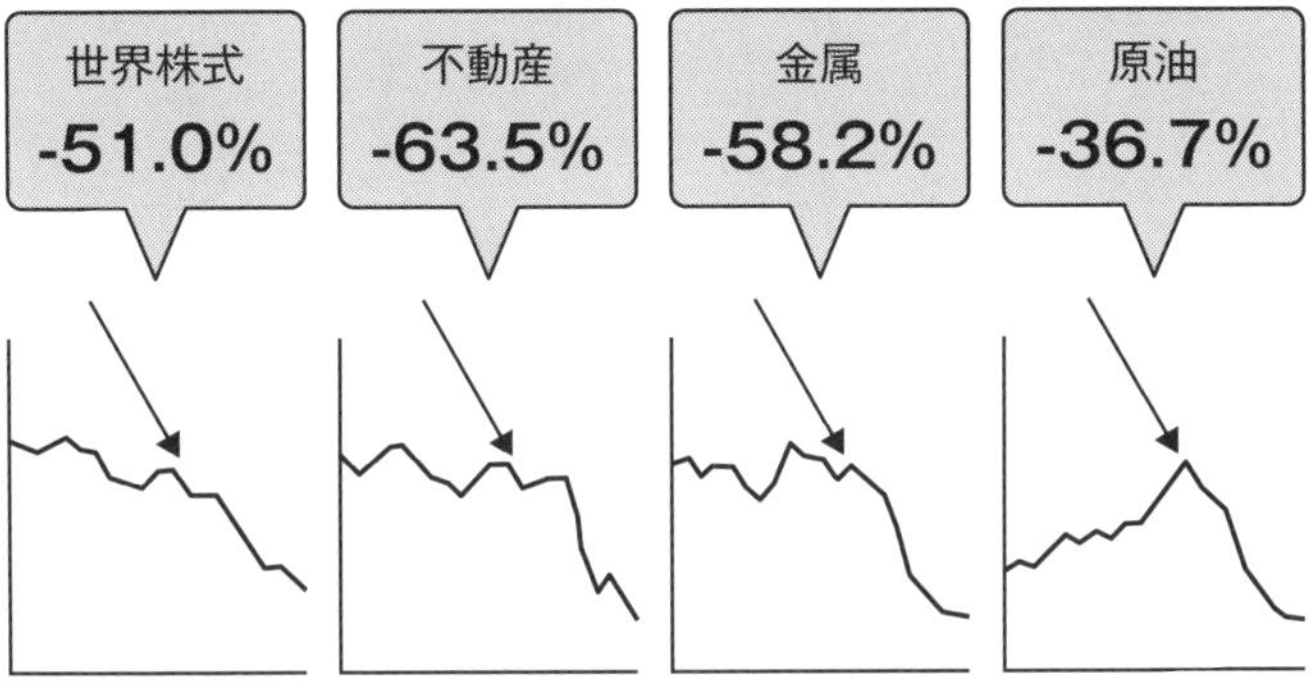

出所：ブルームバーグ
世界株式：MSCI世界株式指数（米ドルヘッジ）、不動産：FTSE米国不動産（REIT）指数（総合収益率）、金属：S&P/GSCI Industrial Metal指数（総合収益率）、原油：Crude WTI Future (Generic 1st)。データ期間：2007年6月30日～2009年2月28日

②資産価格は新しい情報を織り込み、ただちに変わる

これが前提だ。

市場モデルや投資理論は、観察から得られた証拠ではなく、数学を当てはめるのに都合のよい仮説に基づいている。

投資理論の全体系は、市場価格が正規分布をしているという仮定に基づいており、アナリスト等の評論家にとって、もっともらしい確率論に基づいて発言できる点から重宝されているに過ぎない。

そもそも分散投資理論は１９６０年代にできた効率性市場仮説に立脚した金融理論だ。だが、その理論でノーベル経済学賞を取った学者が運営したファンドは大損をしたわけで、投資の世界では、理論と実践は違うのが現実だ。

ケインズ曰く、「市場の非合理性はあなたの想定以上に長く放置される」のである。

❖ジョージ・ソロスによる効率的市場仮説の終結宣言

ジョージ・ソロスが「2008年の暴落によって効率的市場仮説に対する信用は完全に打ち砕かれた」と宣言したことで、金融のプロの間では昔ながらの国際分散投資は過去のものとなった。

各アセットクラスの相関が異なるのでリスクが減少するとのナイーブな理論は現実の前に打ち砕かれてしまった。『フィナンシャルタイムズ』には「市場は効率的だと主張する理論はまったくのガラクタであり、直ちにゴミ箱に捨てるべきだ」とのジェームズ・モンティエの主張が掲載された。

ファンダメンタルにまったく変化がないにも関わらず株価が変わるという現実を考えると、この仮説が現実に照らしておかしいと感じるのは、上場企業経営者であれば体感していることである。さらに、確率的には「１００年に1度」とされていることが、数年に１回起こるという現実を誰もが知っている今となっては、「価格形成は正規分布に従う」という仮定が現実にそぐわないことは明らかだ。

04.

個別銘柄の選別よりもアセットクラスの選別

❖自己帰属バイアスに注意

自分で投資するスタイルの形態として、パッシブ投資の対極にアクティブ投資があるが、今度はアクティブ派を見てみよう。これは、目利き力があれば、市場を上回る収益機会を得られるはずだと信じている。つまり自分の力を信じる派である。

ただし、自分を信じるのは結構だが、思い込みには注意したい。ハーバード大学の心理学者アイリーン・ランガーの有名な言葉に「表が出れば私が勝ち、裏が出るのは運が悪い」というものがある。

人間は、成功したときにはその理由を自分に帰属させようとし、失敗したときは運や他のもののせいにしようとする生き物である。これを「自己帰属バイアス」と言う。

実際は、ほとんどの人が失敗している。カリフォルニア大学デービス校の金融論の教授であるテランス・オーディンは、『なぜ投資家は売買をしすぎるのか?』という論文の中で、15年間に大手証券会社を通して個人投資家が行った10万件近い取引を分析している。それによると、個人投資家の購入した銘柄は購入後1年間で市場平均を2・7%下回る一方、売却した銘柄は売却後に市場平均を0・5%上回ったという。つまり、個人投資家が買うと下がり、売ると上がるというわけだ。

さらに、プロスペクト理論によると、人間は、「利益を得る場面ではリスク回避を優先し、損失を被る場面では損失を可能な限り回避しようとする傾向がある。その結果、個人投資家は、値上がりした銘柄を処分し、値下がりしている銘柄は持ち続ける」という、はっきりした選好を持っていることが研究で明らかになっている。

行動ファイナンスの父とされるノーベル賞を受賞したダニエル・カーネマンは個人投資家に株価を予測させる研究を行った。被験者に絶対に超えない上値ラインと、絶対に下回らない下値ラインを予測させた。たとえば「日経平均は最悪、どこまで下がると思うか?」という質問に対して、絶対下がらないラインとして「1万円」と答えるようなものである。結果として実際の株価は予想に対して20％も上振れもしくは下振れした。つまり、「絶対大丈夫」は2割ほど眉唾ということであり、要するに自信過剰ということである。

❖行動経済学

ＩＴバブルが起こった１９９９年、２００８年のリーマン・ショックによる大暴落当時の『日本経済新聞』等を読むと、嵐の中で人間がどのように感じ、世間の風潮がどうであったかが生々しくわかる。

「人間は合理的ではない」という、普通の人からすると常識であることが学問的に研究され出したのは最近のことだ。行動経済学の研究によると、以下のような傾向が明らかになっている。

- 人は、統計的な確率を無視する（したがって、確率的に負けるギャンブルに手を出す、あるいはリスクを回避しすぎる）
- 人は、現実を見ずに、自分を正当化する材料だけを探す（したがって、損切りできない）

- 人は、勝ちが続くと、それが今後も続くと思い込む（したがって、破産して強制終了になるまでギャンブルをやめられない）
- 人は、よく知っているだけのことを、あたかもよく理解していることであるかのように混同する（したがって、過信が生まれる）
- 人は、新しい情報に過剰反応する（したがって、市場環境に振り回される）
- 人は、自分と他人を比べて、自分が優れていると思う（実に8割の人がそう思っている）

❖投資は「資産配分」で決まる

ブリンソン、フッド、ビーバウワーらの実証研究（1986年）によれば、運用成果を決めるのは個別銘柄ではなく、資産配分、つまりアセット・アロケーションである。事実、運用成果の90％は資産配分によって決まるとされる。値上がりする銘柄を必死になって探し出したところで、資産に与える影響はわずか5％ほどでしかないということである。

同様にイェール大学のロジャー・イボットソン教授は「投資の総リターンの90％は、投資家の選択したアセット・ミックスによって決まる。銘柄選択やマーケットタイミングの効果は副次的である」と指摘する。

❖売買のタイミング

また上がる銘柄を見つけて、安いときに買って高いときに売れば儲かるわけだが、それがなかなか難しい。ケンブリッジ・アソシエイツによる研究によると、S&P500指数に投資をした過去75年間のデータを長期分析すると、この長期間の投資によってもたらされたリターンは、実はわずか5年間（全体の7％の期間）にもたらされた上げ相場によって得られているという。たまたまいい時期に投資を開始できる「運」がある人がどれほどいるだろうか。

❖短期売買は損

個人投資家の非合理的行動として、自信過剰・偏った判断・群集心理・損失回避願望が見られるとしている行動ファイナンス学者のテランス・オディーンとブラット・バーバーの分析によると、「売買頻度の多い投資家ほど投資成績が悪い」ことを発見した。

❖長期投資するなら注意を

短期売買が難しいという話になると、長期投資をしようという話になる。よく引き合いに出されるプリンストン大学経済学部長のバートン・マルキール教授の著書『ウォール街のランダム・ウォーカー』によると、30年間のスパンで投資を考えた場合に、99・４％の確率で株式が債券を上回るパフォーマンスが出ると言う。そこから「株式での長期投資は素晴らしい」という話が巷では展開される。しかし注意していただきたいのは、これは資本主義先進国アメリカの話ということである。

２０１６年までの過去30年間の株式のリターンを比べてみよう。１９８６年5月を１００として指数化すると、以下のような結果となる。

アメリカ　8・48倍
ドイツ　7・43倍

イギリス　3・88倍
日本　　　1・06倍

30年前から「貯蓄から投資へ」と日本政府が号令をかけていたにも関わらず、この結果である。つまり、株式への長期投資によって資産が殖えるという話は、資本主義や自由市場が正しく機能している国に限ってであり、「世界で一番成功した社会主義国だ」とゴルバチョフが語ったとされる規制大国の日本の話ではない。

日本株式に長期投資をしたところで資産が殖える期待は、過去のデータを見る限りでは薄いのである。世界中、誰もが同じデータを見ているわけだから、これは世界の投資家の常識である。外国人が日本株を買うときは主に為替レートが要因である。ドル建て日経平均が下がったときに割安感が出るから短期的に買いにくるだけであり、成長性を見込んで長期投資をしているわけではない。

行動ファイナンス学者のバーバーとオディーンによる投資家1万人調査によると、お金を失う場合は、殖えるときの嬉しさと比較して2倍の痛みを感じるので（プロスペクト理論）、値上がりした銘柄は売ってしまい、値下がりした銘柄ばかりを塩漬けで抱える傾向がはっきりあるという。自分の過ちを認めずに、長期投資を言い訳にして、損切できないだけの個人投資家が多いのである。塩漬けと長期投資は明確に異なる。

したがって、長期投資をするには、何に投資をするかを、事前に熟考する必要がある。長期投資やドルコスト平均法は、言うならば「投資スタイル」であり、「投資対象」が何か？　が大切なのである。では、どのような投資対象・アセットクラスを長期保有するのが良いのだろうか？

❖アセットクラスによる期待リターン

運用成績を決めるのが資産配分であるならば、具体的に、どのような資産配分を行えばいいのだろうか。一般的に、投資対象となる資産の種類や分類のことを「アセットクラス」と呼ぶ。アセットクラスごとのリターンについては、データを参照してもらいたい。１９９０年1月から２０１６年までのアセットクラスごとの実績は図表8の通りだ。

このリスク・リターン実績表は投資家の意思決定の基本となる大変重要な情報なので、自分で手書きして再現できるほどに、じっくりとご覧いただきたい。

元本保証の現金預金等、流動性資産に投資した場合、0・24％のリスクをとって得られたリターンは0・24％である。一方、日本株式に投資した場合はどうだろう。23・77％のリスクをとって得られたリターンは、なんとマイナス2・6％である。外国債券は10・58％のリスクで4・92％のリターンとなっている。この場合のリスクとは、価格変動の幅のことである。

もしあなたが、7％以上のリターンを求めている場合、投資対象は、リスクが低い順にヘッジファンド、新興国債券、グローバルREITとなる。ヘッジファンドのリスクが低いこと、そして新興国債券と米国株式がほぼ同じリスクであるということを意外に思われた方は多いのではないだろうか。

次に、リスクを中心に投資対象を見てみよう。あなたが年率22％程度のリスクを許容した場合、リターンが高い順にグローバルREIT9・97％、欧州株2・87％、日本株マイナス2・6％となる。

図表8　アセットクラスごとのリスク・リターン実績表

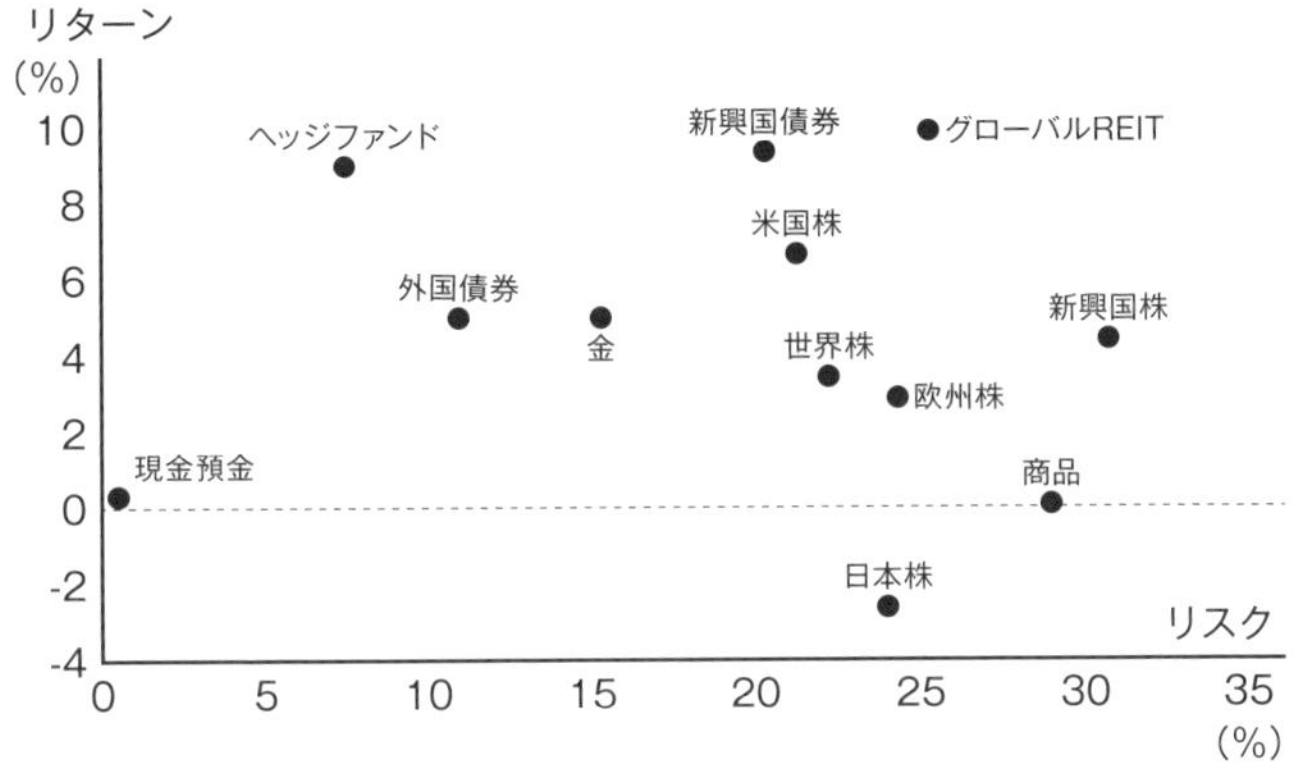

各種インデックスの年次リターンを用いて、データ期間の年率換算リターンをヘッジファンドダイレクトが計算

計算期間1990年～2016年　スタート時が異なるものだけカッコ内に記載
現金預金：Japan Cash indices LIBOR Total（1996年）
米国株：DOW JONES Index
グローバルREIT：FTSE/NAREITオール・エクイティ REITTR指数
日本株：日経225
世界株：MSCI WORLD Index
商品：S&P GSCI商品指数TR
欧州株：Euro Stoxx 50 Index
外国債券：Bloomberg Barclays GlobalAgg Total Return Index Value Unhedged USD
ヘッジファンド：Eurekahedge Hedge Fund Index（2000年）
金：XAU-USD X-RATE
新興国債券：J.P.Morgan EMBI Global Total Return Index（1994年）
新興国株：MSCI EM

❖リスク・リターン実績で見れば、アセットクラスはヘッジファンドが一番

そしてこの実績表を見れば、相対的に考えて、最も「低リスクで高リターン」のアセットクラスがヘッジファンドであることに誰もが気がついてしまう。

ところが、あなたも、ヘッジファンドを含めた実績表の全体図を見たのは、本書が初めてではないだろうか。このリスク・リターン実績表自体は、マスメディアや銀行・証券会社の窓口にある個人投資家向けコンテンツの中でよく目にするものであるにも関わらず、ヘッジファンドのリスク・リターン実績に関するドットだけは隠されて記載されていないのが現実だ。

では、なぜあなたは今までこの事実を目にすることができなかったのか？

その理由は、単に「日本の銀行や証券会社の店頭でヘッジファンドを扱っていないから」に過ぎない。顧客にとって有益でも、自社が扱っていない商品を説明する気がないのが販売会社である。

もし、店頭にヘッジファンドを含めたリスク・リターン実績表を載せてしまえば、リス

クが高くてリターンが低い日本株を買う人がいなくなる。ハイリターンを狙うならハイリスクをとるしかないと営業マンが説得して、世界リートを組み込んだ投信を買わせようとしていた顧客も、低リスクで高リターンであるヘッジファンドの存在を知ってしまえば、もはや投信を買ってくれなくなる。

他方で、各アセットクラスの実績は、ブルームバーグやロイターの情報端末を日常的に見ている機関投資家であれば、誰でも知っている事実・常識である。だからこそ、機関投資家はヘッジファンドを保有するのである。

なお、ヘッジファンドのリスク調整後のリターンが高いという話をすると、「業績の悪いヘッジファンドは閉鎖されるのだから、生存者バイアスで、実際よりもリスク調整後のリターンが高く見えているだけでは？」という疑問を持つ人もいる。これについては、答えがすでに出ている。

イェール大学大学院のロジャー・イボットソン、香港理工大学のケビン・チューの研究によると、８４００本のヘッジファンドの１９９５年～２００９年のデータを分析し、生存者バイアスを補正した結果、ヘッジファンドは年平均11・4％のリターンを上げており、かつ３％相当のアルファ（市場ベンチマーク以上の超過リターン）を上げていることを明らかにした。

何もヘッジファンドだけに投資をするのではなく、様々なアセットクラスを吟味してポートフォリオを作ることが大切であるが、その場合には、各アセットのリスク・リターン実績を考慮して、より良い投資対象に投資することが重要である。

05. 円預金、インフレ率が２％なら36年後に価値は半減

❖円預金は、銀行への貸付という資産運用

あなたが円預金をしているのであれば、あなたは自分の資産を銀行に貸していることになる。１０００万円以上の分は、もし銀行が破綻した場合には本人に戻ってこない。このような信用リスクをとった上で、受け取るリターンは、メガバンクで0・01％の金利水準（1年定期2016年）である。

リスク・リターンとして割に合うと思えば、預金という資産運用を継続しても良いが、1年間１００万円預けた利子が１００円、ＡＴＭ引出手数料１００円で消えてしまう。

❖インフレにならない理由がない

そもそも現金はモノやサービスを買うためにあるが、円の購買価値は一定ではない。戦後70年を経て、日本の借金は１０５３兆円（２０１５年6月末）に達した。２０１４年税収等は55兆円、歳出は95兆円、国債発行予定額（借金の予定）は40兆円だ。

経済産業省の試算によると、「国債消化への懸念（＝もうこれ以上、日本は借金ができないと思われること）」がトリガーとなって、「金利高」「株安」「過剰な円安」といった急激な「日本売り」が発生し、日本経済に深刻な影響をもたらす可能性が指摘されており、最悪の場合、円の実質資産価値は３分の１になると予測されている（経済産業省「産業構造審議会資料」）。

さらに、少子高齢化の日本において、累積債務が増大した結果、その解決策として国が何をするのかと言えば、理論的な帰着として、将来のどこかの時点で「増税による歳入を増やすこと」か、「インフレを起こし、国の債務の帳消しにすること」の二択になってしまうと、次のような複数の財務省等出身の一流学者から指摘されている。

小幡績……慶應義塾大学大学院准教授。大蔵省（現財務省）出身。東京大学卒、ハーバード大学経済学博士

小林慶一郎……慶應義塾大学教授。通産省（現経済産業省）出身。東京大学大学院卒、シカゴ大学大学院博士

小黒一正……財務省財務総合研究所上席研究員、元一橋大学准教授。大蔵省（現財務省）出身。京都大学卒、一橋大学博士（経済学）。内閣府経済社会総合研究所客員研究員

日本銀行の調査によれば、１９３４～１９３６年の消費者物価指数を１とした場合、１９５４年は３０１・８となった。つまり、わずか18年間で物価が約３００倍となったことになる。これがいわゆる「ハイパー・インフレーション」と呼ばれる現象だ。

財政悪化を迎えた１９９８年のロシアでは、ハイパー・インフレにより貨幣価値が６分の１になり、「資産家が貧者に没落した」と言われたのは記憶に新しいところである。

元金融トレーダーで現参議院議員の藤巻健史氏は、筆者との２０１５年に行われた対談の中で、次のように述べている。

「今の日本の累積赤字額は対ＧＤＰ比で２１３％と、世界でも突出しています。２００％を超える水準は、太平洋戦争の末期と同じです。太平洋戦争末期は軍事費を賄うために国債が大量発行されて、それを日銀が買っておカネがばら撒かれましたが、その結果、ハイパー・インフレが起き、戦時国債は紙切れになりました。１９４６年に預金封鎖と新円切り替えが行われたのはご存じの通りです」

大前研一氏は「このままでは、ハイパー・インフレにならない方が不自然」だと指摘している（企業経営者限定勉強会 向研会）。

ジョージ・ソロスと共にヘッジファンドを設立し、10年間で３３６５％という驚異のリターンを実現、37歳で引退してコロンビア大学で教鞭をとった経験もあるジム・ロジャースはインタビューで次のように述べている。

「子供も産まず、移民も受け入れないとなれば、人口は減り、債務は増えるばかり。いったい将来の日本では、誰が働いて債務を返すのですか？　破綻は一晩で起きることではありません。しかし株式市場が過去26年で50％も下落した日本は、すでに目の前で崩れはじ

図表９　インフレのダメージ

インフレ率（%）	資産を半減させる年数（年）
2	36
3	24
4	18
5	14
6	12
7	11

出所：『敗者のゲーム』（チャールズ・エリス著　日本経済新聞出版社刊）

めています。目に見えないが、破綻は起こっているのです」

❖インフレ率が２%なら、36年後に資産は半減している

アベノミクスを含めて各国で一般的に許容されている年率２%のインフレが続けば、購買力は36年で半減する（図表９）。

仮にインフレ率が７%になると、11年後には現金（円）の資産価値は半減する。

結局、インフレ調整後のリターンしか消費に使えないわけだから、当面使わない資金を現金で保有しておくことは著しく不合理であると言える。

❖通貨分散の必要性

そもそも円という通貨はどのくらい流通しているかと言えば、世界各国の外貨準備の中で、円の占める割合はわずか4％に過ぎない。

米ドルが62・9％でトップ、次がユーロの22・2％である。円は第3位であるもののたったの4％に過ぎない。

交換価値についてはどうだろうか。交換価値とはつまり、円を他国の通貨と交換する場合の比率のことである。交換価値は為替レートによって示されている。基本的に、財政状態が良い国の通貨は高く、財政状態が悪い国の通貨は安くなる。つまり米ドルと比べて、円は安くなりがちである。

日本の個人投資家の中には全資産が円という人もいる。これは円に全力で買いポジションを持っていることに等しく、円のリスクを集中してとっていることになる。これは合理的とは言えない。

世界の富裕層たちにとって、外貨での資産運用は常識だ。全資産のうち、円、米ドル、ユーロ等を適切に配分し、保有する。世界の富裕層たちは、通貨を分散させることで、資産防衛をより確かなものにしているのである。

❖インフレ対策としての投資

インフレ対策としてよく推奨されるのが、不動産投資と株式投資である。

しかし、現在、空家率が13・5％、今後２０５０年には人口が半分以下、２割が無居住化と予測される状況の中、需要の減少から、不動産価格は下落するリスクがある。

また株式投資においても足元はアベノミクスで好調とはいえ、１９８９年の最高値から２０１１年6月の最安値まで、日経平均は74・7％も下落したことや、少子高齢化で日本経済が低成長になることを考えると、積極的には勧めがたい。

したがって、インフレ対策としてはドル建て資産を持つのが有効だろう。

❖インフレ対策なら米ドル

アメリカは、母国語が世界言語の英語、通貨は世界通貨のドルを発行している上に、先進国で唯一、人口が増加し続けている国だ。その上、食糧は自給できており、シェールガス革命により、エネルギーの輸出国・貿易黒字国になろうとしている。さらに、グーグルやアップル、アマゾン等、世界を変革するベンチャー企業が多数誕生する世界一イノベーティブな国で、世界中から知性と付加価値の高い人材を集め、グローバルに影響力を行使している。

一方で日本は、少子高齢化の人口減少トレンドが続き、「失われた20年」と呼ばれる長期の経済低迷の下、政権交代があったり、官民挙げて試行錯誤をしたものの、新卒学生の人気企業ランキングが30年以上も前と変わり映えしないほど「変われない国」だという現実がある。2000年代に入り他の先進国がGDPを倍増させる中、まったく成長しなかった唯一の国でもある。

日本は産業の空洞化が進み、安全保障はアメリカに依存。エネルギーと食糧は輸入頼り。

その上で、日本の借金は１０５３兆円（２０１５年6月末）もあり、大増税・インフレの到来が予想され、経済産業省の指摘によると円の実質価値は３分の１に暴落する可能性もあると試算されている。

日本とアメリカの「現在の国力」及び「将来性」を客観的に比較した場合、アメリカの強さは圧倒的である。したがって、長期的に見てドルに対して円が安くなる蓋然性は高く、インフレ対策という観点からは米ドル資産の保有が良いだろう。

❖ただし外貨預金は不利

米ドルと言えば銀行の店頭で「今なら期間限定　好金利キャンペーン」とよくやっている。しかし、外貨預金では為替益も金利も、雑所得扱いなので最高で55％の税率となる。さらに両替手数料は１円等とコストが高い。その上、１０００万円までの預金保証すらない。

他方で、外貨ＭＭＦの両替手数料は25～50銭ほどである。株式等との損益通算が可能である。ドル建てファンド等に投資するためにドルを保有するということであれば、外貨預金ではなく外貨MMFでドル転しておくと良い。

❖実物資産とペーパー資産という区別はナンセンス

インフレ対策といえば、金融リテラシーが低い層を対象とした商売人が、「ゴールドや不動産は実物資産だから、株や投資信託というペーパー資産のように最悪の場合でもゼロにならないので安心」というセールストークをしているが、それは妄言である。

日本のリゾート地では、無料でも誰も買わないような廃れた別荘土地やマンションが山ほどある。保有者に固定資産税がかかり続け、保有しているだけで赤字の「死産」となっている。

値段が動くものはすべて投資家にとって等しく投資対象である。日本円を銀行に預けるという行為は、金利0・01%を得るために銀行の信用リスクを取っているペーパー投資そのものである（1行に対して1000万円以上の預金は、銀行が破綻したら戻ってこないため、元本保証されていない）。

企業業績を抽象化したものが株価として取引され、個別銘柄を加重平均して束ねて抽象化したものが日経平均というインデックスである。

　日経平均株価がゼロになるのと、使い道のない田舎の不動産の価値がゼロになるのと、どちらの可能性が高いだろうか。

06. 投資信託の選び方

❖「コスト控除後のリターン実績」で運用業者を判断する

次に他人に任せる場合を検討してみよう。前述した図表1を再掲したい。この図を見ながら考えて欲しい。あなたは、今までの投資経験の中で、通算で年利何%で運用できていただろうか？　通算プラスで回っている人は日本人で2割しかいないのは冒頭で紹介した調査結果の通りだが、運用業者よりも自分の方が優れた過去実績をあげているならば、つまり、あなたがウォーレン・バフェットや海外の一流ヘッジファンド・マネジャーよりも、投資家としての知性や経験において優れているという意味だが、その場合に限り、「①自分で運用する」を選ぶのも手だろう。しかし、そうでないなら、「②他人

図表１　投資で利益をあげるためのアプローチ（再掲）

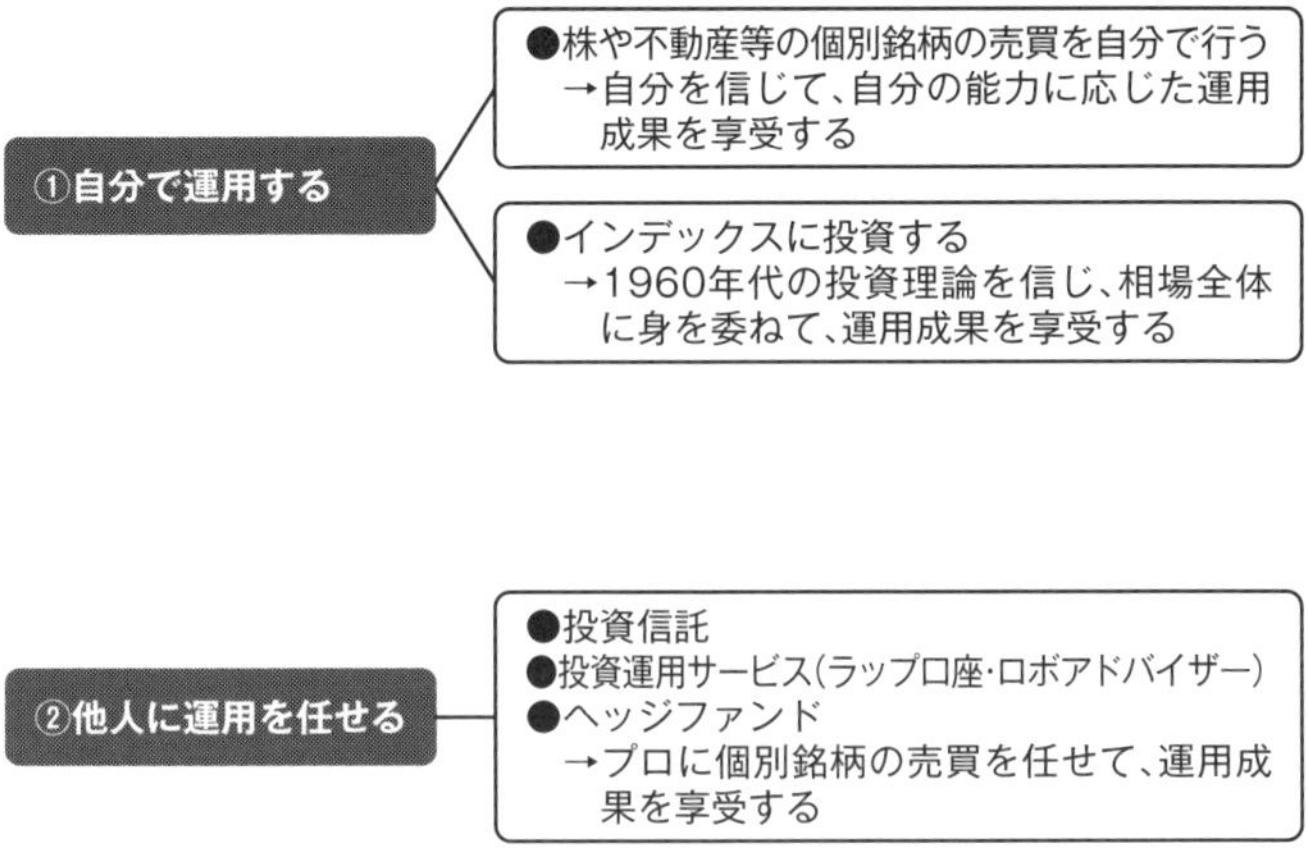
①自分で運用する
●株や不動産等の個別銘柄の売買を自分で行う
→自分を信じて、自分の能力に応じた運用成果を享受する
●インデックスに投資する
→1960年代の投資理論を信じ、相場全体に身を委ねて、運用成果を享受する
②他人に運用を任せる
●投資信託
●投資運用サービス（ラップ口座・ロボアドバイザー）
●ヘッジファンド
→プロに個別銘柄の売買を任せて、運用成果を享受する

に運用を任せる」の中から、適した選択肢を選ぶ方が賢明だろう。

　では、「②他人に運用を任せる」を選んだ場合、どのようにプロを選べばいいのか。

まず結論から言えば、「コスト控除後の過去実績リターン」で一律に比較すればよい。

　図表１の選択肢の中からあなたはどれを選ぶだろうか？

　それでは、他人に任せるスタイルである「投資信託」と「投資運用サービス」について過去実績を中心に詳しく見ていこう。

❖投資信託を持つなら10年間は保有すべき

「投資信託への投資はデートではなく結婚だ」とは、『敗者のゲーム』の著者チャールズ・エリスの言葉である。エリスの指摘によると、個人投資家は投信の基準価格が高いときに買い、安いときに売ってしまうので、その投資信託自体が達成したリターンを大幅に下回った投資成果しか享受できないという傾向がある。そのため、投資信託を購入する際には事前によく吟味して、購入したら10年間は保有することが推奨されている。つまり、信頼できるファンドマネジャーを選んだら、10年間は信用するべきということである。長期投資は売買手数料の削減にもなる。

❖人気の高分配型投信の9割が赤字

さて、自分で資産運用をする時間がない人は、専門家が運用をしてくれる投資信託を購入することで、資産運用をプロにアウトソーシングしているわけだが、個人投資家がファンドを選ぶ基準は「高い利回り」だ。そこで、日本の個人投資家は、高分配型投信に群がっている。

実は、個人投資家に人気の高分配型投信１００本のうち、「真のプラスのリターン」が出ているのは７本のみで、実に９割が赤字である（２０１６年１月末時点『ダイヤモンドＺＡｉ』調べ）。これはどういうことか？

実は個人投資家は分配金という「見せかけの高利回り」に誘導されているのだ。分配型投信に投資して高分配金が出ていても、それは元本を取り崩しているだけの場合がある。本当の利回りは、１年間の分配金合計額から基準価格が下落した部分を差し引いた正味の分配金を１年前の基準価額で割って算出する必要がある。

ところが個人投資家の多くは、金利と分配金の区別がつかないため、見た目の高分配金に惹かれ、質の悪い投資信託を購入しているわけだ。

『日本経済新聞』等のメディアで、「高分配型投信はタコ足であるから要注意、税務的にも不利」という記事が頻繁に出る。だから、高分配型投信を購入するのは、大手証券マンに強引に、もしくは義理人情でそそのかされた高齢者というイメージがある。しかし、実際は異なる。

大手オンライン証券会社での売れ筋ランキング（上位1位〜5位）の大半も、これまた高分配型投信なのである。

実は、分配型投信の購入者の実に8割が、分配金を払った分だけ基準価格が下がる事実を知らないとされる（『日経ヴェリタス』）。

日本の個人投資家の金融リテラシーは、G7の中で第6位、世界全体で38位（S&Pグローバル・フィナンシャル・リテラシー調べ）。したがって、日本の個人投資家は非合理的な投資行動、つまり損をする可能性が高い行動をとる。その一例が、高分配型投信の購入への偏りということだ。

❖日本で販売されている投信で過去10年以上年率10%以上のファンドはゼロ

日本で投資信託を買うことについて、もう少し俯瞰してみよう。前述の通り、運用業者の質は、「10年間以上の長期実績で評価する」のが原則だ。理由は、「まぐれ」に騙されないためだ。わずか数年だけの運用成績なら単なる「まぐれ」かもしれない。単に全体相場という外部環境が良かっただけかもしれない。「無謀に高いリスクをとって、たまたま高いリターンを実現しただけ」なのかもしれない。そこで、最低10年間の実績を確認すれば、リーマン・ショック等の金融危機や下げ相場を無事に乗り切れたどうかがわかる。

そこで、日本国内に流通する投資信託の過去10年間の平均年リターンを調べると、年利10％以上のファンドは１つもない（２０１６年2月末モーニングスター公表データよりSMA／DCを除く全ファンド対象）。

証券会社や銀行に行くと、売れ筋ファンドのポップが目立つ。「1位　○○証券ＵＳ－ＲＥＩＴオープン」「2位　○○グローバル好配当株式（毎月決算型）」などと書いてある。綺麗なパンフレットがあるので手に取ってみたくなるが、もし長期投資に資するような優良ファンドを入手したいのであれば、眼を皿のようにして日本の個別投信を吟味してもしょうがない。

そもそも、日本で販売されている投資信託は、世界全体で販売されている投資信託のわずか6％に過ぎない。つまり、日本で売られている投資信託の中から投資対象を選ぶということは、世界中に存在する投資信託銘柄の94％を選ぶチャンスを自ら放棄していることに他ならない。そこで、富裕層は、海外で売られている海外ヘッジファンドを求めるわけだが、これは別章で後述するものとする。

❖投信の評価手法としての「シャープ・レシオ」

投信を選別するにおいては、過去10年の実績（コスト控除後のリターン）のみならず、リスク・リターンを測る「シャープ・レシオ」で評価すると実務的だ。

シャープ・レシオとは、ノーベル経済学賞を受賞したウィリアム・シャープが考案した指標だ。リスク（標準偏差）1単位当たりの超過リターン（リスクゼロでも得られるリターンを上回った超過収益）を測るもので、この数値が高いほどリスクをとったことによって得られた超過リターンが高いこと（効率よく収益が得られたこと）を意味する。異なる投資対象を比較する際に、同じリスクならどちらのリターンが高いかを考えるときに役立つので、投資信託の運用実績の評価等に利用されている。

計算方法は、得られるであろうリターンを想定されるリスクで割れば求められる。つまり、シャープ・レシオとは、リスクに対して効率的なリターンを得られているかを表す指標なのだ。シャープ・レシオの数値は大きければ大きいほど、効率的に運用できていることを意味する。たとえば、10%のリスクをとって10%のリターンを出しているファンドは、

図表10　日本の売れ筋投資信託のシャープ・レシオ

	1年	3年（年率）	5年（年率）
1位　LM・オーストラリア高配当ファンド（毎月）（運用会社：レッグメイソン）	0.19	0.23	0.68
2位　野村インド株投資（運用会社：野村アセットマネジメント）	▲0.26	0.66	0.58
3位　東京海上・円資産バランスファンド（運用会社：東京海上アセットマネジメント）	1.46	2.0	NA

モーニングスター「投資信託への資金流出入速報（2016年11月）」に記載された中で、シャープ・レシオが開示されているファンド上位3つを抜粋

シャープ・レシオが1になる。一方で、20%のリターンを出していてリスクが40%であれば、シャープ・レシオは0・5だ。

では、日本の売れ筋投資信託ランキングをもとに、1位から3位までのシャープ・レシオを見てみよう（図表10）。

この表の通り、とったリスクに対して効率的にリターンをあげている、すなわち低いリスクで高いリターンを出しているのは第3位の東京海上アセットマネジメントである。

1位と2位のファンドはハイリスク・ローリターンと言える。

なお、東京海上アセットマネジメントのファンドの年率リターンは1年で3%、3

年で4・5%である（まだ5年間の実績はない）。

❖日本の投信でシャープ・レシオ2を超えるものは稀

前述したように、投信の評価には10年の観察が必要である。それは「まぐれ」をはじくためである。そこで長期のシャープ・レシオに注目する必要がある。シャープ・レシオは、リスク1単位あたりのリターンを示した指標であり、高いほど優秀なファンドと言えるわけだが、実は、日本で販売されている投資信託で、10年以上の実績がありシャープ・レシオ2以上のファンドはわずか1つしかなく、それも非常にリターンが低いのが現状だ。

他方、海外のファンドに目を向けると高リターンで、かつシャープ・レシオが優れているファンド、すなわち、低リスク高リターンのものもある。

たとえば、筆者が経営する投資助言会社ヘッジファンドダイレクトが推奨しているファンドであれば、低リスクの運用で、17年で2・8倍の実績。シャープ・レシオが約2・0で「低リスク・高リターン」が強みのファンドもある（Hedge Fund Manager of the Year 2年連続受賞2015・2016）。

シャープ・レシオ以外に、投信を評価する指標はいくつもある。最悪時の損失（ドローダウン）に着目した「カルマー・レシオ」、ある確率の中での最悪リターンを評価する「バリュー・アット・リスク」に注目した「修正シャープ・レシオ」等があり、複合的に分析する必要がある。

❖なぜ日本の投資信託のパフォーマンスが悪いのか？

- 日本国内に流通する投資信託の過去10年間の平均年リターンを調べると、年利10％以上のファンドは１つもない（２０１６年２月末　モーニングスター公表データより　ＳＭＡ／ＤＣを除く全ファンド対象）
- 10年以上の実績がありシャープ・レシオ２以上のファンドはわずか１つしかなく、それも非常にリターンが低い

このように日本の投信が芳しくない理由は、前述の通り、運用会社が販売会社の下請け

や子会社であり、投信が投資家のためではなく証券会社のための手数料稼ぎの道具だった歴史的な経緯があるからだ。そのため、ファンドの早期売却を勧め、販売会社は手数料目当ての新商品を開発する。結果的に、長期の運用実績が蓄積されないのだ。

加えて、販売手数料は上昇傾向にある。2002年度平均で2・25％だったものが、2011年度には2・73％にまで上昇している。ちなみに、アメリカのファンドでは平均1・0％だ。

投資信託（＝運用会社のファンドマネジャーの腕）のリターンが低く、その上、投資信託を販売する証券会社による販売手数料が高いとなると、日本で「手数料控除後のリターン」を最大化するのは難しい。

❖海外の優良ファンドを日本に輸入した場合

そもそも、金融自由化が遅れた日本は、先進国と比べて30年ほど遅れており、資産運用を担う専門家人材が育っていない状況にある。そうであれば日本のお得意の輸入の精神で、海外の優秀なファンドを日本にもってくればよいのではないかと思われるかもしれない。

実際、ブラックロックやフィディリティといった海外の一流運用会社のファンドが日本で投資信託として売られている。しかし、国内で流通している個々の商品を見ると、前述のように優れた商品があるとは言い難い。

その原因は、海外のファンドを日本の投資信託に組成する過程で、つまり「輸入」する過程の中で、日本の金融業者が利益を得るために、投資家にとって手数料がかかるフィーダーファンドという仕様にされてしまう結果、リターンが減ってしまうからである。どういうことか？

元々の優秀な海外籍ファンド（海外ファンド）はマザーファンドと呼ばれるが、これを国内籍の投信にする際にはベビーファンドもしくはフィーダーファンドと呼ばれるビークル（箱）を創り、そのビークルを通じて、元々のマザーファンドに投資する形態をとる。その際に、たとえばマザーファンドの手数料控除後の年10％のリターンがあるとしても、中間に介在するフィーダーファンドのコストとして年２％を負担して投資せざるを得ないので、投資家の手数料控除後のリターンは８％になってしまうわけだ。そして、このフィーダーファンドを日本の証券会社が販売する場合には購入手数料３％を取るから、マザーファンドが年利10％の実績だったとしても、投資家の手元には結局５％しか残らないということになる。

つまり、「輸入」の過程の中で中間業者により利益を抜かれているため、最終需要者である投資家の手元に届く際には、低リターン高コストになってしまい、「コスト控除後の高リターン」というマザーファンドの本源的価値が、日本人投資家の手に渡るころには大幅に毀損されているわけだ。

❖投資家が投資信託を買うなら

金融リテラシーが低い層は「ハイリスクならハイリターン」「ローリスクならローリターン」と思いがちだが、現実には、「ローリスク・ハイリターン」(＝シャープ・レシオが高い)を実現するファンドが存在している。つまり、そのファンドのファンドマネジャーが質の高い運用をしており、そのような投信を購入することで、手間と時間をかけずに運用成果を享受できる。そして、どのようなファンドを選ぶべきかのポイントは２つ。「過去10年間以上にわたり年利10％以上の実績」「シャープ・レシオが高い運用手法」。これだけを押さえておけば、大きなはずれはない。問題はそのようなファンドが日本にほぼ存在しないことであるが、投資家のリテラシーが向上した近年は、投資助言会社の支援で、直接、海外の優良ファンドに投資をしようという動きが出てきている。その優良ファンドの１つが、ヘッジファンドである。

❖絶対収益を狙うヘッジファンド

世界最高水準の実績を持つ運用業者がヘッジファンドである。「ヘッジファンド」を一言でいうと、ハーバード大学基金等の機関投資家や富裕層の資金を預かる運用業者で、相場の上げ下げに関わらず絶対的な利益を求めて活動することから、一般的な投資信託の業者とは区別されて呼ばれている。

ヘッジファンドと普通の投資信託との区別は次の通りだ。

一般的な投資信託……サラリーマン・ファンドマネジャーが、市場平均に対して相対的に勝つか負けるかを競いながら（ベンチマーク運用）、顧客の資金を運用し、信託報酬を得る。投資スタイルは主にロング（買い持ち）。

ヘッジファンド……自分の資金を入れたオーナー・ファンドマネジャーが、市場の上げ下げに関わらず、絶対収益を目指して（絶対収益運用）、顧客の資金を運用し、成果報酬を得る。投資スタイルはロング（買い持ち）とショート（空売り）を組み合わせる等、多種多様。

ヘッジファンドの詳細や、ヘッジファンドを含む海外の優良ファンドに投資する具体的なノウハウは次章で後述する。

07.
投資運用サービスの選び方（ラップ口座・ロボアドバイザー）

他人に任せるスタイルの一形態として、資産運用サービスがある。

❖ファンドラップ型サービスの成績ランキング

証券会社は通常、販売会社の立場だが、ラップサービスの場合は、証券会社が運用会社の立場となる。投資家は証券会社と投資一任契約を締結する形となる。

ここ数年、大手証券会社を中心に個人投資家の資産運用を専門家に任せるサービスであるファンドラップ・ＳＭＡ（Separately Managed Account の略）の残高が急増している。

一般社団法人投資顧問業協会のレポートによると、２００６年から統計が始まったファンドラップの契約件数は2015年6月には48万件に達し、総額5兆7000億円超のマーケットに成長している（一般社団法人投資顧問業協会統計資料平成28年3月末）。

そこで、各証券会社の提供するファンドラップ型サービスを比較してみたい。一般的な消費財が「価格」と「質」で消費者から選ばれるように、金融商品（サービス）の場合は、「コスト」と「運用実績」で投資家から選ばれる。投資家が資産運用を行う目的は資金を増やすことであるため、運用実績からコストを差し引いた「手数料控除後のリターン」という1つの軸によって、大手7社の10サービスに対して順位づけを行った。

その結果は図表11の通りである。

結論から言うと、ネットリターン（過去の運用実績－投資一任手数料）で最も良い成績を出したのはSMBCファンドラップ、次いで三井住友信託ファンドラップだった。販売力があり契約金額ベースで1位2位を争う野村証券・大和証券を商品力として上回った。

❖年率10％以上の実績のあるファンドラップ型サービスはない

ただし、優良な運用業者としての目安である「コスト控除後のリターン年率10％以上」

図表11　ファンドラップ型サービスの成績ランキング

順位	サービス名	ネットリターン① (②−③)	過去の運用実績 ②	投資一任手数料 ③
1	SMBCファンドラップ	8.068%	年率9.58%	1.512%
2	三井住友信託ファンドラップ	4.688%	年率6.20%	1.512%
3	野村ファンドラップ	4.569%	年率5.93%	1.361%
4	ダイワファンドラップ	2.855%	年率4.367%	1.512%
5	日興ファンドラップ	-2.176%	年率-0.88%	1.296%
6	みずほファンドラップ	-3.440%	年率-1.82%	1.620%
-	三菱UFJ信託 ファンドラップ	-	運用期間が1年 未満の為除外	1.512%
-	野村エグゼクティブラップ	-	オーダーメイ ドの為非公表	1.620%
-	三井住友信託SMA	-	オーダーメイ ドの為非公表	1.728%
-	ダイワSMA	-	オーダーメイ ドの為非公表	最低投資額が1億 円以上のため除外

2016年4月～7月にかけて調査を実施し、大手7社・10サービスについて比較・検討を行った（ランキングの順位はネットリターンの高い順）。

「ネットリターン①」について：「過去の運用実績（年率換算）」－「投資一任手数料」で計算

「過去の運用実績②」について：公表されている中で最も運用期間が長いものを利用、ポートフォリオが複数存在する場合はミドルリスクのものを利用。また、運用実績は各社へのヒアリング調査によるもので、実態の数値と異なる可能性がある

「投資一任手数料③」について：投資額を1,000万円～5,000万円とした際の最も高い料率で計算。小数点以下4桁を四捨五入。野村ファンドラップはリスク水準によって手数料水準が変動になるため、リスク水準を普通として算出

を達成しているラップサービスは現時点では存在していないため、今後の運用実績の積み上げが期待される。

ラップサービスについて金融庁の見解を紹介する。「平成27事務年度版金融レポート」によると、金融庁は、ファンドラップについて、運用対象の投資信託の5割から7割が、販売会社の系列運用業者によって設定されたものであるとし、投資対象の選定プロセスの透明化に向けた取り組みはいまだ途上にあると指摘している。

これはどういうことかと言えば、本来、運用業者の立場として証券会社は投資家の資金を増やすために最適な投資信託をラップ口座に組み込むべきであるのに、実際は自社系列の投資信託を投資家に買わせることが目的になっていないか？　という金融庁から大手証券会社・銀行に対する指摘である。

また、ファンドラップ型サービスは、誰がファンドマネジャーなのか、その運用責任者の過去実績が公式には開示されていない。したがって、ファンドラップ型サービスを契約する投資家は、運用業者の実績を吟味せずに、イメージだけで資産運用を任せているということになる。この点、米モーニングスターが世界25カ国の投信市場を評価した「グローバル・ファンド・インベスター・エクスペリエンス（ＧＦＩＥ）」（２０１５年）で、日本が南アフリカ以下と低評価をつけられた所以でもある。

運用サービスと契約するには、最低でも10年間の過去実績を吟味してから選別するべきである。

❖ロボアドバイザーは、「中の人」次第

ロボアドバイザーとは、一般的にスマートフォンやPCを利用して、アルゴリズムを用いて分析された最適ポートフォリオに沿った資産運用を安価で提供するビジネスモデルである。

ロボアドバイザーサービスは、前述したファンドラップ型サービス（投資一任）を自動化したものと言える。通常、ラップ型サービスの手数料が年1％程度であるのに対して、ロボアドバイザーは年0・25％が可能になると謳われている。投資家はロボアドバイザーを謳う運用業者に資金を託せば、運用業者が主にETTを組み合わせてポートフォリオを組んでくれるという運びである。

顧客対応に係る人件費を削減できるロボアドバイザーが低コストなのはわかるが、では

過去の運用実績はどうだろうか？

2016年現在、アメリカの場合、ロボアドバイザー・インデックス「RoboIndex」の過去2年の運用実績はマイナスであった。

日本のロボアドバイザーは各社あるが、1960年代の国際分散投資理論に立脚しているものが多い。ロボアドバイザーのアルゴリズムによりバックテストをした場合のシミュレーションベースで年率3～5％のリターン、実際の運用成績については、2015年・2016年の実績においてマイナスのものが多い。なお、ここで言う運用実績は、一番提案が多いポートフォリオの実績がマイナスのものが多かったという意味である。顧客ごとにロボットが提案するポートフォリオが異なるという建前だが、実際は顧客タイプに応じて、いくつかの決まったポートフォリオを提案しているわけである。

近年、AI（人工知能）に期待が高まり、ロボアドバイザーが人間の英知を超えた力を発揮して、運用でリターンを出してくれるかのような期待がある。新しいアルゴリズムを開発したとして、「もしこのアルゴリズムを1995年から走らせていたら、年率10％の運用成果になる試算である」とのシミュレーション結果が喧伝されることがあるが、これはあくまでシミュレーションであって、真の運用実績ではない。

ロボアドバイザーの実態は、その運用プログラム・アルゴリズムを書いた「中の人」の運用スキルによって運用成果が規定されてしまう。実際、世にあるロボアドバイザーの実際の運用成績はマイナスのものが多い。その結果、運用手数料の低コストが売りになるのだが（すでに無料のロボアドバイザーもある）、低コストの運用で損をするなら、投資家としてはメリットがなく、安物買いの銭失いである。

❖アルゴリズム取引の元祖はクオンツ系ヘッジファンド

そもそも、ＡＩやビッグデータという言葉がバズワードになる今から遡って30年以上も前から、何十億円もの設備投資をして、あらゆるデータを集めコンピュータで解析をするアルゴリズムを日々チューニングし、腕に磨きをかけているのがクオンツ戦略をとるヘッジファンドたちである。元祖ロボアドバイザーはヘッジファンドと言える。

彼らは競争の中で生き残り、長期間にわたり確かな運用実績を出し、そこで稼いだ成果報酬をシステムや人材に再投資をすることでアルゴリズムを進化させてきた。

そのような本物のクオンツ系ヘッジファンドの実態については後の章で詳述するが、たとえば、ルネッサンス・テクロノジーを率いるシモンズは年収（資産ではない）１７００億円で、10年以上年率39％の実績がある。ハーバード大学やマサチューセッツ工科大学で数学教授を務めた彼が率いるヘッジファンドは、毎日１兆バイトのデータを取り込み、それを数学の研究者が分析し、世界中のあらゆる市場で狂いなく何十万という自動取引をしている。これは巨額のシステム投資あってこそだ。つまり本当にワークするアルゴリズムには莫大な原価・設備投資費用がかかっているわけだ。

このように真剣な研究開発の結果として優れた過去実績を示すアルゴリズムや投資手法こそが、先行き不透明な時代に投資家が求めるものであろう。

大手銀行や証券会社の首脳陣も、本当に勝てるアルゴリズム取引を生み出している人間は、成果報酬型のヘッジファンド・マネジャーとして年収数千億円を超える連中であることを知っているから、今の話題のロボアドバイザーは「おもちゃ」であることは十分知っている。経済合理性でシンプルに動く金融界隈において、そもそも本当に資産運用で成果を出せるノウハウがあるのであれば、無料に近い低コストで資産運用を請け負う必要がない。無料同然で運用ノウハウを売るということは、そのアルゴリズムの研究開発原価がタダ同然であるということか、そのノウハウ自体に価値がないことを意味する。

１９８０年代のアメリカでは、アポロ計画の後にサイエンティストが金融界へ入ってきて、金融市場の膨大なデータを統計解析した上で、トレーディングモデルを開発、今なら人工知能と呼ばれそうなアルゴリズムを練り上げて、高度なデータ分析と投資実践のＰＤＣＡで回していた。そして、今やアルゴリズムは日々進化しており、リーマン・ショック以降、正規分布の限界が認識された結果、べき分布（フラクタル分析）等を用いて統計的解析を行う高性能コンピュータが日々解析している。巷の日本のロボアドバイザーの標準偏差を組み込んだ四則計算程度の話ではないのである。

余談だが、日本における運用アルゴリズム開発ということで言えば、大手証券会社・銀行の首脳陣と話をしたところ、現在60～70歳くらいの金融界のベテランたちは、１９９０年代に海外の投資銀行にトレーニーを派遣して、欧米の運用業者の金融工学ノウハウを取得しようと相当の努力をした結果、人材やスキルを含めて、もはや日本では真似できないとあきらめた経験があるそうだ。

ロボアドバイザーはタダ同然の手数料でサービスを提供するのが売りだが、安価なプログラムに代替されたのは、主に顧客に説明をする営業マン（セールスマン）であって、運用成果を上げるファンドマネジャーの仕事が、安価なプログラムになったわけではない。

そのあたりの峻別がつかないマスコミや個人投資家（投資初心者）が「ロボット」と言えば飛びついてくれることに期待して、金融業界の一部がロボットアドバイザーを担いでいるに過ぎないのが現状である。

冷静に考えればわかるが、お金を殖やすノウハウ＝運用スキルを、安く売る経済合理性が売り手にはない。過去実績がない運用業者には、たとえ手数料がタダでも資金を預けたくないと思うのが、買い手である個人投資家としての正常な感覚である。

08. 最高の投資戦略とは何か？

さて、今まで数々の投資スタイルについて考察してきた。これをもう一度、俯瞰してみよう。結局、投資家にとって最高の投資法とは何であろうか。

❖学者を信じるかどうか？

あなたは投資をするにおいて、学者の理論を信じるだろうか？　それとも、現実から観察される事実を信じるだろうか？

ノーベル賞学者の理論は、市場が効率的であることを前提にしている。もしも歩道に一万円札が落ちていたら、効率性市場仮説を唱える学者はこう言うだろう。

「そんなことは絶対にありえない！　誰かがスグに拾うからだ！」と。

しかし、一万円札が落ちているのが現実だ。市場で言えば、投資の天才ウォーレン・バフェットや不況でも毎年収益を叩き出すヘッジファンドたちが存在しているのは事実である。彼らによると、「効率性市場仮説は貧乏な学者の自己正当化だ」というわけだ。

学者を信じるのであれば、前述の国際分散投資に関する記述の通り、シャープやトービンらのノーベル経済学の教えに従うと、最適な資産運用方法とは、以下のとおりになる。

- 「1つのリスク資産」と「現金」を持つのが最適な資産運用である
- 市場が効率的だとすると、「1つのリスク資産」とは、「インデックス」であるべき

これが、学者の世界の結論である。

これを実践するなら、たとえば、国際分散投資を個人投資家が実践する際に活用する金融商品である「バンガード・トータル・ワールド・ストックＥＴＦ」を1つ持ち、後は現金にしておくと良いことになる。

ところが、国際分散インデックスへの投資では、結局、世界的な経済危機の際には、マイナスの運用実績しか残せない。「バンガード・トータル・ワールド・ストックＥＴＦ」

の2000年7月から2009年6月までの1年の運用実績はマイナス30％近い数字だ。最適なポートフォリオであるはずの市場ポートフォリオ、すなわち世界株式インデックスに投資しても、世界的な不況には無力であるし、残りの現金がインフレに晒され、将来購買力が半減するリスクがあることなどは、学者の理論では考慮されていない。

❖シェイクスピアになる猿

効率性市場仮説の支持者は、市場平均を上回る優秀な投資家なんて生まれるわけがないという立場を取る。

ベンチマーク（市場平均）を上回る優秀な投資家が脚光を浴びているのを見て、それがウォーレン・バフェットであろうと誰であろうと、「単に運が良いだけ」と見做すわけだ。つまり、たくさんの猿がやみくもにタイプライターを叩けば、1匹くらいはその文字列を読むとシェイクスピアの『ハムレット』のような文学作品になりうるということをよく主張する。

しかし、ヘッジファンド等優秀な投資家のパフォーマンスを偶然ですべて説明するには無理がある。数学者ジム・シモンズが率いるヘッジファンドは19年間のうち、月次でチェックすると90％の月が平均4・77％のプラス運用で、資金を35倍に増やした。

効率性市場仮説の支持者の立場で、市場平均を上回る可能性を偶然と見て50％の確率だとすると、この運用実績を達成できる確率は「10の48乗分の1」である。ジム・シモンズが運の良い猿の1匹だとすると、地球上の人口よりもはるかに多い、地球上に存在しているとされる原子数（10の50乗の原子が存在するとされる）と同数の猿が母集団として必要になる。

つまり、偶然ではなく本当に優秀な投資家は存在しているのである。結局のところ、理論は理論に過ぎず、実際に利益を出すための実践的ノウハウが重要となる。

❖学者を信じないなら、アルファを信じるということ

これから、実際にあなたはどういうスタンスで資産運用をするべきか、一旦整理してみよう。

まず大きく分けて、学者（理論）と現実（実績）、どちらを選ぶかという選択肢がある。

そしてこれはどちらが正しいかということではなく、単に好みである。

それは言い換えれば、「効率性市場仮説を超える人間の運用能力」、つまり「アルファ」を信じるか、信じないか、ということになる。

もし、「歩道に一万円札が落ちているはずがない」「バフェットはまぐれだ」と思う人がいるとしたら、学者を信じているということだ。

インデックス投資家として、バンカードの世界株インデックスを購入するのがベストの運用方法と言える。

逆に、「この広い世の中には、アルファがある。現実には市場平均以上を叩き出している人がいるではないか」と思うなら、後は自分の力でアルファを求めるか、もしくは、他人の知恵・労力を使うという方向になる。

❖アルファを信じて他人に任せるなら、過去実績で選別する

他人に任せるとすれば、１つの選択肢として、投資信託や投資運用サービスを購入するということになる。

そこで「コスト控除後の過去実績リターン」で一律に比較しよう。リターンが悪いものから順番に並べてみる。

- ロボアドバイザーは、▲4%〜▲5%（ロボアドバイザー・インデックス）
- 日本の投資信託は、アメリカの投資信託の運用利回りは過去10年間平均で5・2%なのに対して、日本は▲0・11%（平成28年度金融行政方針）
- 日本で販売されている投信で過去10年以上年率10%以上のファンドはゼロ
- 大手証券会社や銀行が提供するラップサービスは、過去10年の実績はないが、それでも一番良い実績で8%（5年間実績）
- 海外のヘッジファンドは、過去10年間10%以上の実績（投資の天才ウォーレン・バフェットは、40年間の平均利回りは約21%）

数年だけ成績が良いような「まぐれ」を排除した上で、過去10年以上の実績で客観的に判断すると、ヘッジファンドに投資をする、すなわち世界最高水準の投資のプロに自分の資金の運用をアウトソーシングするのが合理的ということになる。

❖自分を信じるなら、最終的に「学者」か「敗者」か「天才」へ

逆に、あなたが効率性市場仮説を信じず、しかし、他人に資産運用を任せずに、自分でアルファを求めるなら、あなた自身がファンドマネジャーということになる。

他人であるヘッジファンドに資産運用を任せる必要はない。もし、あなたが本当に自分の腕に自信があるなら、自分自身がファンドマネジャーとして、毎日毎日、自己流でトレード（売買）をすればよい。あなたにとって一番お金を儲けやすいスタイルを選べば良いのである。

たとえば、独力で生の企業情報を足を使って集めてきて、複雑な計算式で株式価値に関する分析をした上で、ネット証券で低コストで売買する。または手数料の安いETFを自作で組み合わせて国際分散ポートフォリオを組み、アメリカの金利を見ながら、毎日リバランスの計算をする。さらに、リーマン・ショックや2016年年初を襲った全世界同時株安等の市場暴落にも備えて自分でショート・ポジションをとったり、デルタヘッジをかけたり。もしくは市場と相関が低いオルタナティブ・アセットクラスを組み入れる。さら

に最速コンピュータで自作プログラムを組み、バックテストで検証して実践に投入しつつ、現実は過去データとは異なるため、日々、プログラムをチューニングする。リスク量を毎日計算し、適切なポジションになるか監視する。もしくは資金効率を高めるためにレバレッジをかける、などなど、プロの投資家が当たり前にしていることを実践すれば良いのである。

ただし、このように時間と手間をかけた結果、結論から言えばあなたの運用結果は、次の中のどこかに収まることになる。

一番多いのは、他の個人投資家や月並みな投資信託と同じように、市場平均以下のパフォーマンスしか出せない「敗者」のポジションだ。

次に多いのは、効率性市場仮説を唱える「学者」のポジション。市場平均と同じリターンが出るだろう。

もし運が良ければ、まぐれで1回くらいは、エリート天才ファンドと同じリターンを出すこともできるだろう（図表12）。

仮にもし10年以上 年率10％で運用することができれば、あなたは天才投資家として世界でも有名な1人になれる。晴れて運用業者になり富と栄光をつかむことだろう。そして

図表12　自力で運用した場合、結果は3パターンのみ

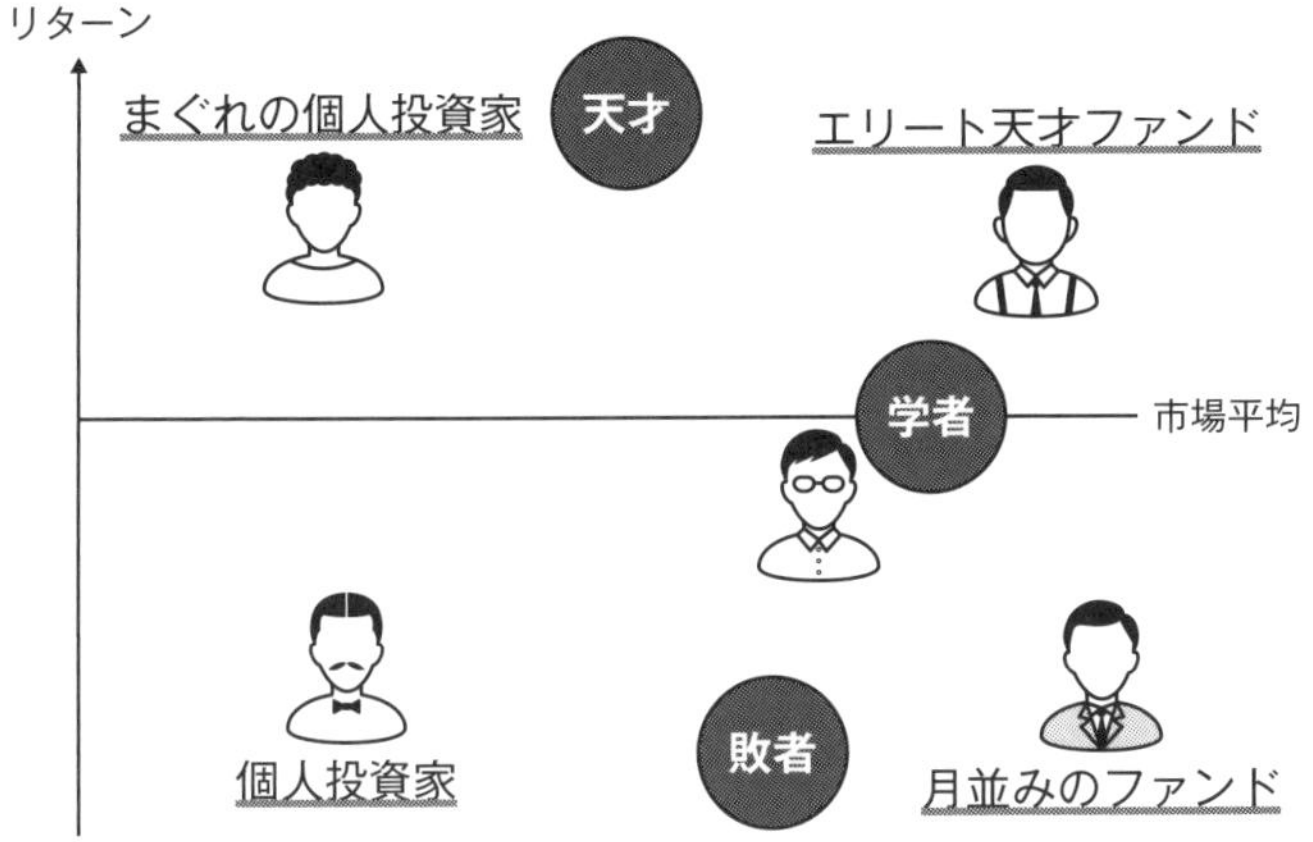

て指名されたり、年収で数千億円を稼ぐことができる。

結果として、自力で運用する場合、あなたは、「天才」か、「学者」か、「敗者」のいずれかになる。

この帰結を理解した上で、それでもまだ、自分がファンドマネジャーとして、他の投資家と張り合うのであれば、

・カリフォルニア大学のテランス・オーディンの研究の通り、「個人投資家が買ったところで株価は下がり、売ったところで株価が上がる」

・日本の投資家の７割は通算損益でマイナ

ス。通算損益平均額はマイナス525万円

・プロスペクト理論によると「値上がりした銘柄を処分し、値下がりしている銘柄は持ち続ける」

・ダルバー・アソシエイツの調査によると、「個人投資家は市場インデックスに投資した場合に比べてマイナス5%になる（つまり学者に負ける）」

ということを良く知った上で、あなたは勝ち抜かねばならない。もし自分は勝てると思うのであれば、自己帰属バイアスに影響されていないか、つまり自惚れていないか、自分を冷静に見つめ直す必要があるだろう。

このように全体像を俯瞰すると、運用成果を享受することよりも、投資している行為そのものが好きな人もいるから（成果よりもプロセスが好きな人）、結局は投資スタイルは優劣の問題よりも好みの問題と言える。最高の投資法とは、人それぞれであろう。

とはいえ、多くの人にとっては、自力で運用するのは、勝ち目が少ない戦いである。そうであるならば、やるだけ損で時間ももったいない。結局は、プロの中でも実績のあるヘッジファンドを自分のために雇って資産運用を任せた方がましだと思うことだろう。

プロを雇う際に一切のしがらみもなく、純粋にお金を儲けることを唯一の目的にした場合には、その蓋然性から考えて「過去実績が優れているヘッジファンドに運用を任せる」ことに一定の合理性があり、「最高の投資法」と言えるだろう。そこで次章からは「最高の投資法としてのヘッジファンド投資」について深掘りしていきたい。

起業（2005年〜）

2000年初頭、私は入社3年目になり、当時の花形であった情報産業本部に異動した。新規事業の立ち上げや、ベンチャーへの投資、数百億円の企業買収・合併等にも携わった。ビジネス界隈で華々しく取り上げられる合併や買収。アドバイザーではなく、その主体者である「中の人」として関わって私が感じたことは、M&Aとは、B／S上の現金と連結P／L上の業績を入れ換える単なる交換取引だということだ。顧客を創造するための真の工夫や努力は不要である。

自分が関わった案件に限らず、他の事例を調べてみても、シナジー効果とされる「規模の経済によるコスト削減」や「相互補完とクロスセリングによる売上増」等が実現する例は少なかった。将来実現するだろうという期待だけで株価が上がるわけだから、株主から経営を委託された上場会社経営者がM&Aに頼るのは必然だが、2つあった同業企業が1つに合併したところで、慌てるのはポストを失いたくない中間管理職たちだけで、顧客にとっても社会にとっても、正直どうでもいいことだと思われた。巨額の資金が動き、派手でハイエンドであるとされるM&Aの仕事を通じて、数字合わせのようなビジネスの虚構性にも触れたことは逆に、経営の本質とは何かを考えるきっかけになった。

合併後に利益を出すためにリストラをするシーンにも直面した。売上を上げるのは努力や工夫が必要だから、簡単に利益を出すには人件費を削ればいい。経営者はそう判断するだけで、手を下すのは別の人だ。しかし、リストラされる人には家族がいる。一般論として、利益を10億円出すためにはざっと100名をリストラすればいい。ところが、大企業の利益がわずか10億円上がったところで、それで得られる株主のリターンは微々たるものであったりする。リストラを実行した経営者の年俸がそれでいくらか上がるのだとして、わざわざ100名もの生身の人間を困らせてまでして本当にお金が欲しいのだろうか。

若手商社マンとして、本社上層部や関係会社経営陣のかばん持ちをしながら、投資やM&Aに関わり、門前の小僧なりに、本物の経営の本質とは何かについて、自分なりに考えるようになった。自分だったら、事業を通じて何かリアルな付加価値を生み出したい。社員を豊かにしたい。世の中に対して良いインパクトを与えたい。

同じ頃、シリコンバレーで新しいムーブメントが生まれていた。成熟した先進国の主役は新しいベンチャーであり、ベンチャーがイノベーションを起こし、社会を変革するという。現在は、ハーバードMBAの卒業生の半分が15年以内に起業すると言われているが、その萌芽がちょうどこの頃から始まっており、米国エリートが目指すのは大企業ではなくベンチャーになりつつあった。インターネット関連企業が日本でも生まれ、新設された東証マザーズ市場に上場するようになっていた。ベンチャー企業の創業者は上場により大金を稼ぐが、それは新しい価値を生み出し、世の中を革新したことの対価であるとして、社会からリスペクトを得ていた。米国ベンチャーと仕事で接点を持った私はその風を感じて、自然とベンチャーに魅かれていった。

会社で新規事業を考える仕事をアサインされて、各種の統計を調べていると、２００５年から日本の人口が減るということがわかった。日本は、時代の大きな転換点を迎えていた。人口増加社会の中では大企業が大量生産・大量消費を牽引してきたが、人口減少社会に変わると、従来型の社会のひずみが顕在化して、社会的な課題が発生する。

その解決がビジネスチャンスだと考えた。自身もちょうど30歳に差し掛かった。「三十にして立つ」である。

２００５年8月にアブラハム・グループ・ホールディングス株式会社（現あゆみトラスト・ホールディングス株式会社）を仲間とワンルームマンションの一室で創業した。

外資系戦略コンサルタント、大学時代の同期、仕事で知り合った会計士と一緒に、ノートPCと携帯電話しかない狭い部屋で一心に働いた。

コピー機をリースしようとしたら新設企業は信用がないからと断られたり、何かを売りに来た営業マンがオフィスを見て同情した顔ですぐに帰ったりした。それが楽しいと思ってくれるような仲間と一緒に朝早くから深夜まで働き尽くしで、本当に楽しい日々だった。当時は起業自体が珍しかったので、31歳というだけで『フォーブス日本版』に大きく取り上げられた。

起業の目的は社会的課題の解決であった。社名の由来は、アブラハム・マズローである。この学者は「欲求の5段階説」を唱えていて、人間は衣食住が足り、社会的承認が満たされると、最後は自己実現を求めるようになるという。人口減少社会で供給過剰な社会では、自分らしさや、自己実現こそが人々が求めるものであるから、それを応援したいという趣旨でその社名とした。

当時の日本の一番の課題は不景気であった。「失われた10年」と呼ばれて日本全体に活気がなく閉塞感が漂っていた。そこで、人口が増えている富裕層に目をつけた。日本の金融資産の約20％は上位1％の富裕層が保有しており、富裕層の投資と消費が活発になれば、経済全体が活性化する。創業まもない小さい会社が社会にインパクトを与えるには、富裕層をターゲットにすれば社会全体に大きな影響を与えることができると考えた。

人口減少下の日本において、中国や新興国と同じくらいの増加率で増えていたのが「富裕層というセグメント」で、当時の日本で稀に見る将来有望な成長分野であった。

富裕層のニーズを調べるべく起業前後に六本木ヒルズレジデンスに住んだ。当時はＩＴ起業のＩＰＯ長者や外資系企業で高額のボーナスをもらった連中が六本木に集まっており、ヒルズ族と呼ばれていた。

私は知人に誘われて六本木にデビューした。それまでは銀座のソニービル周辺か、大手町から神保町あたりが庭であり、六本木は危ない場所だと思っていて近づかないようにしていた。恐る恐るついていくと、芸能人や女性タレントをはべらせながらパーティをする世界が本当にあった。紅白歌合戦で見た歌手や、バラエティに出ている芸人がいた。中心には慶応幼稚舎出身の大企業グループの御曹司がいた。流通・建設・交通という、当時オールドエコノミーと呼ばれていた大企業の創業家で、二世・三世の20代若手経営者たちである。当時、これらの企業は巨額の負債にあえいでおり、不良債権問題で銀行から貸しはがしを受けようとしていた。派手に見えた御曹司たちの内情を聞いて驚いた。

老舗大企業の二代目・三代目の御曹司たちはオールドリッチと呼ばれていた。オールドリッチ一族は負債が多く、資産は土地や自社株のため、投資や消費に回す余力がない。実際に羽振りが良いのは、当時30～40代のＩＴで起業したＩＰＯ長者や、美容整形で富を築いた医者、外資系企業幹部らであり、彼らは「ニューリッチ」「新富裕層」と呼ばれていた。

映画『君の名は。』のプロデューサーとして有名な川村元気氏が『億男』という富裕層を扱った小説を発表した際に対談をさせていただいたのだが、川村氏は「富裕層が他人に持つ不信感」を描いていた。当時の私も同じものを感じていた。富裕層は孤独であり、信頼できる富裕層同士のネットワークが求められていると感じた。そこで、金融資産1億円以上の富裕層限定のオンライン・プライベートクラブ「YUCASEE（ゆかし）」を創った。

これが『日本経済新聞』やNHKに取り上げられ、大きな注目を浴びた。

2006年に誕生した「YUCASEE（ゆかし）」は純金融資産1億円を有するかどうかの審査をした。純金融資産とは、負債を差し引いた後の現金や有価証券を中心とした純資産である。一見富裕層に見えるけれど実際は負債の多いオールドリッチは経済活性化の主体になりえないと考えて、あえて「純」金融資産1億円以上の富裕層に限定したのである。

ぞくぞくと30代から50代の新富裕層からの入会があり、瞬く間に日本最大級の富裕層コミュニティになった。フェラーリやUBS銀行等富裕層に商品を宣伝したい大手企業がスポンサーとなった。会員のニーズに合った情報を幅広く提供する広告・メディア事業を営む中で、「YUCASEE（ゆかし）」は富裕層に関する各種情報が日本一集まるプラットフォームとなり、その知見を企業に提供するコンサルティングも提供するようになった。創業初年度から付加価値の高い高収益の黒字事業に成長した。

富裕層のニーズをつかみ、彼らの要望を叶えるサービスを創ったり、富裕層に商品を売りたい大企業にコンサルティングを提供するのが仕事であったから、職業的な観点から消費を実施した。実際にフェラーリを買い、パティック・フィリップを持った。トゥールダルジャンでデギュスタシオンを味わい、フィレンツェのヘルヴェティア&ブリストル、モルディブのワン&オンリー、パリのル・ムーリス、北京の釣魚台国賓館をはじめ、世界各国の上質なホテルを巡った。

そんな生活は一度体験してみて、30代前半の好奇心が満たされればもう十分で、30代後半ともなると、車はなし、時計はiPhone、趣味は仕事と読書へと落ち着くのであった。別にモノの「放下」を尊ぶ清貧の思想や、世俗を否定するキニク学派の哲学者ディオゲネスを気取っているわけではない。ボードリヤール的な「記号的消費」を追求しようにも、記号が頭に入らないのであった。私にとって高級品は猫に小判、あくまでビジネスにおける研究対象だと、一度経験してみてわかったのである。

富裕層のデータを分析していると「富裕層ほど海外ファンド、特にヘッジファンドに興味がある」というファクトを発見した。衣食住あらゆるアイテムと比較して、海外ファンドへの興味が圧倒していた。富裕層が好きなのは、消費ではなく投資であることを知った。よく考えれば当たり前だ。貯金と消費をしているだけでは、富裕層に留まれないではないか。

当時「本当の富裕層は資産保全が第一で、高利回りには興味がない。リターンを追求するような富裕層は、本当のお金持ちではない」等と評論家が語っていた。しかし、それは60代・70

「YUCASSE（ゆかし）」会員限定パーティの様子

代のオールドリッチに限っての話であり、40代・50代の現役世代の新富裕層は、資産運用に積極的である。その事実をビジネス界隈が理解していないことに気がついた。

そこで、グループ子会社として富裕層向けに投資情報を提供していたアブラハム・インベストメント株式会社の商号をアブラハム・プライベートバンクに変更した上で、海外ファンドに関する情報提供を専門にする投資助言業として金融庁に変更登録し、２００８年に営業を開始した。（コラム３に続く）

第3章

なぜ富裕層はヘッジファンドに投資しているのか？

01.

ヘッジファンドが世界の中心になった経緯

ヘッジファンドへの投資は拡大しており、世界では263兆円（1ドル＝100円換算）も買われており年々増加している。下落相場でも利益が期待できる運用手法（絶対収益追求型）であるため、日本でも世界同時株安等に対するリスクヘッジ目的で所有する機関投資家が増加している。国内でも、投資残高2・2兆円、年間投資額2794億円（金融庁／ファンドモニタリング調査2014）と機関投資家に人気となった。

本章では、ヘッジファンドが機関投資家や富裕層の投資対象として絶対的な地位を持つようになった経緯について述べていく。

❖ヘッジファンドとは

ヘッジファンドの定義は特段学術的に定まっているわけではない。２０００年代初めまでは、ヘッジファンドの定義として、「私募形式で募集」「富裕層に提供される」「レバレッジ・空売りを活用する」「成果報酬を取る」「マネジャーの個人資金をファンドに入れている」等の特徴をもって、一般的な投資信託とヘッジファンドの違いが語られることが多かった。

しかし、機関投資家のマネーがヘッジファンドに向かい始めてからは多様なヘッジファンドが生まれたため、最近では「絶対リターンを追求している柔軟な投資戦略を持つファンド」という定義に落ち着いている。

投資家から見て、ヘッジファンドをアセットクラスと見れば、それは株や債券等の伝統的資産と異なる値動きをするオルタナティブなアセットということになるし、ヘッジファンドを運用業者として見れば、自分よりも優秀なタレントを雇うということである。

❖ヘッジファンド業界の確立

もともと1949年のA・W・ジョーンズが始めた空売り手法を使って市場リスクをヘッジしようと創った私募ファンドが、ヘッジファンドの語源とされる。1966年、『フォーチュン』誌が一般的な公募投資を上回る成績を出す成果報酬型のヘッジファンドを報じたことで、金融業界の中で腕に自信がある者によるヘッジファンド創設が相次いだ。1969年、ジョージ・ソロスが運用をスタート、12年間で元本を45倍にしたことで、ヘッジファンドの存在感は高まっていく。この頃には、「市場は効率的である」と主張していたノーベル経済学賞受賞者であるポール・サミュエルソンも、自分のお金だけはヘッジファンドに投資をするようになっていた。

1990年代になると、ヘッジファンド創業者が増えたこともあり金融業界におけるインフラが整えられてきた。特に大手投資銀行が提供するプライム・ブローカーサービスが発展し、運用会社のファンドマネジャーが手間なくレバレッジをかけた取引ができるようになったり、保有ポジションのリアルタイム把握システム等が普及するようになり、業界全体が発展していく。長期的な実績を示すヘッジファンドの数自体が増えてきたことで、「ヘッジファンドはまぐれ」「鬼才・天才の世界であり、その運用実績に再現性はない」とする懐疑的な見方が薄れていくようになる。

２０００年代に入ると、株式市場が低迷し、低金利がグローバルで定着するようになった。その結果、機関投資家は絶対リターンを謳うヘッジファンドへの投資に傾倒することになる。機関投資家はファンドに対して透明性を求めたこともあり、オフショア市場のインフラ整備が進み、リスク管理や第三者を利用した不正防止スキームが発展した結果、さらにヘッジファンド業界が発展することになった。「天才」という言葉の代わりに、「アルファ」という言葉で収益の源泉が論理的に説明されるようになり、ヘッジファンドの戦略に関する分析・研究が盛んになった。

ヘッジファンドの各戦略に関する理解が進むと、すべての戦略を１つの傘の下に束ねて、マルチストラテジー戦略と称する経営者型ヘッジファンドが現れた。従来は、ある戦略が有効に機能するには、一定の資産運用サイズ内であるべきと考えられており（クジラは水たまりでは泳げない）、職人型ヘッジファンドらは預り資産に上限を設けていた。

ところが、マルチストラテジー戦略は、あらゆる戦略を組み合わせてポートフォリオを組むという戦略であったため、エッジのある職人ファンドマネジャーを何名も採用すれば、理論上、ファンド規模を無限大に膨らませることができた。こうしてタレントを束ねる芸能事務所のようなタイプのヘッジファンド会社が登場することで、業界では預り資産規模の拡大競争が起こった。運用会社の規模拡大は理に適った行動であった。預り資産が殖えると、使える経費が増える。経費を使って最先端の高速トレーディングシステム、各国の規制に通じた法務部門、投資家を満足させるためのレポーティング部門を充実させることができる。その結果、規模の経済が働き、投資家のリターン向上にも寄与したのである。

2008年にリーマン・ショックが起こると、伝統的資産（株・債券）が軒並み下がったことにより、単純な国際分散投資では資金を守れないと思い知った機関投資家の資金が、相場に左右されないヘッジファンドに一層向かうようになった。

金融危機以前は、市場かく乱要因と目されていたヘッジファンドに対して政府が規制すべきとの声もあったが、金融危機後は、ヘッジファンドは市場の非合理性を突き、適切かつ合理的な状態に戻している一面があることが社会に理解されるようになり、ヘッジファンド悪玉論は影をひそめるようになった。

欧米政府の規制強化はヘッジファンドではなく、規律が弱かった大手投資銀行に向かっ

図表８　アセットクラスごとのリスク・リターン実績表(再掲)

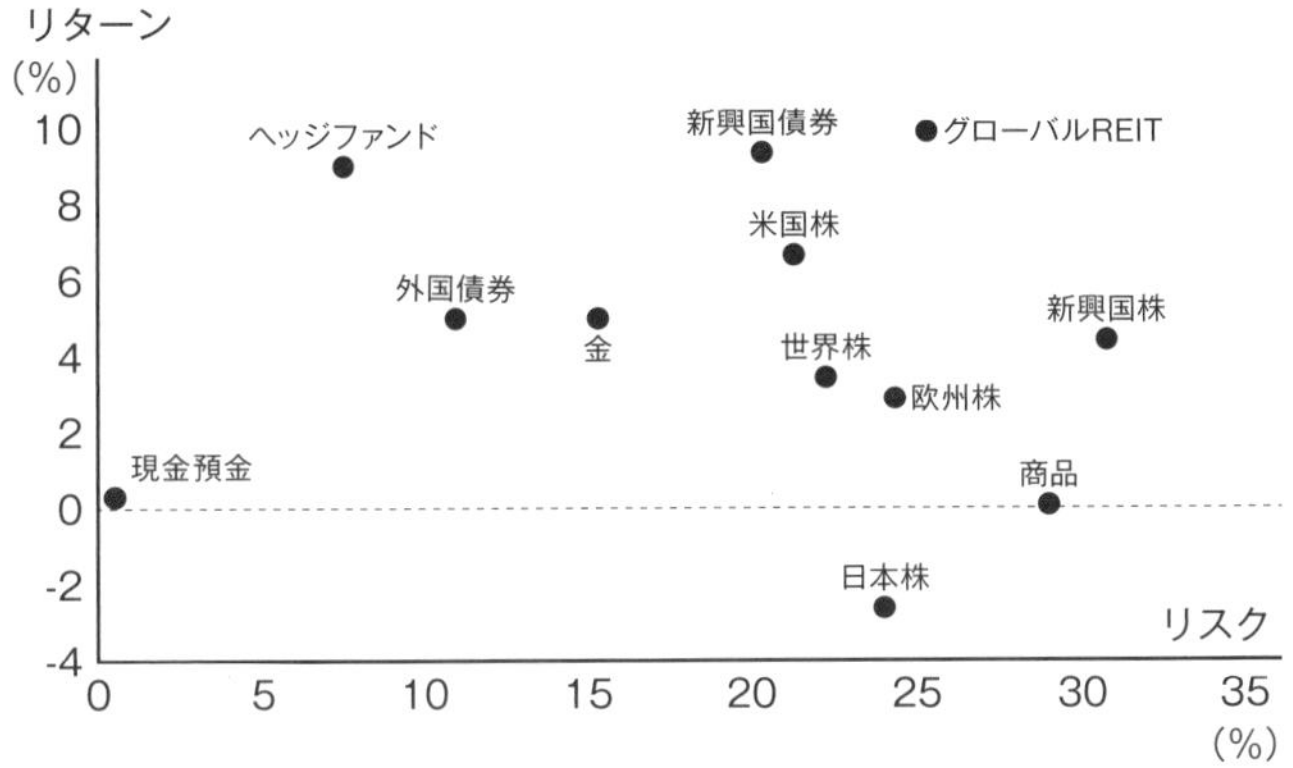

各種インデックスの年次リターンを用いて、データ期間の年率換算リターンをヘッジファンドダイレクトが計算
計算期間1990年～2016年　スタート時が異なるものだけカッコ内に記載
現金預金：Japan Cash indices LIBOR Total（1996年）
米国株：DOW JONES Index
グローバルREIT：FTSE/NAREITオール・エクイティ REITTR指数
日本株：日経225
世界株：MSCI WORLD Index
商品：S&P GSCI商品指数TR
欧州株：Euro Stoxx 50 Index
外国債券：Bloomberg Barclays GlobalAgg Total Return Index Value Unhedged USD
ヘッジファンド：Eurekahedge Hedge Fund Index（2000年）
金：XAU-USD X-RATE
新興国債券：J.P.Morgan EMBI Global Total Return Index（1994年）
新興国株：MSCI EM

た。世界金融システムを脅かすほどに巨大化した一部のヘッジファンドについては、金融システムを維持するために一定の規制が必要ではないか、との議論があるものの、政府はヘッジファンドに対しては、むしろ産業振興の姿勢となった。これは大きな変化であった。

従来、ヘッジファンドは超富裕層の資金を預かる運用会社であったが、現代では、年金等の機関投資家の資金を主に預かるようになっている。年金の原資は、一般大衆が老後の備えのために預けた資金である。ヘッジファンドに投資をした年金が良好なパフォーマンスを維持することは、国民ひとりひとりの財産の形成、社会的厚生の増大と同義であると位置づけられるようになった。

才能がある敏腕ヘッジファンドに思う存分仕事をしてもらい、投資家のお金が殖えることこそが社会全体の役に立つ。

今や、より低いリスクでより高いリターンを狙うポートフォリオを構成したり、将来の金融危機に備えるためには、株や債券と相関が低いオルタナティブ投資であるところのヘッジファンドに投資をしないことには、金融リテラシーの高い投資家は納得しない。

「なぜ、おたくはヘッジファンドにまったく投資していないのか？　それは非合理的な投資判断ではないのか？」この質問に論理的に答えられないと、機関投資家は投資家に対する受託者責任を果たせないのである。

❖日本のヘッジファンド投資額は２・２兆円

日本の投資家も、同様にヘッジファンドに投資するようになり、日本におけるヘッジファンド投資への需要は一貫して右肩上がりとなっている。投資残高は２・２兆円、年間投資額は２７９４億円に達する（金融庁２０１４年）。

ただし、内外で比較すると、グローバルでは２６３兆円（図表13）。日本ではまだ２・２兆円であり、日本はまだまだグローバルの１００分の１の規模感である。ＧＤＰ対比で見ると、日本の市場規模はアメリカの４分の１程度であることから、現在の１００分の１という内外格差は今後縮小し、日本におけるヘッジファンド投資は急速に普及していくことが予想される。

図表13　ヘッジファンドの拡大

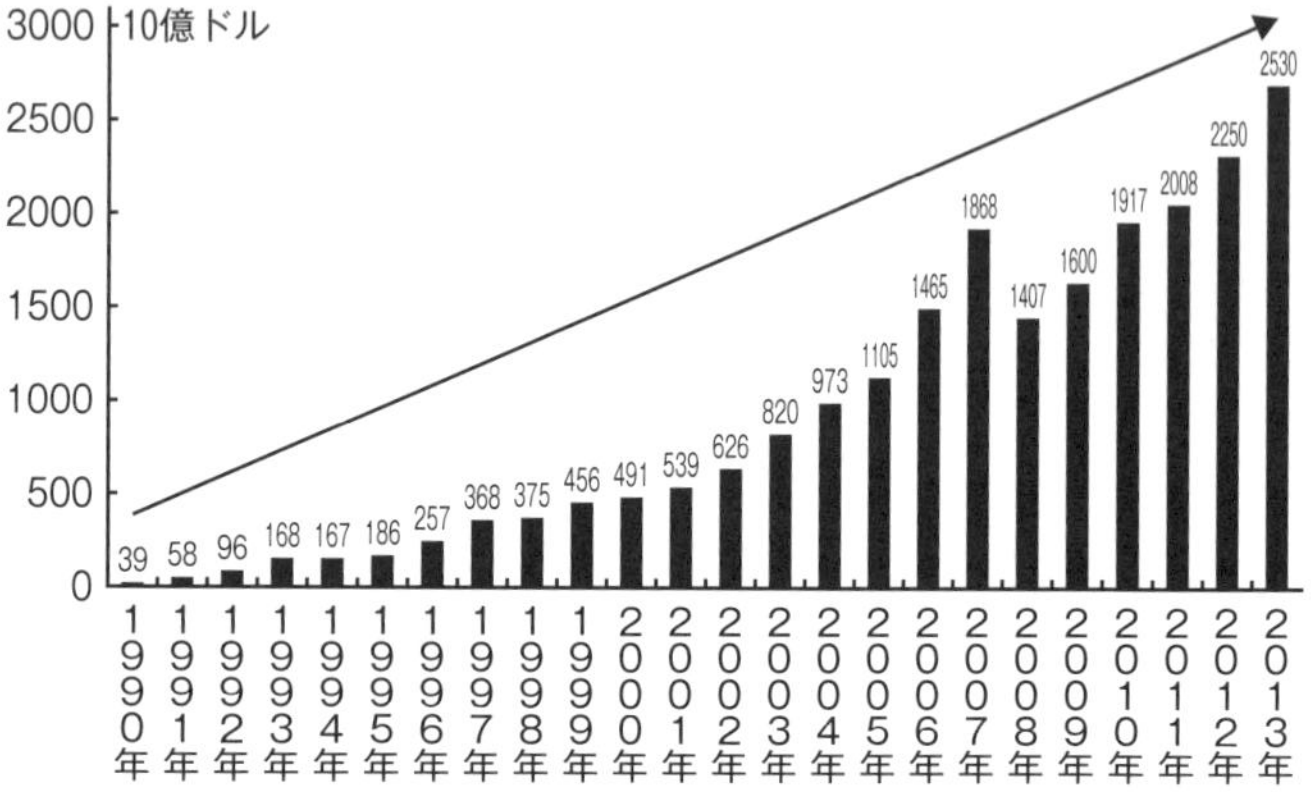

出所：Hedge Fund Research

02. 年収数千億円のヘッジファンド・マネジャー9名の素顔

今まで語ってきたヘッジファンド、その運用者であるヘッジファンド・マネジャーの素顔を見てみよう。資産が数千億円ではなく、年収が数千億円。間違いなく現代の資本主義社会での成功者たちである。彼らが何を考えているか、どのような経歴なのか、そして、どのように投資手法で富を築いてきたのか、個別に見ていく。

❖①真実を追求し16・5兆円を運用する世界最大ヘッジファンドのレイ・ダリオ

レイ・ダリオが率いるヘッジファンドであるブリッジウォーター・アソシエイツは、世界最大のヘッジファンドで、創業来の年率平均リターンは13％。運用資産は約16・5兆円、小さな国の国家予算を優に超える規模である。２０１０年のリターンは＋44・８％で、利益額はグーグル・アマゾン・ヤフー・イーベイの2010年の利益額合計を上回った。

約350のクライアントには公的機関や大学、公的年金基金、慈善財団、国の中央銀行や政府機関等も含まれる。彼自身二度の生涯功績賞を受賞している他、ブリッジウォーターも数十の優秀賞を受賞している。

米専門誌『インスティチューショナル・インベスターズ』の発表したヘッジファンド・マネジャーの報酬ランキング3位で、その額は14億ドルである。

ダリオの投資手法は、過去に起こったことに対し市場がどのような反応を示したかを詳細に1億以上のデータ系列を分析し、100年分遡った上で、普遍的法則を探り出す。ダリオは、政府や中央銀行は自分たちが伝えたいことに合わせて作り話をでっちあげると考えている。政府公式発表を信じてマーケットが動いたその時こそ、真実を見抜く目を持つダリオが逆に動いて利益を出すのである。

ダリオは従来の分散投資理論を改良した「ポスト・モダン・ポートフォリオ・セオリー」を生み出した。従来の分散投資理論では、2008年の金融危機によって▲40%の結果となってしまうからである。この新理論は、新しいパッシブ戦略として、機関投資家に受け入れられるようになっていった。ダリオは市場自体が有するリスクであるベータをまずしっかり新理論により理解・管理し、その上でアルファ（市場平均を上回る超過収益）を探すように他の機関投資家にも呼びかけている。

ダリオは、ジャズミュージシャンの父親、専業主婦の母親という家庭に生まれ育った。12歳ではじめて買った株が値上がりして味をしめ、高校生の時には数千ドルを運用するようになった。ロングアイランド大学に入学し、金融を学び、ハーバード・ビジネス・スクールでＭＢＡを取得した。アナリストとして就職したのち、27歳でクビになりアパートの一室でマクロ経済のレポート販売を行うブリッジウォーターを創業した。分析が好評だったため、10年後にファンドマネジャーとなった。ダリオのレポートを熟読していた世界銀行の職員から、資金を預かってくれないかと持ちかけられた。

ダリオによると、人生に唯一最大の影響を与えたというのが「超越瞑想」である。わずか20分の瞑想が何時間分もの睡眠不足を解消し、物事に対する考え方も変わり、以前よりも集中したり、創造的になることができるという。

ダリオが「投資界のスティーブ・ジョブズ」と呼ばれることもあるのは、その確信性に加えてジョブズと同じく禅に傾倒したところなどの共通点があるからである。

❖②サブプライムで600%150億ドル儲けたポールソン

金融危機で数多くの銀行や団体が崩壊の危機に直面するなか、「金融史に残る最高のトレード」とまで呼ばれるトレードを成功させた人物がジョン・ポールソンである。「史上最高のトレード」は、サブプライム資産の空売りだった。独自に分析した結果、アメリカ住宅バブルの崩壊時期を見抜いた。アメリカ金融機関の2007年のトレードから合計150億ドルの利益を得て、ポールソンの会社はその年600%もの上昇を記録した。

ポールソンが、サブプライム資産が紙屑になると確信して売って儲けた反対側には、サブプライムを買って大損した者がいる。それが、シティバンク・UBS・メリルリンチだった。なぜ、このようなことが起こったのか？　理由の1つがインセンティブと文化の違いである。

ヘッジファンド創業者は、他人の資金を預かる際に、自分の資金をもファンドに入れるため、投資対象をしっかり分析するインセンティブがある。しかし、大手銀行のサラリーマントレーダーは、実際の資産を分析することなく、その資産につけられた形式的な格付けを信じるに過ぎなかった。また、大手銀行はトレード以外にも手数料で稼ぐ部門がある。大手銀行は自社がサブプライムを買いこみ、尋常ではない資産価格下落リスクを抱えているにも関わらず、大手銀行の経営陣は、サブプライム関連の売買手数料で儲かっていると思い込んでいた。大手銀行には、市場の動向に対応して機敏に動く文化はなかった。こうして、真実を見抜けず動きの遅い者が損をして、真実を見抜いた者が大儲けするという当然の帰結となった。

２００７年末までに１５０億ドルの利益を生み出したこのトレードにより、アメリカの連邦議会は、ヘッジファンドがどのように金融市場に影響を与えているかを学ぶことにしたほどである。彼以外に議会での発言を求められたのは、ジョージ・ソロスやジム・シモンズ、ケン・グリフィン等だが、ポールソンの発言がもっとも強い注目を集め、彼が口を開くと、議会の場にいた人だけでなく、ＣＮＢＣ、ブルームバーグ、議会中継専門のケーブルテレビＣスパンを通じて多くの人が耳を傾けた。

ＦＲＢ（アメリカ連邦準備制度理事会）の元会長のアラン・グリーンスパンはポールソンの友人の１人である。グリーンスパンはＦＲＢ在任中より、退職後はクライアントを３つまでしかとらないと決めており、その２つは資産運用会社が決定し、残り１つはヘッジファンドにしようと考えていた。選ばれたのがポールソンの会社で、２００８年1月、グリーンスパンはポールソン・アンド・カンパニーの顧問に就任した。

グリーンスパンはポールソンについてこう語る。

「彼は相対リスクを判断する能力、そして自分が下した判断を利用する能力に優れている。失敗することもあるが、失敗は誰でもするものだ。彼は投資の規律を守り続けているので、失敗の可能性よりも成功を続ける可能性のほうが格段に高い」

『フォーブス』が発表した２０１６年億万長者番付で１０８位、資産額は79億ドルである。

❖③年率62％、60億ドルを操る男。伊藤忠を怒らせるチェイノス

２０１６年7月27日、伊藤忠を粉飾決算呼ばわりし、同社の株価を年初来安値に導いたヘッジファンドがある。それが「金融界の探偵」と呼ばれるジェームズ・チェイノスが率いるグラウカス・リサーチ・グループである。２００１年にはアメリカのエネルギー会社大手のエンロン社の不正会計を見抜いたことで有名である。

チェイノスの率いるキニコスの運用資産は約60億ドル、２００８年には年間リターンが

＋62％に達した。

チェイノスはイェール大学で経済学の学位を習得し、シカゴでアナリストとして勤務していた。その際、株に関するレポートを書いたのがきっかけで、偶然にも空売りのチャンスを見つけ、１９８５年に個人投資家からの資金を集めてヘッジファンドを創業した。

チェイノスは、中国の経済成長に対していち早く警鐘を鳴らし、大規模な空売りを行ったことでも知られている。中国の国のバランスシートには敢えて表れない形で、国有企業や地方自治体が負債を増加させていることを見抜いた。中国の成長はまだまだ続くと考えられていた２００９年、自身は中国に対して弱気であると意思表示を行った。市場からは嘲笑されたが、自前のアナリストを定期的に中国に送り込み、現地の不動産市場をつぶさに観察してきたうえで結論づけた。チェイノスが中国株を空売りしたのち、中国の不動産は完全にバブルであったと、中国人民銀行（中国の中央銀行）とＩＭＦも認めた。

❖④ハーバード大学の寮で18歳で起業、報酬世界一のグリフィン

『フォーブス』とアメリカの投資専門誌『インスティチューショナル・インベスターズ』

がそれぞれ発表した、２０１５年分のヘッジファンド・マネジャーの報酬ランキングで両方ともに1位となったのが、ケネス・グリフィンである。その金額は１７００億円相当である。グリフィンは２０１４年度の報酬額も13億ドルで2年連続トップ、業界の盟主と言える存在である

グリフィンの率いるシタデル・インベストメントはシカゴのヘッジファンドで、複数の投資戦略を駆使するマルチ戦略ヘッジファンドである。レラティブ・バリュー戦略やイベント・ドリブン戦略、アービトラージ戦略を組み合わせたポートフォリオを組む。シタデルには、前FRB議長のバーナンキも上級アドバイザーに就任している。会社の運用総資産額は3兆円を優に超える。グリフィン率いるシタデル・インベストメントの運営するファンドであるシタデル・グローバル・エクイティーズの運用実績は年利17・2％である。

グリフィンは学生時代、『フォーブス』を読んで投資に興味を持ち、18歳でハーバード大学の寮の自室でヘッジファンドを創業、卒業までに１００万ドルを運用するようになった。オプション取引からスタートし、その後アービトラージ、転換社債取引へと移行し、１９９０年にシタデル・インベストメント・グループの前身の会社を設立。２０００年初めには31歳で20億ドルを運用、２００７年には資産が１３０億ドルに膨らんだ。規模の大

きさはヘッジファンドの強さでもある。グリフィンは、異なる戦略を持つ優秀なヘッジファンドを複数束ねた上で資金アロケーションを行うことで、運用資産規模の拡大ができるはずだと経営学的視点で考えた。最先端のコンピュータを導入しスムーズな取引を可能にし、法務部門は世界各国の規制に精通、財務部門はブローカーから有利な条件を引き出すことを目指し、マーケティング部門は機関投資家から安定して巨額の資金を提供してもらえるよう、月次レポートを量産。プラットフォームの効率性を追求し、多額の資金を扱えるようにした。自社を職人的ヘッジファンド・マネジャーのためのプラットフォームにしたのである。

グリフィンによると、シタデルという運用会社は、飛行機のようなもので、定量分析グループがエンジンを構築する。このグループには大勢の物理学の博士号取得者がいて、独自の数学的方法を開発し、向上させている。テクノロジーチームが飛行機の機体をつくり、トレーダーはコックピットのパイロットの役割を果たしている。

ニューヨークの425パークアベニューに立地するオフィスビルの複数フロアをオフィスとして借り切り、年間の賃料は70億円以上で業界最高額水準である。個人としてもニューヨークのペントハウスを複数戸合わせて2億ドルで取引し、こちらも個人の一度の取引額としては最高額となっている他、マイアミの6000万ドルのペントハウスの所有も明らかになっており、業界の不動産王でもある。40歳台にして、本拠を置くイリノイ州で一番の資産家となった（75億ドル）。

グリフィンは2003年に結婚、ともにシカゴに拠点を置くヘッジファンド・マネジャー同士というカップルで、3人の子供をもうけた。夫人は、3人の子供とともに旅行に出かけ、代理人を通じてグリフィンに離婚を通告してきた。要求は財産分与のほかに、子供の養育費として月額1億円であった。

❖⑤ノーベル財団の資金を預かる数学オリンピック金銀メダリスト　ツーシグマ

ノーベル賞を制定しているノーベル財団の資金を預かるのがAI（人工知能）を活用する科学者集団であるツーシグマである。数学オリンピックの金銀メダリスト8人を擁し、約3兆7000億円を運用する。オーバーデックとシーゲルは、2015年のヘッジファンド・マネジャー報酬ランキングで7位に入った。報酬額はそれぞれ5000億円である。ツーシグマはジョン・オーバーデックとデビッド・シーゲルの2人が2001年に創業。

２人は共に大手運用会社のＤＥショー出身で、数学の研究やクオンツ運用で実績を持つ。オーバーデックは１９８６年、第７回国際数学オリンピックで16歳にして銀メダルを獲得。そのときからすでに「論文を書いても満足できそうにない。それよりも数学を何かに生かしたい」と語る。シーゲルは自分のバックグラウンドはＡＩ（人工知能）技術であるとし、マサチューセッツ工科大学ではロボットのプログラミング等を学んでいた。

ツーシグマはデータセンターで独自の投資環境や技術開発の研究を行っており、企業の発表、幹部の売買や機関投資家の売買、天候、それらに加えてツイッター等ＳＮＳも合わせてデータと相場の動きを分析し、運用モデルの開発を行っている。

ツーシグマのファンドの運用成績は２０１４年が25・56％、２０１５年が15・02％と２年連続２ケタを記録。投資家からの信頼度合いを表すランキング「ヘッジファンドレポートカード」でも、ツーシグマは５位に入った。運用資産額も２０１１年の50億ドルから２０１４年７月には２００億ドルを突破、同年10月には２３０億ドルとなり、現在の運用資産総額は２８０億ドルに達した。

ツーシグマの約９００人の従業員のうち、３分の２は研究開発部門に所属し、従業員の６割は非金融業の出身者である。マサチューセッツ工科大学やカーネギーメロン大学、カリフォルニア工科大学等でコンピュータサイエンスや数学、工学を修めた者たちが集まっている。ツーシグマが人材獲得のうえでのライバルと考えているのは、ゴールドマン・サックスやジョージ・ソロス等の金融関係ではなく、グーグルやフェイスブックといったシリコンバレーのＩＴ企業である。

ニューヨークのオフィスもウォール街ではなく、ダウンタウンのＳＯＨＯに構えている。社内の様子は金融の会社というよりもＩＴベンチャー企業に似ている。

彼らは単に金融的に考えるのではなく、人間の意思決定を考慮できる人工知能のアプローチを可能にできる開発に日々勤しんでいる。

シーゲルは「人間の行動は、１人の人間の行動を予測するのは難しいが、多数の人間の行動となると簡単に予測できる。人間の行動が予測しやすくなければならない理由は、そうでないと社会が崩壊するからだ。人間の行動は『普通』という範囲に収まる」と言う。

コンピュータプログラムの活用はヘッジファンドの運用でメジャーになりつつあるが、コンピュータで割り切れない人間の意思決定による部分を、いかにコンピュータが把握できるかが大切だとシーゲルは考えている。人工知能を資産運用に活かすことについて、シーゲルはこう話している。

「これからはコンピュータがすべての思考活動を行う、と言う人もいるが、今でも解決すべき〝問題の設定〟をしているのは人間だ。コンピュータのアルゴリズムは、これまで人が考えもつかなかったリスクを発見できるかもしれないが、問題設定能力を持っているようになるかは疑問だ」

ツーシグマによると、変動する価格も、天候の変化も、進む国際化も、すべてつながっているという。アップル社の業績予想をするときには、下請け企業がある中国の経済予測をしないと正確に当てることができないように、従来と異なり今日では１つのことを分析するために関連する多数の情報を分析する必要がある。

ツーシグマは、人工知能と発展させてきたテクノロジーで、データに法則性を見出し、投資、投資の戦略を構築していく。バズワードである「ロボアドバイザー」と自らを呼ぶことなどせず、彼らは着々と運用実績を積み重ねている。

❖⑥稼ぎは世界一、「最も賢い億万長者」シモンズ

２０１５年に業界1位の約17億ドルを稼いだヘッジファンド・マネジャーが、暗号解読

者のジェームズ・シモンズである。スターバックスとコストコの利益合計額よりも稼いだと言われた。グリフィンの台頭以前は長年にわたり、何度も報酬ランキングの1位を獲得してきた人物でもある。『フィナンシャル・タイムズ』で「最も賢い億万長者」と評されている。

シモンズの功績は、ヘッジファンドに数学的なアプローチを取り入れ、コンピュータ主導の取引の仕組みを創ったことで、シモンズが率いるルネッサンステクノロジーの旗艦ファンドであるメダリオンは年率39％のリターン（１９８９年~２００６年）を記録している。普通の人にはランダムに見えるチャートの動きも、暗号解読者にかかると統計的に有意な規則性があり、そのパターンに沿って短期売買すれば収益があがるとする。

シモンズはアメリカ、マサチューセッツの靴工場の所有者の子として生まれ、マサチューセッツ工科大学で数学を、その後カリフォルニア大学バークレイ校で文学を学んだ。

ハーバード大学、マサチューセッツ工科大学の両校で数学教授に就いた経歴もある。数学者として「チャーン・シモンズ理論」として知られる理論を構築し、幾何学で最高の栄誉とされるアメリカ数学界のオズワルド・ヴェブレン賞も受賞している等、数学の世界で多くの実績を残した。

シモンズはアメリカ国防総省の国防分析研究所で暗号解読者として勤める等したのち、相場で取引を開始した。勘と経験による投資の判断を数学的なモデルで置き換えられないか、自分に代わってコンピュータに取引をさせたいと考え、１９７０年代後半より数学に強い人間を雇い始めた。そのなかの１人が、数論でアメリカ数学会の権威的な賞、コール賞を受賞したジェームズ・アックスだった。シモンズは１９８８年、アックスとメダリオン・ファンドを興した。コンピュータが生成したシグナルに基づいて商品・金融先物を扱った。

「数学的な、きちんと統計的な見方をすれば、そのパターンを見分けることができる」そう考え、コンピュータで何千ものイベントに対する何千もの反応をつぶさに観察することで投資の勝率を高めている。たとえば「朝の天気がよければその町の証券取引所の相場は上昇する」傾向があると発表した。ただしあまりに僅かな上昇なので、この傾向だけでは効率的に儲けることができないため世間に発表したのだという。

統計からわかる儲けの種は秘密情報である。秘密が流出しないように金融業界からの転職者は採用しなかった。一度転職した者は、また転職するからだというのがその理由だ。

物理学者や天文学者はチームに入れるが、経済学者は入れない。経済学者は「株が安い」と言うかもしれない。しかし、「株」とは何か。米国株全部なのか、それとも米国株の中の大型株だけなのか、新興国株は含むのか。「安い」とは何か。PERが低いということか、PBRが低いということか。低いとは、平均値を何%下回ることなのか。このように科学的に数字によってすべてを定義するためである。

市場には小さな非効率が数多く存在する。本来の価値より割高なものや割安なものが溢れている。それが本来の価値に戻る（つまり市場が効率的になる）過程の中で年々利益を積み上げていくシステムをシモンズは作り上げた。相場の混乱期（割高や割安が発生しやすい）ほどその方法は威力を発揮する。1994年には手数料控除後で71%の利益を上げ、2008年には手数料控除後で80%、控除前で160%の利益を上げた。シモンズは72歳になる2010年に引退した。

❖ ⑦効率性市場仮説を否定した賢者ジョージ・ソロス

ジョージ・ソロスといえば、投資に関わっていれば知らぬ者のいないほど有名なヘッジファンド・マネジャーである。2008年の経済危機を予測していたとして、ウォーレン・バフェット、ポール・ボルカーFRB議長と並び3大賢人と称されている。

80代後半になった今も年間報酬額は3億ドル、『フォーブス』の発表した2015年ヘッジファンドマネジャー報酬ランキングで10位に入っている。資産総額は249億ドルとされる。1969年から一旦引退した2000年までの年率平均リターンは31％である。

ハンガリー生まれのユダヤ人であるソロスは1969年に自身のロング・ショート・ファンドを立ち上げた。運用資本は400万ドルだった。学術的なファイナンス理論では、合理的な投資家は株式の客観的な評価額を知ることができるとされていた。そのため情報が正確であれば、市場は効率的に動くことになる。しかし、ソロスは心酔していた哲学者の言葉から、そのような前提は成り立たない、そもそも人間は真理や現実を知ることなどできない、そして、市場において実体が伴わずに価格だけが高まることはあり、いつか暴落し適正価格に戻ると考えた。その予想は次々に的中し、1980年代に入った頃には、運用資産が3億8100万ドルに達し、初期資金を約100倍にした。

本人が「一世一代の大儲け」と語るのがプラザ合意時のドル売りである。1980年代、アメリカは貿易赤字の額を大きくしていた。赤字なので、ドルの需要は少ないはずであった。しかし、この時期にドルは値上がりしていた。投機的な資本の流入がドルの価格を押し上げていた。実体の伴わない値上がりはいつか適正価格に戻ると考えたソロスは、「ドルは暴落し、一気にドル安に進む」と読んだ。

ドル安に賭けたソロスは、ファンドの全資本を上回る7億2000万ドル分で主要通貨(円、ドイツ・マルク、ポンド)を購入した。1985年9月22日、アメリカのベイカー財務長官はフランス、西ドイツ、日本、イギリスの財務閣僚をニューヨークのプラザホテルに招集。これら先進5カ国は、ドル安の実現に向けて通貨市場に協調介入することを約束した。このプラザ合意により、ソロスは一晩で2億3000万ドルの利益をあげた。

ジョージ・ソロスといえば、「イングランド銀行をひざまずかせた男」という異名も有名である。ソロスによると、為替は各国政府の思惑により非効率的になるという。

イギリスで「ブラックウェンズデー(暗黒の水曜日)」と呼ばれる1992年9月16日、イングランド銀行は公定歩合を10%から12%に引き上げた。必要であれば15%にするとまで公約した。このとき、イギリスの実態は景気後退局面であると見抜いたソロスはポンドを売り浴びせた。イギリス政府は為替を維持できず、ERMからの離脱を発表し、ポンドはさらに価値を下げ、10%ほど暴落、ソロスは大儲けすることになった。

最近、ソロスはイギリスのEU離脱を前に現役復帰した。ソロスはイギリスがEUを離脱すればポンドは急落すると言っており、イギリスのＥＵ離脱の予測も的中させた。ＥＵの離脱予測に伴い進めていた金と金鉱株が目論見通り上昇したことで利益を出した。

❖⑧年俸４０００億、リターン１４９％ 集中投資で底値買いのデビッド・テッパー

損も大きいが利益も大きい。それがゴールドマン・サックス出身のデビッド・テッパーである。投資に興味を持ったのは11歳、父親が株式投資をしていたのを見たときだ。アメリカンフットボールで鍛えた身長１８０センチを越す体格にふさわしい豪快な運用スタイルで、テッパーの会社「アパルーサマネジメント」は年リターン20％以上を継続し、２００３年には最大１４９％というリターンを記録。ヘッジファンド・マネジャーの報酬ランキングの常連で、何度も1位にランクづけされている。２００９年報酬額40億ドル（４０００億円）は、史上最高に近い金額である。

通常のヘッジファンドが投資対象を分散するのに対して、テッパーは30程度の投資対象に集中投資する。ハイイールド債やディストレス証券で割安なものを拾っていく。

テッパーが２００３年に記録した１４９％という投資成績は底値買いによって稼いだ。

当時、史上最大だった三大企業破綻（エンロン、ワールドコム、巨大保険会社のコンセコ）のディストレス債券の買いである。安い資産を誰よりも早く自分たちのものにしたことが大きな成果につながった。「落ちている金を拾え」はテッパーの運用スタイルを形容した言葉である。

２００８年のリーマン・ショックの際もあわてることはなかった。翌年には80億ドルという利益を上げている。40億ドルという報酬はその年のものだ。

２０１１年にはファンドが巨大化しすぎたと、テッパーは6億ドルを投資家に還元し、ファンドの規模を１２０億ドルまで減らした。

❖⑨老舗ヘッジファンド マン・グループ会長は香港人のティム・ウォン

コンピュータプログラムに基づいて、世界中の株や債券、商品市場等に投資するＣＴＡ（商品投資顧問）と呼ばれるヘッジファンド。ＮＨＫにも登場するほど著名なヘッジファンドであるマン・グループは、１７８３年に創設された。樽製造者のジェームズ・マンが砂糖の仲介業を始めた後、総合商社へと発展、その過程で資産運用関係の事業を次々に拡大。ニューヨークのミント・インベストメント・マネジメントを買収して、ヘッジファンドとの最初の合併を果たしたのが創業２００年を迎えた１９８３年頃である。１９８０年代の後半には、10億ドル以上の資産を誇る企業に成長していた。

マン・グループの旗艦ファンドは、約１８０億ドルの運用資産を持つマンＡＨＬだ。オックスフォードやケンブリッジで物理学を研究したアナリストが立ち上げ、１９９４年にマン・グループが買収した。１９９６年から２０１０年の年率リターンは16・7％だった。

マン・グループを率いるのは香港人エンジニアで、オックスフォードでエンジニアリングを学ぶ中で金融に触れ、ＡＨＬに入社。２００１年にはＡＨＬのＣＥＯに就任。現在は会長となっているが、彼は今でも自分自身をエンジニアだと考えている。

「小さく負けても大きく勝てばいい。短いスパンで多少負けても、長い目で見れば必ず勝つことを目指す」と彼は言う。だからＡＨＬは長期にわたる結果を重視する。

「『ヘッジファンドの運用はブラックボックス』という批判を受けることがあるが、わが社に関してはまったく的外れだと考えている。むしろ『透明性の高いボックス』だと言えるくらいだ。常に一定のルールに基づいて運用しており、市場の変化にコンピュータプログラムがどう反応するかを、きちんと説明できる。人間の裁量に基づく運用のほうが、よっぽど不透明だ」

ルーレットではギャンブラーではなく胴元になるというのが彼の考え方である。

「ほとんどのトレーダーは、カジノのルーレットで勝つことを目指す。しかし、私が目指すのは、カジノだ。プレイヤーが勝負を繰り返していくうちに、必ずカジノが勝つときが来る。統計的にカジノが勝つようにつくられているからだ。そして、この勝つ確率を高めることが、ヘッジファンドの最も重要な仕事なのだ」

２００７年にはオックスフォードと共同で研究所を設立。ＡＨＬの社員とオックスフォードの学者たちが日常的に交流し、その精度を日々高めている。

03. ヘッジファンドの各種戦略

❖ヘッジファンド戦略の種類

ヘッジファンドの戦略は概ね2つに分けられる。

1つが、ディレクショナル型戦略、もう1つが非ディレクショナル型である。

ディレクショナル型とは、市場全体の上げ下げ（β）を収益源にするのに対して、非ディレクショナル型はα型とも呼ばれ、運用者のスキル自体を収益源とする（図表14）。


【ディレクショナル型の戦略の例】

- 株式ロング・ショート戦略……値上がりする株式群を買い、値下がりする株式群を空売

りしておく

- グローバル・マクロ戦略……市場の歪みやトレンドに収益機会を見出す
- CTA／マネージドフューチャーズ戦略……統計的手法により、発生した市場トレンドに応じてシステムにより収益を稼ぐ

【非ディレクショナル型の戦略の例】

- レラティブ・バリュー戦略……価値計算上、割安なものを買い、割高なものを売る両建てを行う。債券アービトラージや株式マーケットニュートラルという戦略がある。
- イベント・ドリブン戦略……「モノ言う」株主として企業に影響を与えたり（アクティビスト）、企業の買収・合併時に現れる収益機会や破綻した企業の再生案件から収益を取りに行く手法

よくマスコミで注目されるヘッジファンドは、非ディレクショナル型の戦略で、モノ言う株主としてふるまうアクティビストたちである。1980年代の米映画『ウォール街』の主人公ゴードン・ゲッコーのイメージで、現代ではカール・アイカーンやビル・アック

図表14　ヘッジファンドの投資戦略

ディレクショナル（β）型

株式ロング・ショート

グローバル・マクロ

CTA ／マネージド・フューチャーズ

α型

レラティブ・バリュー型

株式マーケット・ニュートラル
債券裁定
CB裁定
信用裁定

イベントドリブン型

M&A裁定
資本ストラクチャー裁定
ディストレスト
アクティビスト

図表15　戦略ごとのファンド数の割合

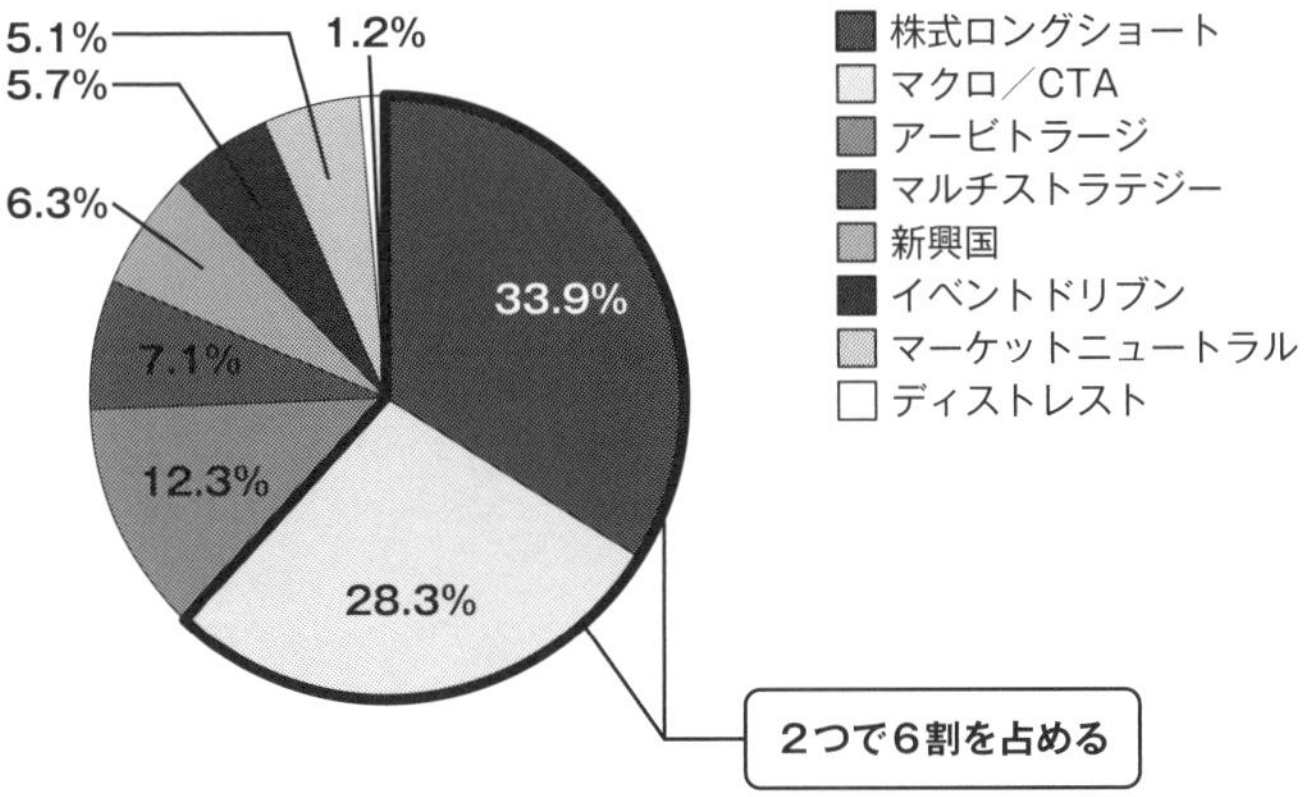

出典：CITI Prime Finance

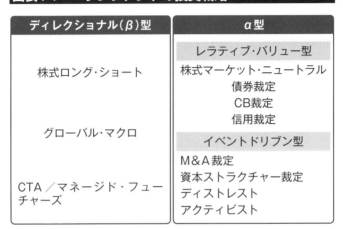

マンが有名である。上場企業の株を買い、経営改革案をぶち上げることで、一般投資家の関心を集め、アナウンスメント効果で株価を高めて売却したい動機があるため目立ちたがるのである。

他方、ヘッジファンドの多くは、自社の投資ノウハウや投資アイデアを隠すことこそが長期的な競争優位につながるため、あまり表に出たがることもない。ヘッジファンドがとる戦略としては、株式ロング・ショートとマクロ／CTAの2つが6割を占めている（図表15）。

では代表的な戦略を見ていこう。

❖株式ロング・ショート戦略

株式ロング・ショート戦略は、伝統的なヘッジファンドの戦略である。割安な株を買い、割高な株を空売りすることにより、市場リスクをコントロールした運用を実践する。

伝統的なロングオンリーの普通のアクティブ運用を行う投資信託は、市場動向の影響（ベータ）を受ける上に、現実にはベンチマーク（マーケット）に勝つこともままならないという現実がある。特に下落相場においては、ベンチマークより成績が悪くなりがちである。このような従来の投資手法の限界に対して、下落相場でも儲けるための手法となる。

【メリット】

- 株式を中心に取引するため流動性と透明性が高い
- 市場のリスクを抑えながら、個別銘柄要因でリターンを目指せる
- ファンドマネジャーの裁量が多い運用のため、個性が出やすい
- 下げ相場でもリターンを出せる可能性はある（絶対収益を目指せる）

【デメリット】

- 市場が上がっているとき、市場要因を相殺してしまうため、あまり儲からない
- 時として割高なものがさらに割高に、割安なものがさらに割安になるため、予期せぬリスクを抱えていることがある

何をもって割高・割安を判断するかによって、複数の戦術がある。

・ファンダメンタル・アプローチ……企業リサーチによって株価を割安・割高を判断する
・スタティスカル・アプローチ……類似セクターの株価は中心回帰（ミーン・リバージョン）するという理論値を基に判断する

❖マーケット・ニュートラル戦略

特に市場要因を完全に相殺することを目的に計算しながら運用する場合は、マーケット・ニュートラル戦略と呼ばれる。

実は機関投資家がヘッジファンドへの投資を強めたきっかけになったのが、このマーケット・ニュートラル戦略の流行である。２０００年以降、株式市場の低迷、低金利化に伴う運用難と、株式債券市場との相関性の低い資産への選好の強まりから、市場のシステマティック・リスク（β）を消し去り市場変動に影響されずマネジャースキルに基づく超過収益（α）の獲得をすることに専念するマーケット・ニュートラル戦略に資金が集まるようになったのである。

❖ＣＴＡ・マネージドフューチャーズ戦略

ＣＴＡ戦略の基本的なスタンスは、市場トレンドの予測は不可能という前提に立ち、実際に派生したトレンドに対して、自動的にシステム売買で対応するというものである。一定期間、レンジ取引を継続したマーケットが上下いずれかに動き始めた場合に、新しいトレンドが発生したとしてポジションを取ることから、トレンドフォロー戦略とも呼ばれる。発生したシグナルが実は「ノイズ」「騙し」の場合があり、損をする可能性があるため、そのノイズの影響を極力受けないように、ＣＴＡはなるべく多くの市場に分散投資を行い、リスク管理を徹底している。

この戦略の投資家にとってのメリットは、他のヘッジファンド戦略に比べて流動性が高い（売り買いがしやすい）こと、及びリーマン・ショックのような下げ相場でもリターンを上げた実績があることである。

イメージは図表16の通りである。

図表16　CTA・マネージドフューチャーズ戦略

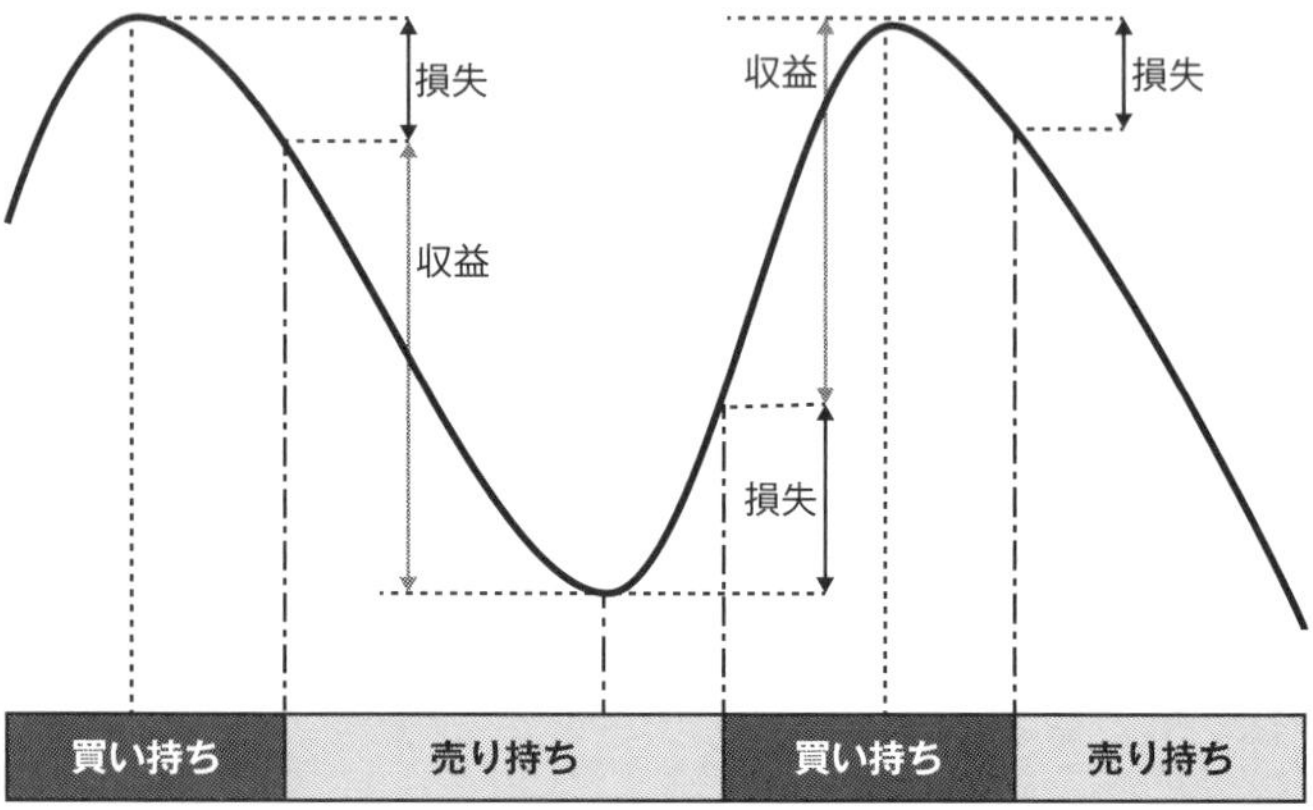

【メリット】

・主に先物を使った運用が多いため、流動性と透明性が高い

・上げ相場だけでなく下げ相場でもリターンを期待できる

・システム運用が主流のため、再現性があり運用の透明性が高い

【デメリット】

・トレンドの転換期に大きなマイナスが出やすい

・短期間でトレンドが転換するような相場に弱い

❖ヘッジファンドの各戦略の相関性

ヘッジファンドの戦略は従来の投資対象と相関性が低いため、ポートフォリオに含めることで、分散投資効果の高いリスクを抑えた運用が可能になる。図表17の数字は相関係数である。プラス１だとまったく同じ値動き、マイナス１だと真逆の動き、０近辺が分散投資効果の高い戦略となる。

図表17　各戦略の相関性(連動性)について

ヘッジファンド戦略は従来の投資対象と相関性が低いためポートフォリオに含めることで、分散投資効果の高いリスクを抑えた運用が可能になる。下記表の数字は相関係数と言う。プラス1だと全く同じ値動き、マイナス1だと真逆の動き、0近辺が分散投資効果の高い戦略となる。

	World stocks	World bonds	Equity hedge	Event driven	Global macro	Managed futures	Relative value
Relative value	0.63	-0.13	0.73	0.82	0.32	-0.1	1
Managed futures	-0.14	0.32	-0.02	-0.04	0.53	1	
Global macro	0.37	0.23	0.55	0.51	1		
Event driven	0.77	-0.18	0.87	1			
Equity hedge	0.79	-0.16	1				
World bonds	-0.18	1					
World stocks	1						

※Man社公表データよりヘッジファンドダイレクト株式会社作成
World stocks: MSCI World Net Total Return index hedged to USD. World bonds: Citigroup World Govemment Bond index hedged to USD (total return). Equity hedge: HFRI Equity Hedge (Total) index. Event driven: HFRI Event Driven (Total) Index. Global macro: HFRI Macro (Total) index. Managed futures: Barclays BTOP 50 index. Relative value: HFRI Relative Value (Total) index.
データ期間：1994年1月1日～2013年12月31日まで

04. 世界の富裕層や機関投資家がヘッジファンドに投資する３つの理由

❖世界的な金融危機へのリスクヘッジとして

リーマン・ショックのような世界的な金融危機が起こると、世界の株式・不動産・コモディティ等、あらゆる資産（アセットクラス）が暴落する現実がある。国際分散投資は、あらゆる資産が暴落する金融危機時には無力だった。

他方で、世界の成功者や富裕層が投資をする「ヘッジファンド」は、相場に左右されない「絶対収益」を獲得するためにリスクをコントロールしながら運用することで、金融危機時にも高いパフォーマンスを達成してきた。

その教訓から、世界の富裕層や成功者は、次の金融危機に備え自分の財産を守るために、ますますヘッジファンドに投資するようになったわけである。

リーマン・ショック（２００８年）、ギリシャ危機・ユーロ危機（２０１０年）、バーナンキ・ショックによる新興国危機（２０１３年）、英国ＥＵ離脱危機（２０１６年）と、2年から3年の短いインターバルで世界的な金融危機がしばしば発生している。これは経済のグローバル化の帰結である。

今後も、金融危機が発生し、あらゆる資産が一斉に暴落し、そして復活するというサイクルが数年単位で繰り返されるであろうことは容易に予測がつく。賢明な投資家にとって、数年先にほぼ確実に来ると予測される金融危機や下落相場でもリターンを確保できるように、予めヘッジファンドをポートフォリオの一部に入れておくのは、自明である。

逆に、自分が投資をしている期間においては絶対に金融危機などは起こらず、国際資本市場が平穏であると考える投資家であれば、ロングオンリーの投資信託だけを保有したり、単純な国際分散投資で市場に身を委ねるだけでも落ち着いていられるだろう。しかしながら、金融リテラシーがあり、実際に世界で起こっている現実を知っている投資家であれば、そのような無防備な投資ポジションは到底リスクが高すぎると考えるため、金融危機に対するリスクヘッジとしてヘッジファンドを組み入れることになるのである。

❖世界トップクラスのエリート集団に任せたいから

前述したデビッド・テッパーは、ヘッジファンド年収ランキング（2013年）で2年連続1位になった男だ。その年収は3500億円。資産ではなく、年収という点に注意したい。同2位は、スティーブ・コーエンで2400億円、3位はジョン・ポールソンで2300億円、10位のレイ・ダリオの600億円が続く。

「個人年収3500億円」のレベルとはどのくらいだろうか？　セブン&アイ・ホールディングスの営業利益は3433億円（2015年3月期）である。東京電力の営業利益が3165億円（2015年3月期）。一個人が、日本最大手のコンビニや、日本最大手の電力会社と同等の利益を稼いでいるわけだ。

さらに日本の大富豪と比較してみよう。日本の高額納税者一覧（2016年講談社調べ、数字は総資産）は次の通りである。

1位　キーエンス名誉会長　滝崎武光氏　3062億円
2位　スタートトゥデイ創業者　前澤友作氏　2493億円
3位　ABCマート創業者　三木正浩氏　2332億円
4位　アパグループ会長　元谷外志雄氏　2200億円
5位　コロプラ社長　馬場功淳氏　1751億円
6位　ミクシィ会長　笠原健治氏　1543億円
7位　しまむら創業者　島村恒俊氏　812億円

ヘッジファンド・マネジャーは、日本の資産家が持つ総資産と同等額をたった1年で年収として稼いでいるのである。

高額の年収を得ている理由は、投資家（お客様）のお金を現実に殖やしたその「才能」に対する成果報酬に他ならない。「他人のお金を着実に殖やす」という非常に難しい仕事を達成したことによる、正当な対価なのである。

日本に先んじること40年、アメリカ社会のトップエリート（ハーバード大学卒やイェール大学卒）は金融業界の起業家集団であるヘッジファンド業界に集まり、その中で切磋琢磨しながら運用スキルを磨いてきた。また、軍事産業に従事していたサイエンティストたちが冷戦終了後、金融業界に流れ込み金融工学を発展させてきた。

日本で起業や投資分野に優秀な人たちが集まり出したのはここ10年に過ぎないと言われており、日本の金融業界は周回遅れと言われているが、日本人の一般的な感覚ではヘッジファンド業界をなかなか理解できず、単なる怪しい世界に見えるのも無理からぬことだろう。

しかし結局のところ、グローバル化した自由な資本主義社会では、このような年収数千億円のヘッジファンド・マネジャーの元や、ヘッジファンド業界の元に、まるで水が自然に流れるように世界中から貴重な情報が集まり、勝ち組は益々勝ち組になっていくという現実がある。たとえば、前項で紹介したルネッサンステクロノジーを率いるシモンズは、毎日1兆バイトのデータを取り込み、それを研究者が分析し、スペインからシンガポールまであらゆる市場で狂いなく何十万という自動取引をしている。これには巨額なシステム投資が必要だ。

日本の個人投資家が、コストを惜しんで、仕事の合間にネットの掲示板情報を元に日本株を売買するのとは、まったく次元が異なる世界が存在しているわけである。

世界の富裕層や機関投資家、成功者らは、高い手数料を払ってでも「実績のある本物のプロ」に任すことで、時間を節約しながら、お金を殖やすことを合理的に選択しているのである。つまりお金でお金と時間を買い、自分のお金を殖やすというわけである。

❖知的に、資産運用のリスクを減らしたいから

世界の富裕層や年金基金、大学基金等の機関投資家は、ポートフォリオの中に「株や債券と異なる値動きをするアセットクラス」をポートフォリオに入れて、リスクをヘッジ（回避）することが、もはやあたりまえになっている（図表18）。

これは「ヘッジファンド」を自身のポートフォリオの一部に加えることで、「リスクを抑えながら、リターンを目指す」ことができるからである。そのため、知的で合理的な投資家（機関投資家や富裕層）はこぞってヘッジファンドを買いたがるのである。

図表18　ハーバード大学基金のポートフォリオ

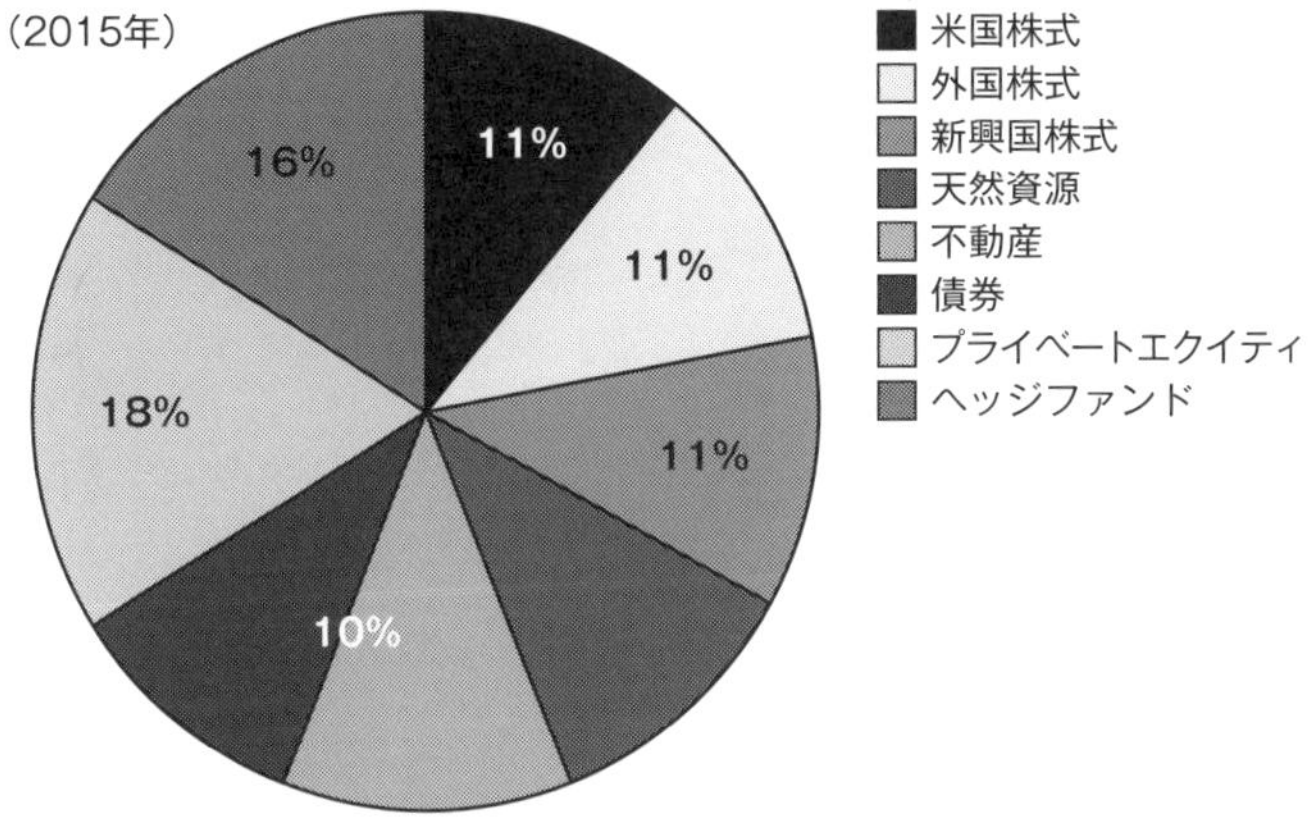

	2015	2014	2008
米国株式	11%	11%	12%
外国株式	11%	11%	12%
新興国株式	11%	11%	10%
プライベートエクイティ	18%	16%	11%
商品	0%	2%	8%
天然資源	11%	13%	9%
不動産	12%	10%	9%
ヘッジファンド	16%	15%	18%
債券	10%	11%	16%
現金	0%	0%	-5%

出所：ハーバード大学運用基金

❖オフショア

ヘッジファンドは多国籍の投資家からのマネーの受け皿になるわけだが、より有利な税制・法律を持つ「オフショア金融センター」で設立されるものが多い。オフショアとは「沖合」という意味で、アメリカから見たカリブ海を指して使われるようになったとされる。

オフショアは俗に「タックスヘイブン（租税避難地）」と呼ばれる島国で、カリブ海・欧州・南太平洋沖に点在している。有名なのは、ケイマン、ＢＶＩ（英領ヴァージン諸島）、ルクセンブルク、英領マン島、パナマ等である。２０１６年4月に出てきた「パナマ文書」では、オフショア利用者の個人情報が暴露され、「課税逃れではないのか？」と物議を醸した。ＵＣＣ上島珈琲創業家三代目社長上島豪太氏や、セコム創業者で現最高顧問の飯田亮氏、楽天創業者三木谷浩史会長らの名前もパナマ文書から出てきた。

ただし、伊藤忠商事と丸紅の名前が出て、「単にビジネス利用で、租税回避ではない」と両社が回答していることからわかるように、会社のセットアップ・コスト削減に利用したり国際取引における二重課税を防止するために利用されていることが多い。

ファンドのスキームにおいてオフショア地域が使われる理由は、最小限の規制、低い税率、英文・法律のインフラ整備によるスピードの速さ等、投資家にメリットがあるからである。

なお、金融業界や国際ビジネス界隈ではオフショア法人の利用は当たり前で適切に利用している場合が多いと思われるが、無知な個人が勘違いをしていることがある。たとえば、日本でビジネスをしている経営者が、稼いだお金をオフショア法人に溜め込み納税をしないとなると、これは脱税であり単なる犯罪である。タックスヘイブンとは「租税避難地(haven)」という意味で、「税金天国（heaven)」という意味ではない。日本で活動している以上、海外スキームで無税を求めるのは無理であるし、それを実施するのも教唆するのも犯罪である。

したがって、世界に存在するオフショアというエリアを日本人であるあなたが活用したい場合は、オフショアのヘッジファンドに投資をして、ヘッジファンドの中で課税を避けながら出てきた高い税引後リターンを、ファンド出資者として手に入れて、それに対して日本で譲渡税を払う、というシンプルな形になる。

❖ファンドのスキーム・関係者

ファンドには、設立形態に着目した分類として、信託（ユニットトラスト）を活用した契約型と会社型の2つがある。利用頻度の高い契約型を例に取ると、以下のような関係者でファンドは成り立っている。

1　インベストメント・マネジャー（運用会社）

投資家から集めた運用資産に対して、ポートフォリオの管理並びに売買投資活動等のすべてに責任を持つ。投資家のお金が殖えるか減るかは、この運用会社の腕次第である。

運用会社の権限は、運用指図をするだけであり、投資家の資金を自分で預かったり、ファンドの時価を算出することはしない。

2　トラスティー

投資家と投資契約を締結する主体。「ケイマン籍○○ファンド」という名前で主にオフショア地域に設定される。投資家から集めた資金の受託者の立場で、一般的に「ファンド」と言えばここを指す。投資家から見ると、運用会社が投資スキルがあるプロで、彼らが運用してくれる金融商品がトラスティー（ファンド）というイメージになる。

3　カストディアン（資産管理会社）

投資家の資金を保全保管する会社。ここに投資家の資金が保管されていることで、運用会社の破綻から投資家の資金は守られることになる。

4　アドミニストレーター（事務管理会社）

ファンドの取引を記帳する等の事務を行う。ファンドの購入・解約事務や、顧客の保有財産の計算、ファンドの運用成績の計算等を行う。運用会社と別にアドミニストレーターがあることで、ファンドマネジャーによるパフォーマンスの自作自演や虚偽報告を避ける仕組みにしている。

5　プライムブローカー（証券会社）

ファンドの取引の執行・決済を行う。また、信用取引に必要なクレジットも提供する。

6　監査法人

ファンドから独立した立場で、会計監査を行う。

投資家からみたファンドのコスト構造は、以下のようになる。

①インベストメントマネジャーに対して、パフォーマンスに応じた成果報酬を払う（例 投資家の資金が殖えた分の20％）

②資金を預かってくれるカストディアンや、計算をしてくれるアドミニストレーターにフ

ァンド規模に応じて固定報酬を払う（例　投資家の資金残高に対して１％）
③監査法人やプライムブローカーを利用したときの利用料を払う

ヘッジファンドのリターンは、これらのコストをすべて控除したもので表す。

06. ヘッジファンドのリスクと選別方法

❖ファンドがいきなり全損することがあるのか？

金融に詳しくない個人投資家の中には、「不動産等の実物資産は何かあったときも最悪ゼロにはならないが、ファンド等のペーパー資産は最悪ゼロになる」と思っている人がいる。しかし、これはファンドと原資産を混同した勘違いである。

たとえば、原資産としてのトヨタ株に投資をしたとすると、たしかにトヨタ株は理論的には倒産してゼロになることもありうる。

しかし、日本株のファンドマネジャーがトヨタ株だけを保有するかというと、そのようなことは通常ない。そのファンドマネジャーの目利きに応じて複数の銘柄を組み入れており、また相応の現金をファンド内に保有していたりする。現金比率が50％のファンドがあるとすれば、何かしら起きた際には、ファンド価額が▲50％になる可能性もあるが、実際にはそのようにならないように内部で規律があるのが普通である。

ファンドは一般的にバリューアットリスク（リアルタイムリスク管理）とドローダウンコントロール（損失限度管理）を中心にリスク管理が行われている。ファンドとして投資している投資対象を日々時価評価しながら、あるポジションで30％下がったらロスカットをした上でエクスポージャー（建玉）を縮小するようなルールが設けられているのである。したがって、ファンドを評価する際には、過去のドローダウン（下落幅）やパフォーマンス（年次リターン）等をよくよく分析していれば、そのファンドの腕が良いか悪いかが明らかになるので、平たく言うと、腕が良いファンドを選ぶ限りにおいては、ファンドが全損するという事態は考えづらい。

株・不動産のような原資産の価格も、ファンドマネジャーの投資成績そのものであるファンド価額も、どちらも日々動いているように見えるので、それが同じような意味だと勘違いしがちであるが、意味していることはまったく異なる点に注意していただきたい。

以上のことを整理すると、次のようになる。

・原資産である個別株や不動産物件の価格……全体的な市況（日経平均・景気）によって、個別株や個別物件の価格が変動する。もしくは、個別企業や個別物件の固有事情によって、価格が変動する。株式のように倒産により最悪ゼロ（無価値）になる場合も十分ある

・ファンドマネジャーが売買した結果としてのファンド価格……ファンドマネジャーの腕が良く、投資家から預かった資金が殖えれば、ファンドが価額が上がり、腕が悪いと、ファンド価額が下がる。現在においてはファンド内部でリスク管理を数字で行うのが常識であるため、ファンド価額がゼロになる蓋然性は低い

❖ノーベル経済学賞学者が立ち上げたLTCMの破綻

さて、このようなリスク管理手法の進化のきっかけとなったのは、1998年に破綻したヘッジファンドLTCMである。これは現代ファイナンス理論を打ち立て、効率性市場仮説を提唱したノーベル経済学賞受賞学者たちが立ち上げたファンドだったのだが、現実の波にあっさり負けてしまったのである。投資家の資金は92％減少した。LTCMは当初

は慎重な裁定取引を行っていたが、規律を崩して、理論的に損失が無限大にあるポジションを組むようになった。ブラックスワンと呼ばれるテールイベント（極めて発生確率が低いとされる事象）を考慮しない投資モデルが使われていた。極めてハイリスクなヘッジファンドだった。

このような著名ファンド1つの破綻事件をきっかけとして、世間はヘッジファンドすべてを危険だと見做すようになった。あたかも、レクサス1台の急発進事故のため、全米でトヨタ不買運動が起きたように。

こうして、ヘッジファンド業界では、自らのファンドがＬＴＣＭと異なり、リスク管理を徹底していることを投資家にアピールするようになった。ファンド内部ではストレス・テストによるリスク管理が主流となった。バリュー・アット・リスクが通常の市場環境における最大損失額を見積もるものであるのに対して、統計的に滅多に起こらないことが起きた場合に何が起こるのかをシミュレーションするストレス・テストの結果を示すようになった。

ただ、投資家の目線で言うと、ファンドマネジャーがどれほどリスク管理を徹底していると主張しても、過去実績以外に判断できるものがない。

ファンドを選別するにおいては、ストレス・テストでリスク管理が行われているファンドを選ぶのは当たり前だが、実際にリーマン・ショック等の金融危機を乗り切った実績のあるファンドを選ぶことが、投資家にとっては一番のリスク管理となる。ＬＴＣＭに投資をして損をしたのは、ＬＴＣＭに10年間の過去実績が積み上がるのを待ちきれずに、ファンド創業者の肩書だけを見て投資を決めてしまった人々であった。

❖ヘッジファンドのコストは高いのか？

ヘッジファンドは預かった資金の残高に対して２％、運用で儲かった分の20％を手数料として取るのが相場である。

「ヘッジファンドはコストが高い」といって嫌気する投資家もいるが、優秀なヘッジファンドが誇る高リターンは、手数料差引後のリターンである。コストについては、一般的な投資信託が信託報酬・管理報酬を取るだけであるのに対して、ヘッジファンドは成果報酬を取るのが特徴だ。

ヘッジファンドのリターンを比較する際には、これらのコスト控除後のリターンで比較される。したがって、コスト控除後のリターンが良い限りにおいて、投資家は満足しているため、ヘッジファンドの手数料水準それ自体に目くじらを立てる富裕層や機関投資家は少ない。

ヘッジファンドの手数料は、投資判断力が優れた他人を自分のために雇うコストであるわけだから、それが普通の投信より高いのは当たり前で、結局のところ、この世では価値のあるものに値段がつくのである。タダ飯（フリーランチ）はないのである。

逆に、コスト控除後のリターンが出せないヘッジファンドは、淘汰されて業界から消えていく。

❖ファンドのリスクは2つに大別される

ヘッジファンドに限らず、ファンドのリスクは2つに大別される。1つが「運用リスク」、もう1つが「ビジネスリスク」である。運用リスクは、ファンドマネジャーの腕が良いか悪いかという話で、LTCMの場合は不測の事態に対応できず、大損をしたということであるし、日本で販売されている投資信託で過去10年実績で年率10％以上のものがないということも、これは運用が下手という意味での「運用リスク」である。

もう1つのビジネスリスクは、ファンドマネジャーに関与する様々な関係者の信用リスクやファンド・ストラクチャーに潜むリスクである。前述の通り、ファンドに関与するのはプライムブローカー、カストディアン、弁護士、監査法人と多岐にわたるが、適切なプレイヤーに業務委託がされているかどうかは大事な確認事項である。たとえば、投資家の資金が、ファンド運用会社の運転資金と分別された上で正しくカストディアンで管理されているか、というスキームを十分に確認する必要がある。

史上最大の詐欺事件と呼ばれたマドフ事件では、プライムブローカーやアドミニストレーターが詐欺のグルであった。マドフの場合は、自分の息のかかったプライムブローカーやアドミニストレーターを用いて、虚偽の運用実績を発表していた。

日本の厚生年金基金2100億円が騙し取られたＡＩＪ事件も同じ構造で、虚偽の運用実績を発表できるスキームになっていた。被害にあった年金基金は、大日本印刷厚生年金基金や愛知県トラック事業厚生年金基金、全国宅地建物取引業年金基金等の84基金に及び、それらの基金にお金を預けていた年金加入者89万人に被害が及んだ。ＡＩＪ側は、中立・独立の投資助言会社を雇ってない無知な年金基金だけを集中的に狙いうちにして、金融リテラシーの低い担当者を接待しては、資金を騙し取っていた。

このような詐欺事件に巻き込まれないようにするためには、ファンドのストラクチャーを構成する各種プレイヤー個々の信用や評判・実績もよく確認することが必要となる。

過去の統計によると、ヘッジファンドの50％は5年以内に消える。金融業界におけるゴールはヘッジファンドであるとされており、毎年のようにゴールドマン・サックスやモルガン・スタンレー等の名門でキャリアを築いた野心家たちがヘッジファンドを新規に立ち上げるが、生き残るのは容易ではない。そういう意味で「少なくとも運用実績10年」という選別基準は特に重く考えるべきである。

❖アンケートに見るヘッジファンドへの期待と懸念

運用のプロである機関投資家がどのような点からヘッジファンドに投資しているか確認してみよう。年金基金と金融法人のアンケートを見てみると分散投資効果と絶対収益の獲得に特に期待していることが確認できる（図表19）。

機関投資家がヘッジファンドに投資するときに気をつけているのは、流動性リスクと、

図表19　機関投資家がヘッジファンドに期待する効果

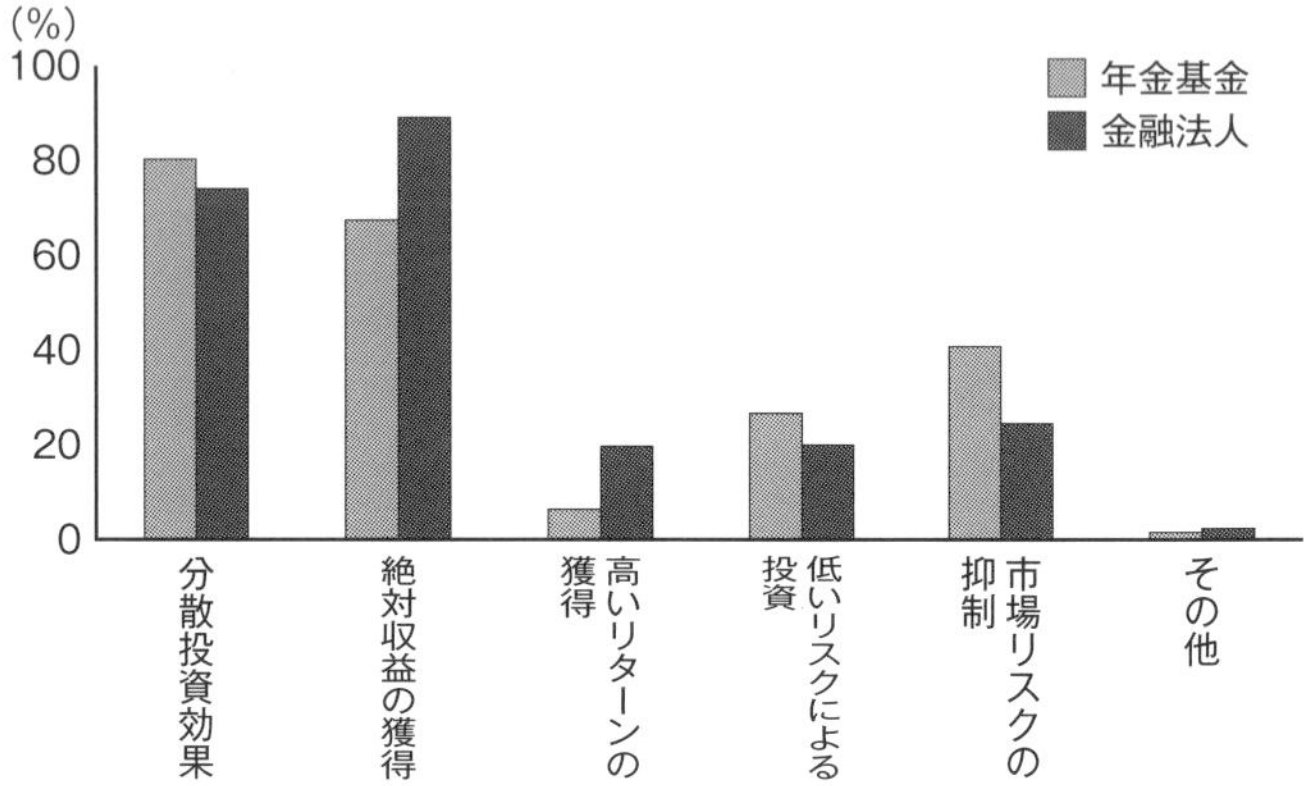

出所：経済産業省「国内外で存在感を高めるヘッジファンドの実態調査」より

図表20　機関投資家が注視するヘッジファンドのリスク

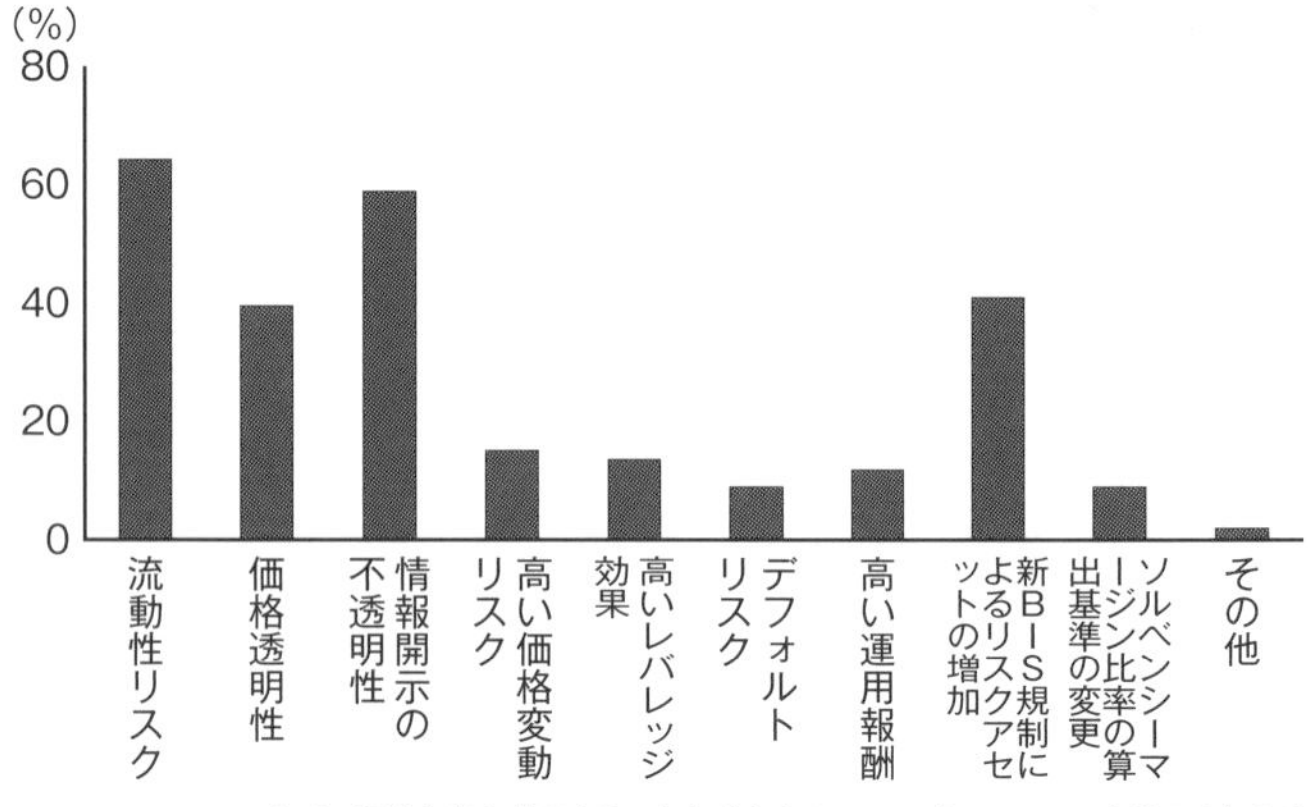

出所：経済産業省「国内外で存在感を高めるヘッジファンドの実態調査」より

価格の不透明性、および情報開示の不透明性である（図表20）。これは個人投資家が投資する上でも十分に留意しておく必要がある。

一般的なロングオンリーの投資信託に比べて、ヘッジファンドの場合は換金するのが月1回ということが多い。これはすなわち解約換金が即時ではないという意味で流動性が低いというリスクがある。運用成績が良いヘッジファンド・マネジャーほど、長期投資をコミットする投資家の資金しか預ろうとしないため、1年間解約ができないストラクチャーを有するファンドもある。

❖ゲート・キーパーの役割

ヘッジファンドという個別銘柄を組み合わせて1つのファンドを作り、そこに投資家を呼びこむ運用業者は「ファンド・オブ・ヘッジファンズ」と呼ばれ、彼らの価値は、投資対象に足るヘッジファンドの選別にある。また、投資家の資金を預からない立場で、投資家にとってどのヘッジファンドに投資すべきかアドバイスをする投資助言会社という立場もある。このようにヘッジファンドを選別する役割をゲート・キーパーと呼ぶ。

ゲート・キーパーはまずはヘッジファンドのデーターベース（自社構築が多い）から定量的スクリーニングによって投資対象を絞り込み、定性判断を加味して投資適格なヘッジファンドを選定する。

定量評価……月次パフォーマンス推移、年平均リターン、収益の振れ幅（標準偏差）、株や債券等の金融資産の相関、最大損失とそこから収益回復するまでの期間（最大ドローダウンとリカバリー月数）

定性評価……ヘッジファンドのマネジャーかカスタマーリレーション（投資家対応部隊）とのインタビュー、投資戦略の評価、リスク管理体制、ファンドストラクチャーの分析、法令遵守体制の評価

パフォーマンス評価には次のような指標が用いられる。各々の指標は、平たく言えばとったリスクに対してどの程度のリターンが取れているかを示すのであるが、一口に「リスク」と言ってもその定義は各種あるため、次のように各種指標を活用して総合的に判断す

ることになる。

シャープ・レシオ……リスク（ばらつき・標準偏差）に対する平均リターンの割合
ソルティノ・レシオ……ファンドが下落するリスクに対する平均リターンの割合
カルマー・レシオ……最悪の場合（ドローダウン）と平均リターンを比較した割合
超過リターン対バリュー・アット・リスク・レシオ……ある確率（たとえば99％）で発生する最大損失を示すＶａＲ（バリュー・アット・リスク）に対する超過リターンの割合

その他、各パフォーマンス指標については、図表21の通りである。

選定した後は、リスク管理とモニタリングを行い、ヘッジファンドの監視を行う。

モニタリング内容……想定収益とリスクの範囲内か、市場との相関に変化がないか、日次や週次の振れに不自然な点がないか等を確認する。

また、ヘッジファンドの内容を投資家にレポーティングするのもゲート・キーパーの役

●ある確率p%(たとえば99%の確率)で発生するリターンの状況のなかで最悪なリターンをz示す「バリュー・アット・リスク(VaR)」に注目したリスク評価尺度

基本型	超過リターン対バリュー・アット・リスク比	$(r^a - r_f)/VaR_{Zp}$	Dowd[1999]参照
条件付き	コンディショナル・シャープ・レシオ (Conditional SR)	$(r^a - r_f)/CVaR_{Zp}$	Agarwal & Naik [2004]参照
修正型	修正シャープ・レシオ (Modified SR)	$(r^a - r_f)/MVaR_{Zp}$	Gregoriou & Gueyie [2003]参照

(注) ra: 平均リターン$=\frac{1}{T}\sum_{t=1}^{t} r_t$

rf: 無リスク資産のリターン

σ: リターンの標準偏差$=\sqrt{=\sum_{t=1}^{T}(r_t - r^a)^2}$

LPM_n: 目標リターン(γ)を下回るリターンのn次平均 $=\frac{1}{T}\sum_{t=1}^{t}\max\{\gamma - r_t, 0\}^n$

HPM_n: 目標リターン(γ)を上回るリターンのn次平均 $=\frac{1}{T}\sum_{t=1}^{t}\max\{r_t - \gamma, 0\}^n$

D_K: k次(1次:最悪、2次:2番目、……)の最悪リターン(Drawdown)

VaR_{Zp}: 確率p%(例:99%確率)で発生するリターンの中で最悪なリターン$=-(ra + Zp\sigma)$

Z_p: p%の確率で発生し得るリターンの中で最悪リターン値を示すσ(標準偏差)の倍率

$CVaR_{Zp}$: VaR_{Zp}を下回るリターンの平均$=E(-r_t r_t \leqq VaR)$

$MVaR_{Zp}$: VaR_{Zp}に歪度(Skewness)、尖度(Kurtosis)も考慮したもの

$$MVaR_{Zp} = -\left[r^a + \sigma\left\{Z_p(Z_p^3 - 1)\frac{S}{6} + (Z_p^3 - 3Z_p)\frac{E}{24} + (2Z_p^3 - 5Z_p)\frac{S^2}{36}\right\}\right]$$

S:歪度(Skewness): $\frac{1}{T}\sum_{t=1}^{t}\left(\frac{r_t - r^a}{\sigma}\right)^3$

E:超過尖度(Excess Kurtosis): $\frac{1}{T}\sum_{t=1}^{t}\left(\frac{r_t - r^a}{\sigma}\right)^4 - 3$

出所:Eling[2008]等から作成

図表21　いろいろなパフォーマンス評価尺度

シャープ・レシオ (Sharpe Ratio: SR)	$(ra-rf)/\sigma$	Sharpe[1966]、Sharpe[1994]参照

●目標リターンを下回る部分（下振れ部分）のみに注目したリスク尺度（LPM; Lower Partial Moment）を用いた評価尺度

1次	オメガ (Omega)	$1+(r^a\gamma)/LPM_1(\gamma)$	Shadwick & Keating[2002]参照
2次	ソルティノ・レシオ (Sortino Ratio)	$(r^a-\gamma)/\sqrt{LPM_2(\gamma)}$	Sortino &Van der Meer[1991]参照
	アップサイド・ポテンシャル・レシオ (Upside Potential Ratio)	$HPM_1(\gamma)/\sqrt{LPM_2(\gamma)}$	Sortino & Van der Meer & Plantinga [1999]参照
3次	3次のカッパ (Kappa 3)	$(r^a-\gamma)/\sqrt[3]{LPM_3(\gamma)}$	Kaplan & Knowles [2003]参照

●最悪（Drawdown）なリターンの状況に注目したリスク評価尺度

最悪	カルマー・レシオ (Calmar Ratio)	$(r^a-r_f)/(-D_k)$	Young[1991]参照
平均	スターリング・レシオ (Sterling Ratio)	$(r^a-r_f)/\left(\frac{1}{K}\sum_{k=1}^{k}(-D_k)\right)$	Kestner[1996]参照
標準偏差	ブルケ・レシオ (Burke Ratio)	$(r^a-r_f)/\sqrt{\sum_{k=1}^{k}(-D_k^2)}$	Burke[1994]参照

割である。

❖10万本以上のデータベースから

一例として、投資助言会社であるヘッジファンドダイレクトでは、個人投資家に推奨するヘッジファンドを選ぶ際には、世界中の10万本以上のファンドデータをカバーしたデータベースを基に、中立・独立の立場で、投資家にとって一番良い投資機会を提供している。ファンドから販売手数料や広告費等を受け取らず、あくまで投資家の立場のみに立ち、ファンドの選別を行っている。

世界に存在しているファンドのわずか6%しか日本に流通していないが、残りの94%をカバーする各国のファンドデータと連携する独自データベースを構築。各国ファンド業界との緊密なネットワークと専門性を武器に独自アルゴリズムが個人投資家を支援する仕組みである。その結果、個人投資家は超富裕層・機関投資家級の投資判断力を得ることができる。

❖過去の運用実績から、将来成果を出す優秀なファンドを選べるのか？

「過去の運用実績やデータを分析して、将来の運用成果を予測したり、優良なファンドを事前に選別することはできない（したがってインデックス投資をすべき）」と主張する人がいる。その根拠としてよく言われるのは以下の通りだ。

アクティブファンドが全部で100本あるとして、過去3年間で成績優秀だった上位ファンド群と成績が悪い下位ファンド群に分けてみる。その後の6年間の成績を見てみると、上位ファンド群のいくつかのファンドは下位に落ち、下位ファンド群のいくつかのファンドは上位に上がるという結果が出た。この事実から、ファンドの過去実績と、その将来の実績は関係ないと見做し、したがって、「優秀なファンドを事前に見抜くのは不可能である」という話である。

これは何やらもっともらしく聞こえるが、こういう話と一緒である。

クラスに100人の小学生がいるとして、偏差値最高峰の開成中学に入学した子供群と、偏差値下位の中学に入学した子供群に分けてみる。その後の6年間の成績を見てみると、開成出身者のすべてが必ずしも偏差値上位の大学に進んだわけではない。他方で、下位の中学校に入学した子供たちの何名かは東京大学に行った。この事実から、「学業優秀な学生を事前に見抜くのは不可能である」。

両者とも、事実から導かれる解釈に問題がある極論・屁理屈であり、調査・分析の努力の放棄であろう。よい母集団の中から精査をするというプロセスを得た上で優秀なファンドを見極めることは、不可能なことではない。

❖ヘッジファンド・マネジャーの学歴

イェール大学のジューディス・シェバリエ教授とMITのグレン・エリソン教授によるアメリカ投資業界に関する実証研究によると、ファンドマネジャーが卒業した大学の偏差値（SATスコア）が高いほど、投資成績が良くなるという。理由は、「勤勉さ」と「人脈」とされ、これは投資業界では「SAT効果」と呼ばれている。

ハーバード大学のクリストファー・マロイ教授の実証研究によると、投資業界では、ハーバード大学が2位に2倍の差をつけて一番有利であるとした。

07. 個人が年利10％で運用する投資法との比較

これまでの考察の中で、投資を行うとして、資産運用を他人に任せるなら、過去運用実績で選ぶべきであり、その場合は、継続的に過去10年間年利10％以上の実績があるファンドや投資サービスが日本にはないため、消去法的に海外のヘッジファンドを選ばざるを得なくなる。そのような論理展開のもと、ヘッジファンド投資が合理的な選択肢であるとして本章まで話を進めてきた。

他方で、「自分で運用」して安定的に年利10％を達成したいと思われる向きもあるため、巷の投資手法について検討を加えていこう。

❖不動産投資で継続的に年利10%を目指す

自分で売買する投資法の代表的な例が、一棟マンション購入等の不動産投資である。銀行からの借り入れが容易で投資にレバレッジが効くこと、減価償却を落とせるため節税になるという2点において、有効な施策である。

書店には「不動産投資で年収1億円」などというタイトルの本が並んでいるが、年収1億円から各種諸コストを引いた実質手取りが記載してある本は少ない。不動産投資業界では「表面利回り10%は、実質手取りで3%程度」とも言われる。それは、法人における法人税や、個人における所得税、購入時の諸コストや、保有期中の税金、購入した瞬間に価値が下がる不動産を売却した際の譲渡損益を考慮すると、そのような数値に落ち着くからである。

個人投資家で多いのが、表面利回り10%の築古中古アパート一棟を購入したものの、物件を売却した際に買値より下がっており、それまでため込んだキャッシュフローを全部吐き出すほどの売却損を出すことである。

純収益（NCF　運営収益から費用を引き敷金等の運用益を加算）を還元利回り（キャップレート）で割り戻したものが収益価格となるが、大和不動産鑑定によると、2016年において、都心部のオフィスでは3～4％台が目安となる。賃貸マンションでは東京都心部で4～5％台となる。これが不動産価格の目線であるから、不動産投資において純利回り10％以上は困難と言える。

もちろん、自己資本を少なめにして銀行借入でレバレッジをかければ、一見、投資利回りが高く出る。たとえば、1億円の不動産から年間300万円の賃料があがるとして（年リターン3％）、物件価格1億円のうち、3割を自己資金、7割を借入で賄った場合、自己資金3000万円に対しては利回り10％が出る計算になる。

ただし、レバレッジをかけて出た投資利回り10％と、ヘッジファンドに無借金で投資して得られた投資利回り10％とは単純に比較すべきではない。

また、不動産をタイミング良く安く買って高く売れば儲かるだろうと思われるかもしれない。安く仕入れた築古案件を再生転売するバリューアップや、土地から建物を開発するという手法があるが、これはもはや投資の領域を超えた不動産事業そのものである。これが実はいかに難しいか、という話として不動産業界で伝わる逸話がある。

まず、日本で不動産の売買（短期売買）で長期的に成功した新興業者はいない、という。なぜなら、すべて1990年代初頭のバブル崩壊で資金繰りが悪化して消えていったからである。生き残ったのは、森ビルのようなビル賃貸業や、不動産の価格変動リスクをとらず、それを投資家に転嫁できた仲介業だけである。

次に、バブル後、2005年の東京ミニバブルを乗り越えて、日本の新興開発業者で成功した業者はいない、という。なぜなら、金利が安いときには銀行融資が出るため積極的に土地を買い進めることができ、新興ディベロッパーの起業が相次ぐが、金利が上がった途端に不動産価格が下がり、不動産価格が下がると銀行は融資を絞るから、資金ショートによるサドンデスが訪れる。そのような中、三井、住友等の銀行と結託している財閥系大手は、破綻した新興不動産会社が持っていた優良な資産を底値で買うため、さらに財閥系は繁栄していくという話である。

つまり、景気サイクルの波乗りを、ローンを使ってサバイバルすることの難しさがこの逸話にあるのである。ローンを引きながらバリューアップや短期売買、開発に携わるのはプロの不動産業者でも勝ち目が薄いとされている中で、個人投資家が手がけるには荷が重いと言えるだろう。

では、優良な一棟マンション・アパートを保有して長期的に賃料収入を手に入れるインカムゲイン投資はどうか？

この点については、不動産を長期投資することのリスクは、従来では考えられないほど上昇しているため、過去の成功法則は通用しない。過去10年間で土地価格と人口の両方が増えたのは47都道府県で唯一東京だけである。固定資産税と都市計画税は毎年約１・７％であるから、地価が上昇しない限り、持っているだけで評価額の▲１・７％の損が出る。

そして、これからは東京の人口も減っていく。２０１６年の東京の人口は１３６１万人だが、２０２０年から減少トレンドになる。区による格差はすでに広がっており、厚生労働省人口動態統計によると、新宿区、豊島区、杉並区、足立区、北区、葛飾区、大田区ではすでに、人口（出生人口－死亡人口）が減っている。

さらに、国土交通省の試算した、首都圏沿線別の２００５年から２０３５年までの人口増加率データによると、現役世代であるところの生産年齢人口が増加するのは東急田園都市線だけである。東西線は▲14・３％、小田急線は▲19・３％、中央線（五日市線・青梅線）は▲20・９％、日比谷線（東武伊勢崎線）は▲36・１％だ。

東京23区の空室率はすでに34％。３戸に１戸が空家という過剰供給状態である（トヨタ系不動産調査会社タス調べ）。それにも関わらず、他の先進国と異なり、住民の数に応じて新築する建物の数を制限する規制が日本にはないため、人口が減るにも関わらず新築が毎年100万戸も建ち続けることになる。野村総合研究所によると、2033年の全国の空家は約2000万戸と推定され、現在の東京都民がまるまる収容できるほどの空家が日本中に溢れ返ることになる。

その中で、不動産投資家・大家であるあなたの投資物件は、本当に選ばれるのであろうか。もはやピカピカ立地のエリート物件しか家賃を稼げない時代である。

不動産の資産の入れ替えと言えば、「田舎の土地から都内のタワーマンションへ」という形で不動産から不動産への入れ替えを不動産業者から勧められるものである。不動産が趣味で好きな人ならそれでよい。しかし、実質的な資産（将来の購買力）を増やしたいなら、手元不動産を売却して、ヘッジファンド等の他の高利回りアセットクラスに転換するのも1つの防衛策と言えるだろう。

❖高利回り債券で年利10％を目指す

『日本経済新聞』等に「年利率９・62％期間３年、円貨決済型ブラジルレアル建て社債（２０１５年発行）」という高利回り債券を販売する証券会社の広告が掲載されることがよくある。

社債という仕立てになっているが、要は新興国の国債の高利回りを享受しようという商品だ。

これは一見高い利回りに見えるが、運用終了時点の為替差損（２０１１年～２０１６年の５年間でブラジルレアルは約40％下落）で結局、利益にならない可能性も高い。金利平価説に立てば、高金利通貨（レアル）は低金利通貨（円）に対して金利差分だけ弱くなるというわけだ。またそれ以外にも、証券会社の両替手数料（約４％）も大きく、トータルで利益が出ない可能性は高いだろう。そもそも同国の通貨が将来下落する可能性が高く、国の信用力が低いからこそ（信用リスクが高いからこそ）、高い債券利回りで販売されているわけだ。

同じような話として、「カンボジアの米ドル建て定期預金が年利６％」という話がある。これは金融リテラシーが低い層を狙った儲け話の１つで、「定期預金」という言葉に安全性を感じてしまう日本人だけが関心を持つ代物として知られている。常識のある人なら誰でも知っているが、カンボジアという国はムーディーズの格付けで「ＮＯＴ ＰＲＩＭＥ」（投資不適格）、つまり信用リスクが高く、預けたお金が返ってくる可能性が低いとされているわけだ。わざわざ自分の現金を危険エリアに拘束された上で、全損する危険を冒してまで年６％のリターンを取りに行く行為は、まったくリスク・リターンが見合わないと言えるだろう。

❖太陽光発電で年利10％を目指す

「太陽光発電で単年度利回り10％。20年間電力買取保証」という話がある。太陽光発電は初期投資として借地に設備を建てる場合が多いが、20年後には設備は老朽化した上で、土地を返すことになる。これは結局、「年10％の社債を購入したが、20年後にその会社が破綻して元本がゼロになった」ということと同じである。

元本に対して単年10％のキャッシュフローが20年間出て、手元に投資額に対して２００％の現金が残ったとしても、20年間の年平均リターンは３・５％（複利）にしかなっていないわけである。

新興国債券にしても、不動産投資にしても、太陽光発電にしても、投資は出口時点におけるインカムゲインとキャピタルゲインの合計によって儲けが決まるが、多くの投資家が入口で片方しか見ていないのである。結局、儲かるのは入口の物件販売で手数料を得た証券会社や不動産販売会社だけであろう。

❖節税で年利10％を目指す

日本はＧＤＰ対比の債務という面で、先進国で一番財政が悪化しているため、不可避的に増税が進行するトレンドになっている。税金を決めるのは政治であり、政治は大衆の意向で決まる。大衆は富裕層に矛先を向けがちである。

２０１６年現在、個人にとっては住民税と復興税を含めて最高税率は56％、相続税は55％で、フローとストックの半分以上が没収されることになる。

実は、給与所得者のわずか5・5％（給与所得900万円超）の人が、所得税全体の53・8％を払っている。さらに、給与所得500万円超に相当する約27％の人が、所得税全体の80％を払っている。

言うなれば、給与所得者の約73％の人は、所得税をわずか20％しか負担していないわけで、1人の高額所得者に残りの3人が頼り切っている構造である。

こうした状況の中、努力して財を成した富裕層や勤勉な高額所得者の間では、不公平感が強まっている。

そこで「半分も取らずに、せめて25％くらいにしてくれないか？」と税金を「半分」にするために資産家は頭を悩ませる。資金を2倍にするには年率10％で7年運用すればいい。言葉遊びであるが、7年かけて税金を半額にできたら利回り10％を実現したのと同じだと考えて、ここでは節税について考えてみよう。

まず資産家は相続税対策を行う。特に都心のタワーマンションを買って相続税評価を下げようとしている。ざっと7割から8割ほど評価額を下げることができる。新聞では税務署による「タワマン節税封じ」が報道され、世間は大いに溜飲を下げているわけだが、計算してみると明らかなように、規制によって節税効果は封殺されておらず、いまだに有効である。タワーマンションのほかに、銀座や表参道等の一等地は相続税対策に向いている。ソフトバンクの孫正義氏でさえ、相続税対策のために銀座のティファニービルを３２０億円で買ったのだと報道されている。

なお、資産家の中には海外に資産を移そうという動きがある。２０１１年にはユニクロの柳井正氏がオランダの資産管理会社に自社株を移した。２０１２年から株式売却益に対する増税が決定したからであろう。そのような中、政府はこの流れに歯止めをかけようとしている。

- ２０１４年１月１日「国外財産調書制度」（「５０００万円超の国外財産についての申告制度」）の創設（刑事罰あり）
- ２０１４年７月　国税庁　富裕層対策プロジェクトチーム発足
- ２０１４年10月21日　税制調査会の第５回基礎問題小委員会に、個人富裕層が日本を出国し非居住者となる際に保有する株式等の含み益に課税する「出国税」のプランが財務省より提出される
- ２０１５年１月19日「海外の口座情報監視」について『日本経済新聞』の報道「ケイマ

ン・BVI法人を使った節税・脱税に関する捕捉の強化」
・2016年1月から、財産債務調書の作成義務づけ

相続税をゼロにするためにシンガポールに移住する人も以前はちらほらいたが、現在は親子共に10年以上外国に住まないと相続税が免除されない方向で2017年度税制改正大綱の検討を進めているため、資産家の海外移住ブームは一服したと言える。節税のためシンガポールに移住したある資産家は、「暇すぎて牢屋のようだ」と漏らしていた。

また、2010年代になると、たとえ合法的な節税であっても世間からバッシングを受けるようになった。スターバックスやグーグルの国際租税回避スキームがやり玉にあがりだしたのである。

日本でも、ユニクロの柳井正氏が資産を海外に移転した矢先に、世間からブラック企業扱いされて叩かれ出したり、若い起業家も上場や企業売却の前後でシンガポールに移住したとなれば、世間からあることないことを言われて叩かれることになるので、「金のためには世間をも敵に回す」という意思決定が必要で、それは非常に重い決断になる。

現在の日本の税制では、有能な人材が日本で起業し、日夜汗水たらして頑張って成功し

た結果、儲けが出ても法人税で半分取られて、会社から自分に支払われる役員報酬や、自分の会社の配当にまで再び税金を半分もかけられる。その会社を事業継承すると、また半分を相続税で持っていかれるわけである。

したがって、優良資産に投資をして、年利10％で運用して資金を倍増させておかない限り、日本では手元現金がなかなか増えないと言える。投資でお金を増やす分には文句をつけてくる人はいない。そこで次はいよいよ過去実績で年利10％以上10年の実績のあるヘッジファンドを日本居住の個人投資家がどのように購入するかについて解説する。

08. ヘッジファンドを購入する3つの方法

❖いつでも買えるわけではない

世界には10万本以上のファンドがあるが、実績のある優秀なヘッジファンドは数えるほどしかない。優秀なファンドには投資をしたがる投資家が殺到するため、運用効率の問題でファンド側がクローズしてしまい、新しく投資ができなくなることもしばしばである。

したがって、長期保有に適した質の良いヘッジファンドを見つけたら、時期を逃さずに投資をするのが得策と言えよう。

ヘッジファンドの買い方は、以下の3つである。

①証券会社を通じて、国内投資信託として組成された商品を買う
②プライベートバンクの投資一任を通じて、海外ヘッジファンドを買う
③中立的な専門家である投資助言会社を利用して、海外ヘッジファンドを直接買う

❖国内証券会社を通じて購入する方法

２０１５年10月14日付の『日本経済新聞』には「この夏以降の波乱相場でヘッジファンド型商品の投資信託の健闘ぶりが目を引いた」「オルタナティブ商品を加えることで、リスクを下げてリターンが上がる」との記事が出ており、図表22の通り、ヘッジファンドをポートフォリオに加えることでリスクが下がることを示したグラフと共に、代表的な国内投信のヘッジファンド一覧表が掲載された。

この表に掲載されているような日本の証券会社や銀行で買えるヘッジファンドは、「輸入ヘッジファンド」か「和製ヘッジファンド」のどちらかである。

「輸入ヘッジファンド」とは、海外の著名ヘッジファンドを日本の投信形式に仕立てたも

図表22　代表的国内投信ヘッジファンド

●波乱相場の中で健闘した主なヘッジファンド型投信

ファンド名（運用会社）特徴	8月の基準価格騰落率	信託報酬	純資産残高
ノムラ・グローバルトレンド 円・年2回決算（野村アセット） 世界の株、債券、コモディティー等の先物投資で相場トレンドを追随	4.2%	3.3%	45億円
サイエンティフィック・エクイティ・ファンド（ブラックロック） 割安銘柄を買い割高銘柄を売る戦略。対象は主にアメリカの別銘柄	2.3%	2.7%	26億円
野村グローバル・ロング・ショート（野村アセット） 世界の株価指数先物、債券先物に投資。ネット証券専用で販売手数料は無料	0%	1.7%	9億円
下値抵抗力日本株ファンド（シンプレクス） 親子上場で割高な親（子）会社を売り割安な子（親）会社を買う戦略	-0.5%	1.9%	2億円
AR国内バリュー株式ファンド（みずほ投信） 資産の最大2割を中小型の割安銘柄に投資、下落局面では積極的に先物を売る。ネット証券専用	4.5%	1.3%	1億円

●代替投資を加えるとリスクが下がり、リターンが上がることも

（資産別のリスクとリターン、出所は三菱UFJ信託銀行）

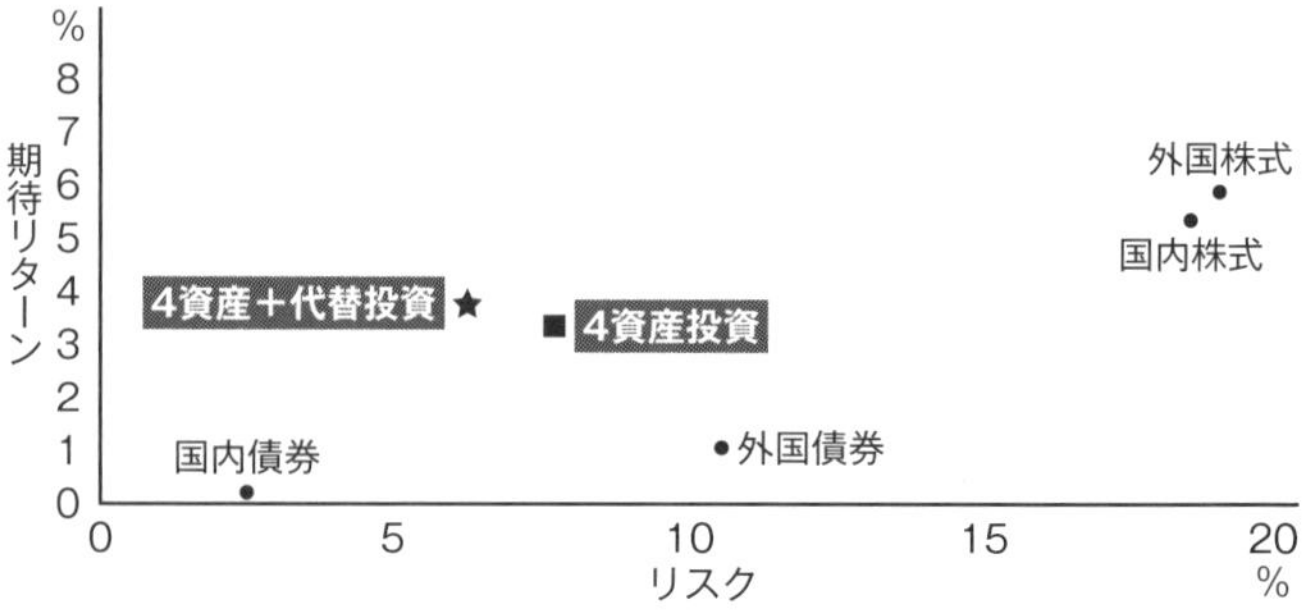

出所：2015年10月14日付『日本経済新聞』

のを、国内の証券会社で購入する方法だ。野村証券、三菱ＵＦＪモルガン・スタンレー証券で扱いがある。近年は、日本の証券会社による回転売買の横行を嫌気して、海外ヘッジファンドは日本の証券会社にリテール商品として卸すことを控えているため、なかなか魅力的な商品がないのが難点と言える。他方で最低投資単価も３００万円程度と低く、買いやすいのがメリットだ。

ただし、せっかくのヘッジファンドのリターンが投資家の手元に来るまでに毀損していることに留意したい。

元々の優秀なヘッジファンド（海外籍）は「マザーファンド」と呼ばれるが、これを国内籍の投信にする際には「フィーダーファンド」と呼ばれるビークルを創り、そのビークルを通じて、元々のマザーファンドに投資する形態をとる。その際に、たとえば、マザーファンドの手数料控除後の年10％のリターンがあるとしても、中間に介在するフィーダーファンドのコストとして年２％を負担して投資せざるを得ないので、投資家の手数料控除後のリターンは８％になってしまうわけだ。そして、このフィーダーファンドを日本の証券会社が販売する場合には購入手数料３％を取るから、マザーファンドが年利10％の実績だったとしても、投資家の手元には結局、５％しか残らないということになる。

つまり、「輸入」の過程の中で中間業者に利益を取られてしまうため、最終需要者である投資家の手元に届く際には、低リターンになってしまい、「コスト控除後の高リターン」というマザーファンドの本源的価値が、日本人投資家の手に渡る頃には大幅に毀損されているわけだ。

また、国内証券会社で扱う「ヘッジファンド型投信」というものがある。これが「和製ヘッジファンド」である。これは海外の優秀なヘッジファンド・マネジャーが運用している商品ではなく、日本人の運用業者が「ヘッジファンド風に相場の上げ下げとは無関係に利益を上げようとしています」という商品であり、運用実績が良いとは聞かない。

そもそも日本で販売されている投信で過去10年以上年率10％以上のファンドはゼロであるから、そこを母集団として調査を深掘りしたところで、あなたの利益にはつながらないだろう。

簡単に言えば、「輸入ヘッジファンド」はリターンが低く加工されており、「和製ヘッジファンド」はリターンがもともと低いということだ。

なお、本書でヘッジファンド投資の魅力を語る際には、これらの「和製ヘッジファンド」「輸入ヘッジファンド」は含めておらず、「海外ヘッジファンド」のことを指していることにご留意いただきたい。

❖プライベートバンクを通じて購入する方法

日本のプライベートバンクでは、クレディ・スイス証券（口座開設は10億円以上から）、ＵＢＳウェルス・マネジメント（口座開設は2億円以上から）が人気である。このような在日本の外資系証券会社は差別化のためにグローバル感を出しているが、日本の金融庁管轄である以上、取り扱う投資信託については、他の証券会社と変わらない。

したがって、「和製モノ」や「輸入モノ」の投資信託を買うだけであれば、プライベートバンクを利用するメリットはない。では何がメリットかと言えば、プライベートバンク（外資系証券会社の日本支店）での投資一任勘定の中で、株式や債券等に加えて、「生」のヘッジファンドに投資することが可能であるということだ。

ただし、難点は２つある。１つ目が、最低投資単価が数億円以上と敷居が高いことである。２つ目に利益相反である。プライベートバンク側に手数料を払ってくれるヘッジファンドだけを投資家に勧めているプライベートバンクも一部にあるため、単に手数料稼ぎの提案ではないかどうか、投資家サイドでは注意が必要と言える。

❖投資助言会社を活用して購入する方法

ヘッジファンドを購入するための3つ目の方法は、中立的な専門家である投資助言会社等のサポートを活用して、海外の「生」のヘッジファンドに直接投資する方法である。前記2つの方法と異なり、ヘッジファンド側から何らの手数料を受け取らない中立的な立場からの提案である点がメリットだろう。また間に介在する証券会社等を中抜きするため、1つ目、2つ目の場合に比べて、投資家にとってコスト・メリットがある。

富裕層向けに海外ファンドを助言する投資助言会社としては以前はピクテが営業していたが、業績悪化で撤退、現在はヘッジファンドダイレクトが業界最大手である（2016年1月15日現在の金融庁公表「金融商品取引業者登録一覧」において投資助言・代理業に専業登録している業者のうち、個人向けに海外ファンドを助言対象とし、かつ1000件以上の投資助言契約を有する国内所在の大手企業各社の投資助言契約額・顧客数を調査2016年2月 TPC調べ）。

ヘッジファンドダイレクトで推奨しているヘッジファンドの最低投資単価は１０００万円と、敷居も低くなっている。

❖同じヘッジファンドでも購入方法によって投資家の手取りリターンは変わる

ヘッジファンドの購入ルートによって、投資家の手取りリターンは大きく異なる。そこで、この３つの購入方法でどれが投資家にとって金銭的にメリットがあるか比較してみよう。

結論から言えば、投資助言会社の支援を受けてヘッジファンドを直接購入する場合が、投資家は一番儲かる。

まず、直接購入と証券会社を介して購入する場合を比較しよう。

手数料控除後に年利10％のリターンを出す海外ヘッジファンドがあった場合、証券会社を介した場合には、日本国内の投資家の手元に残る利益は年３・５％程度になるのが相場である。これは、直接投資をした場合の手取りに比べて、なんと半分以下となる。図表23の通りである。

図表23　海外ファンドへの直接投資のメリット

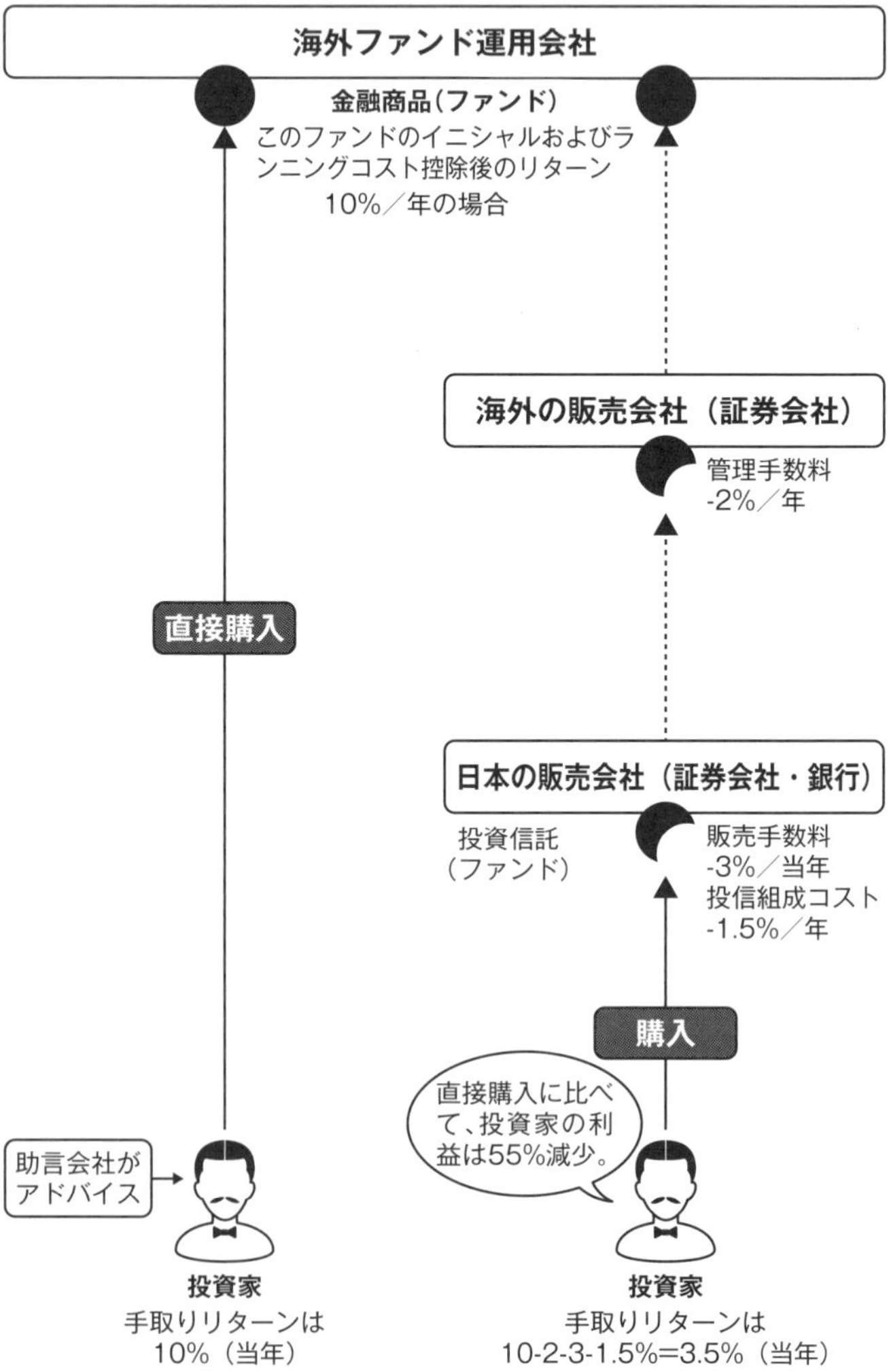

個人投資家が直接投資をする場合には、国際金融の専門知識が必要となるため、それをサポートする投資助言会社等を活用することになり、その場合は投資助言手数料等が発生する。助言手数料は各社によって異なるが、まずはヘッジファンドダイレクトが投資助言対象としている実際のヘッジファンドを例にして、同一のヘッジファンドを購入するにおいて、投資助言会社・国内大手証券会社・外資系プライベートバンク国内支店を使った場合を実際の数値を例に出して比較してみよう。

- 大手証券会社は国内投信形式（和製ヘッジファンド）で販売していた。投資家がオリジナルのヘッジファンド（生ファンド）に投資する場合に加えて、この和製ファンドでは3年間で12・72％の手数料がオンされる
- 国内プライベートバンクや機関投資家は、主に欧州系銀行が組成したベビーファンドを通じてヘッジファンド（生ファンド）に投資をしていたが、その場合は、3年間で10・34％の手数料がオンされる
- ヘッジファンド（生ファンド）への直接投資を助言していたヘッジファンドダイレクト経由の場合は、助言手数料その他イニシャル費用等の合計は3年間で5・835％の手

数料がかかる

つまり投資家からすれば、投資助言会社を活用した場合だと、大手証券会社対比で6・835%、プライベートバンク対比で4・506%も手取りが増えて儲かることになる。

個人投資家が投資助言会社のサポートを受けながら直接投資を行うのは、いわゆる中間業者を排除した流通革命のイメージだ。従来は大手証券会社に半分取られていたお金を、リスクをとった自分が取り戻すことができるのである。

COLUMN 3.

新しいビジネスモデルで日本に変革を（２００８年〜）

「ＹＵＣＡＳＥＥ（ゆかし）」会員からのニーズに応じて、２００８年から始まったアブラハム・プライベートバンクの海外ファンド助言事業は、富裕層を中心に顧客からの支持を得て急成長した。

契機としてはリーマン・ショックがある。日本の富裕層は大手証券会社に頼っていたが、金融危機で損を抱えており、日本の金融機関では入手できない、下落相場でも利益が出る海外ファンドでの資産運用が熱望されていた。

他方で、従来は日本の個人投資家など眼中になかった海外ヘッジファンド側も、リーマン・ショックを経験して、機関投資家だけではなく、個人投資家にも目を向けるようになっていた。機関投資家と個人投資家では投資傾向は異なるし、欧米とアジアでも投資傾向は異なる。資金ソースの多様化・分散化を図るヘッジファンドらは、機関投資家とは異なる長期投資主体であるところの個人投資家の重要性を再認識し、日本の個人投資家に対しても門戸を開こうという機運が生まれてきた。

日本の富裕層と海外のヘッジファンド。日本最大級の富裕層限定コミュニティ「ＹＵＣＡＳ

EE（ゆかし）」を通じて、おそらく日本で初めて、お互いがダイレクトに結びつくようになった。

開始するや否や、海外版『ウォール・ストリート・ジャーナル』や『ロイター』等で当社を知った海外ファンド会社から問い合わせが相次いだ。日本では手に入らない貴重なファンドの情報があれば、国内では口コミで富裕層の会員が集まる。富裕層会員の資産額は登録ベースで1兆円に到達した。日本最大級の富裕層が集まるプライベートクラブがあるとなれば、さらに世界中からファンドの情報が集まってくる。ポジティブ・フィードバックが回りだした。投資助言残高は急成長、個人向けの海外ファンド専門の投資助言会社としては国内最大規模になった。

富裕層のお客様は「ここはまるで長崎の出島だね。金融鎖国の日本にはない本当に投資家のためになる情報がある」と当社を買ってくださり、事業を行う自分たちも、日本の投資家のためという使命感を持って日々業務に打ち込んだ。

監査法人トーマツが主宰する急成長テクノロジーベンチャーを表彰する賞である「デロイト トウシュ トーマツ リミテッド　日本テクノロジー Fast50」において、直近3年間の売上高成長率119％を記録し、国内20位を受賞した。2011年の12位に続く、2年連続の受賞となった。大手証券会社からの転職者も増え、当社の業容も拡大していった。

富裕層の間で知名度を高めていった当社であったが、一般的な認知が広がったきっかけは『週刊文春』であった。２０１２年５月に同誌が『月10万円から始める「資産１億円」への道』というタイトルで特集をしてくれたおかげで、従来顧客であるストックを持つ富裕層ではなく、フローを持つ高額所得者からの反響が殺到した。

そこで10万円から５万円に下げて、「月５万円で１億円」というキャッチコピーで、30代・40代をターゲットにして、海外ファンドで長期分散投資しながら毎月積立をする仕組みである「いつかはゆかし」というサービスを２０１２年10月にリリースした。

債務超過の日本において、国民の９割が将来の年金に不安を持っているという調査があった。老後に必要な資金は１億円と言われていた。１億円は月５万円を年利10％で30年間運用すれば達成できる計算である。しかし、日本には年利10％の長期実績がある商品がない。ところが、海外には年利10％以上の実績のあるファンドが存在している。そこで、海外の優良ファンドを組み入れたポートフォリオに毎月５万円ずつ積立投資をすることで、将来の１億円を目指そう。１億円貯まれば、富裕層限定「ＹＵＣＡＳＥＥ（ゆかし）」にも入れる。「いつかはゆかしに入れたらいいね」、そういうコンセプトであった。

私たちは、「いつかはゆかし」を日本の年金問題という社会的課題を解決する事業と位置づけ、テレビＣＭや新聞への全面広告を含めて大々的に宣伝して浸透を図った。自分と同じ世代をターゲットにしたこの事業には気持ちも入っていた。心からこの新しいビジネスモデルで日本を変えたいと思っていた。広く一般の方の力になりたいと思ったサービスであったが、蓋をあけてみると、月５万円の積立をする余裕がある大企業社員の入会が多かった。

日本で成長したモデルを他国で横展開すべく、香港に証券子会社を新設、世界展開に向けて手を打った。

私は成長企業の経営者として様々な会合に呼ばれ、香港やヨーロッパに招待されたり、クラシック・コンサートのスポンサーを頼まれたり、サッカーチームを購入しないかと持ち込まれたりした。しかし、空高く舞い上がれば舞い上がるほど、地面に落ちたときのダメージは大きい。大きな苦難が待ち受けていた。（コラム４に続く）

日本経済新聞に掲載された全面広告

第4章

富裕層向け金融機関である
プライベートバンクと投資助言会社

01. 富裕層向けプライベートバンク

❖日本における富裕層の誕生と、プライベートバンク・ビジネス

ここでヘッジファンドに投資したい人がアクセスする富裕層向けの金融機関であるプライベートバンクと投資助言会社の日本における最近の歴史を振り返りたい。

まず、プライベートバンクの元祖はスイスである。無限責任パートナーによる銀行であるが、融資も預金もしない。日本でいう投資助言に近い。プライベートバンクは富裕層個人客との長期的なリレーションシップを取り安定的に富裕層の資産を運用するものとされる。その後、欧米の大手金融機関が富裕層の資産運用を行う営業部門という意味でのプライベートバンキング部門を次々に立ち上げるようになる。同業務に特化したミラボー、ロ

ンバー・オーディエ、EFG等が有名である。またグローバルな金融機関の一部門として、UBSグループ、HSBCグループ、シティバンク・グループ等でプライベートバンク業務が提供されている。

日本においては、外資系金融機関に対して日本市場への門戸が開かれた1996年の金融ビックバン（規制緩和）の時期に、米系シティバンクが富裕層ビジネス参入を企図、中小企業オーナー・富裕層にパイプを有する営業マンを地銀から引き抜き、営業力を確保して、市場プレゼンスを高めていった。

ところが、シティバンクは脱税指南や、投資信託の強引な販売を原因として行政処分を受け、2003年頃には富裕層ビジネスは日本から撤退せざるを得なくなった。最終的にシティバンクは3回の業務停止の行政処分を受けたのち、日本から完全撤退することになる。

2005年は日本の人口減少元年であった。トヨタが「一般人はトヨタ、富裕層はレクサス」とブランドを分けたことをきっかけに、日本中で富裕層ビジネスブームが起こった。「富裕層」というセグメントの登場である。

時を同じくして、シティバンクから離脱した富裕層を狙い、スイス系のUBSが富裕層ビジネスに参入。UBSは当時開設したての金融資産1億円以上限定プライベートクラブ「YUCASEE（ゆかし）」に広告を出稿する等、積極的に富裕層向けマーケティングを行うようになった。

UBSのメッセージは、「野村証券のような販売手数料目当てで、回転売買を推奨する業者よりも、預り残高に対するフィーをいただくことで長期投資をしませんか？」と促すものだった。

❖野村証券、シティバンク、UBS、クレディ・スイス

2003年の行政処分をきっかけとするシティバンクの富裕層ビジネス撤退を契機に、顧客がUBSに流れた後、2008年のリーマン・ショックによって、今度はUBSからクレディ・スイスに顧客が流れるようになる。

スイス系のクレディ・スイスはもともと1999年に金融庁より行政処分を受け、銀行免許取り消しとなり日本でのプレゼンスを失っていたが、2009年からプライベートバンキング事業を日本で開始しており、プライムブローカー業務を通じて、ヘッジファンド

情報に通じていた。

ＵＢＳはヘッジファンドの提案を積極的にしておらず、主に教科書通りの国際分散投資のポートフォリオを推奨していた結果、国内証券会社同様、ＵＢＳの顧客は損を抱えることになった。そこでＵＢＳの営業マンたちは、金融危機でも損をしなかったヘッジファンドに強いとされるクレディ・スイスに顧客を連れて移っていった。

❖外資系プライベートバンクの日本撤退

リーマン・ショック後、世界的巨大金融機関では、金融システムの安定を求める政府規制によってレバレッジを効かせたビジネスや大きく資本を使ったビジネスは難しくなった。その結果、戦略的な方向性として資本もレバレッジも使わない手数料ビジネスこそが将来有望だと結論づけられるようになった。手数料ビジネスは動いたお金に対して何％かを頂戴するビジネスで、１億円の案件も１０００億円の案件も手間は一緒である。では手数料を最大化するにはどこを攻めればいいいか？　こうして、法人向けなら大企業向けのＭ＆Ａ助言事業、個人向けなら富裕層向けプライベートバンク事業の２つが戦略的にフォーカスされることになった。

日本における富裕層ビジネス深掘りの一環として、多くの外資系証券会社が参入し競争が激しくなる中、シティとＨＳＢＣは準富裕層に向けて戦線を拡大していった。ところが、超富裕層向けとは異なり、富裕層・準富裕層に提案できる商品は、名前はプライベートバンクといえども、国内証券会社と同様の投資信託を扱うに過ぎず、商品においての差別化ができなかった。そこで、外資系プライベートバンクの多くはイメージ戦略をとることになった。

ところが、高齢の富裕層は国内大手にしっかりと囲い込まれており、比較的若い富裕層は金融リテラシーが高く、イメージよりも実利を重視するから、結局は外資系金融機関の日本法人におけるプライベートバンク部隊は、固定費（営業マンと店舗）を賄えるほどの収益を上げることができずに、経営に苦戦することになった。

２０１０年代に入ると、外資系プライベートバンクの不採算や行政処分による撤退が相次いだ。

- ソシエテジェネラル信託銀行（仏）２０１３年、三井住友銀行が完全子会社化

- スタンダードチャータード銀行（英）２０１３年、参入後２年で撤退
- 三菱ＵＦＪメリルリンチＰＢ証券（日米合弁）２０１２年、メリルリンチが株式を三菱に売却して撤退
- ＨＳＢＣ（英）２０１１年にクレディ・スイスへ事業譲渡
- ＵＢＳ（スイス）１９９９年、日本のＰＢマーケットに参入、２００２年に撤退、２００４年に再参入
- クレディ・スイス（スイス）行政処分で撤退後、２００９年に再参入
- シティグループ（米）１９８６年参入、行政処分で撤退後、個人金融部を継続、２０１１年に行政処分で撤退

この流れの中で、２０１０年代後半は資産5億円以上の顧客だけをＨＳＢＣから事業譲渡を受けたクレディ・スイスのプレゼンスが高まるに至った。

02. 富裕層向け投資助言会社

❖顧客側からフィーをもらう投資助言会社

次は投資助言会社について見てみよう。投資助言会社とは金融商品取引業者の1つで、証券会社等の販売会社（第一種金融商品取引業者、第二種金融商品取引業者）が、ファンドや発行体のために働き手数料を得るセラーズ・エージェントの業態であるのに対して、投資家側に立ち、投資家からフィーをもらいアドバイスをするバイヤーズ・エージェントの業態である。

「顧客の立場に立つ」と謳う業者の中には、ＩＦＡと呼ばれる金融商品仲介業者がいる。投資助言会社と紛らわしいが、金融商品仲介業者とは証券会社から、販売業務委託を受けて金融商品を売る歩合制営業マンという立場であり、顧客サイドではない。現在の金融商品取引法の枠組みの中では、中立・独立に投資家サイドに立つバイヤーズ・エージェントを生業にしているのは投資助言会社だけである。

投資助言会社は、投資信託・ファンドを投資家に提供する運用会社を選別する立場であり、運用会社側から金銭を受領できない。

ただし、ここまで明確になったのは、金融商品取引法上の規制が明確になった2014年6月以降のことである。2014年より以前は、投資助言会社がファンドから手数料や広告費をもらってはいけないという禁止規定がなかったため、各社判断はまちまちで、むしろファンド会社から何かしらの金銭を受領する投資助言会社が一般的でさえあった。

後述するが、後にここが大きな問題となる。

❖外為法改正により個人投資家の海外ファンド購入解禁

さて、改正外為法によって日本人が海外のファンドを購入することが解禁されたのが1998年である。いままで鎖国状態だった日本の富裕層は、海外の優良ファンドの実績を見て、こぞって海外ファンドを求めるようになった。この流れの中で、海外の金融商品を扱うことを専門にした投資助言会社が50社ほど登場した。海外ファンド専門の投資助言会社のオーナーは主に英国系であった。日本の金融商品の開発力よりも30年ほど先行していた欧米の洗練された金融商品を、鎖国から開国したばかりの日本に持ちこめば商売になると考えたわけだ。

❖日本人には世界の金融商品が届かない仕組み

ところが金融ビッグバンで日本人による海外ファンド購入が解禁されてから9年近くたった2007年になっても、まだまだ日本は鎖国状態であると識者に指摘される状況であった。

その年に書かれた大前研一氏の著書『大前流心理経済学』の中の「国民が金融商品情報から隔離されている」という章の中に、次のような指摘がある。

「国民が金融商品に対する情報から隔離されていることが挙げられる。現在の外為法では、日本人は海外でどれだけ資金を運用しても構わないことになっているが、現実にはそれを実践している個人はほとんどいない。（中略）外資ファンドに資金が集中してしまうと日本経済が破綻するため、財務省や金融庁によって、オフショア市場や外資ファンドに対するリスクが盛んに強調され、国民に対して『手を出さないように』啓蒙しているのである。この行為はほとんど詐欺的だ。（中略）当然国民は『海外での運用は自由だ』と言われてもシュリンクしてしまう」

「また財務省と金融庁による外資系金融機関への指導や規制も強い。資格を持たない人間が、特定のファンドや金融商品を勧めるような記事を書いたりテレビなどで発言すれば『免許もないのに勧誘している』と誤解され、すぐに警告を受ける。こうした指導や規制によって、日本人には世界の金融商品が届かない仕組みになっているのである」

大前研一氏が指摘するように、当時の財務省や金融庁が故意に鎖国をしていたのだとすれば、国民の経済的メリットに恣意的に制限を加え、憲法で保障されているはずの国民の財産権を侵害していたことになる。

そのような意図が本当に規制当局にあったのかどうかは別にして、個人投資の海外投資の自由は改正外為法で認められたものの、業界サイドを縛る金融関連法令ではその取り扱いにあいまいな部分が残っており、個人投資家にとって不便な時代であったことは事実であった。

その後、2007年9月に新しく金融商品取引法が施行され、規制環境が大きく変わった。このタイミングで規制強化を嫌った英国系の投資助言会社の多くが日本から撤退していき、日系も含めて合計10社程度になった。

筆者は前述の通り2006年から金融資産1億円以上の富裕層限定オンラインコミュニティ「YUCASEE（ゆかし）」を中心とした富裕層ビジネスをしていた関係で、逆にこの規制環境の変化をルールが整備された好機と捉え、大手法律事務所のアドバイスを受けて、元々有していた投資顧問会社の商号を変更し、アブラハム・プライベートバンク（現ヘッジファンドダイレクト）を創業、海外ファンド専門の投資助言会社をスタートさせた。

2008年から2012年まではリーマン・ショック後ということであり、海外ファンドの中でも特にヘッジファンドへ注目が集まった。それはヘッジファンドがリーマン・ショックのような金融危機でリターンを出し下落相場でも儲ける手法があることが世の中に知れ渡ったからである。

その結果、金融リテラシーが高い層や富裕層を中心に、投資助言会社の支援でヘッジファンドを購入する動きが拡大した。『日本経済新聞』や週刊誌で、富裕層の海外投資ブームが盛んに報道されたのがこのころである。

これ以前は、海外の一流ヘッジファンドは通常は日本の個人投資家を積極的に相手にしていなかったが、リーマン・ショックによって機関投資家の資金が途絶えるリスクに気がつき、資金源の多様化のため、日本の富裕層を頼るようになり、アブラハム・プライベートバンクの助言を通じて、富裕層のマネーが海外ヘッジファンドに向かう流れができたタイミングでもあった。

❖海外ファンド投資助言会社の淘汰

ところが、海外ファンドブームには落とし穴があった。２０１２年から２０１３年には海外ファンドを舞台にしたＡＩＪ事件、ＭＲＩ事件が発生し、高利回りを謳う海外の詐欺ファンドに投資家のお金が吸い込まれるという、日本の金融史上初の大型不祥事が発生した。

この流れを受けて「海外ファンドは危険ではないか？」という機運になり、海外ファンドを専門的に扱う投資助言会社のほぼすべてに金融庁の検査が一斉に入ることになる。

その過程の中で問題になったのは、投資助言会社らがファンド会社から広告費等の名目で金銭を受領していたことだった。２００７年に新設した金融商品取引法の解釈の中で、「販売」と「助言」という法令上の概念が曖昧であったところに、ファンド会社から金銭を受領する行為は販売業の登録（ライセンス）が必要という検査見解が金融当局から出された。

・『日本経済新聞』２０１３年10月７日「紹介」と「勧誘」の線引きは？

「『助言業全体に影響するかもしれませんね』都内大手事務所に在籍する金融商品取引法に詳しい弁護士は３日夜、うなった。証券取引等監視委員会が発表した投資助言業者、アブラハム・プライベートバンク（東京・港）への行政処分勧告文を読んだためだ。（中略）論争が起きたのは、金商法で『紹介』と『勧誘』の違いが曖昧になっていることにも原因がある。解釈に迷う条文も多い。今回、当局は検査結果を通じて法令違反か否かの線引きを出した形だ」

業界全体に対する規制の中で、２０１３年から２０１４年にかけて7社ほどの投資助言会社が、販売業に必要な登録がないにも関わらず販売行為を行ったとして、業務停止処分となった。アブラハム・プライベートバンクも、親会社がファンド会社から広告費を受領していたため、グループ全体として販売行為を行っていたと見做され、同様に業務停止処分となった。テレビCMをしていた業界最大手アブラハム・プライベートバンクの業務停止命令は大きく報道された。

海外ファンドを扱う投資助言会社の多くは、個人投資家から頂く投資助言手数料ではなく、専ら運用会社からの販売手数料を収入源にしていたため、このタイミングで廃業するに至った。一部の業者は規制を嫌いモグリの業者となって香港やシンガポールに拠点を移していった。

アブラハム・プライベートバンクは、個人投資家からの投資助言手数料を収入源にしていたが、親会社によるファンド会社からの広告料の受領が問題となったため、その受領を中止した上で、２０１４年4月に投資助言業務を再開した。

その後、２０１４年6月には投資助言会社はファンド会社側から金銭を得てはならない旨が規制上明文化された（金融庁監督指針）。

こうして海外ファンドを扱う投資助言会社は、1998年の外為法改正に端をなす富裕層の海外ファンドブームで英国系を中心に50社にまで増え、金融商品取引法が成立した2007年に10社程度に集約、2013年から2014年における海外ファンド投資助言業界に対する規制強化の結果、最終的に数社に収斂《しゅうれん》されることになった。

03. 富裕層向け金融ビジネスの現在

❖現在の富裕層向け金融ビジネス

前述の通り、シティバンクやHSBC、UBS等の外資系プライベートバンク各社の日本市場への参入競争は、最終的にクレディ・スイスに収斂した。海外ファンド投資助言会社らは規制整備によってプレイヤーが淘汰され、その流れが固まりだしたのが、２０１４年・２０１５年頃である。

同じ頃、金融庁による証券会社の商品販売姿勢への監視が重なり、証券会社は従来のような商品の回転売買による手数料収入の拡大が規制上やりにくくなった結果、「ラップ口座サービス」という形で富裕層の資金の受け皿を用意するようになった。

その動きに呼応して、リテールマーケットに大きなシェアを持つネット証券が、ＩＦＡと呼ばれる証券仲介業者を通じて、富裕層・準富裕層への対面による商品販売を強化するようになった。

金融業界は規制の動きと顧客の動きの２つの動きによって競争環境が変わってくる。

規制面で言えば、金融当局は、投資家利益の最大化を徹底して金融機関に指導をしている。その結果、投資家と業者の利害相反に厳しい目が向けられており、この流れは、販売サイドに立つ証券会社に対しては逆風で、顧客サイドに立つ投資助言会社には追い風となっている。

顧客面で言えば、年齢が若くなるほど、顧客の意思決定スタイルが金融機関との過去の折衝や人間関係に重きを置くものから、「コスト控除後のリターンを最大化するにはどうすれば良いか？」という経済合理性に軸足が移る。野村総研によると、富裕層ほど、インターネットリテラシーが高い。その結果、金融リテラシーの高い富裕層はピンポイントでオンライン検索を行い、自身にとって使いやすい業者を自分で探すようになっている。

その結果、富裕層においては、次のように、金融リテラシー・好みに応じて、使う金融機関の棲み分けが見られるようになった。

実利重視……投資助言会社を利用して、中立的に提案を受け、過去実績で選別した優良なヘッジファンドに運用を任せる（投資家自身が海外ヘッジファンドを選ぶ）
舶来感重視……外資系プライベートバンクで投資一任サービスを利用して、丸ごと運用を任せる（証券会社側が海外ヘッジファンドを選ぶ）
知名度重視……日系証券会社のラップサービス（投資一任サービス）を利用して、系列運用会社の投資信託を購入する（証券会社側が国内投信を選ぶ）

金融業界の中では「富裕層を対象に、不動産・保険・証券、すべてをワンストップで提供しよう」という企画が4年ごとに持ちあがり、毎回どこかの金融機関が挑戦する。曰く、顧客リレーション担当者と、その後ろの専門家が連携するという形であるが、大抵はうまくいっていない。それはなぜか？

実は近年の富裕層は自立的で、自分で各分野の専門家をネット等で探し出し、自分で専門家を組み合わせて自分専門のチームを組成してしまうからで、知識の浅い営業担当者よりも、富裕層の方がよほど金融に詳しく、プロジェクトマネジメント能力があるからである。

これからの富裕層向け金融ビジネスは、富裕層向けソリューションについて、顧客の利益第一を念頭に、徹底的に専門性を磨くことが求められるだろう。

COLUMN 4.

挫折と再起動（2013年〜）

2013年10月、雑誌『AERA』は「元三井物産エリート　アブラハム敏腕社長の挫折と誤算」と報じた。急成長ベンチャー企業であるアブラハム・プライベートバンクに対し金融庁により6カ月間の業務停止命令が下されたのである。

首都圏の30〜40代に限っては知らない人がいないほどまでに認知度が高まった矢先である2013年10月2日、「アブラハムに行政処分勧告か？」という観測記事が私のスマホにプッシュ通知で表示された。

「え？　嘘でしょ？」私は何かの間違いではないかと思った。それまで金融当局と当社で、当社業務が金商法上の「助言」か「勧誘（販売）」かを巡って議論をしている最中であったからだ。

『日本経済新聞』の速報について急いで当局に確認した結果、「そのような事実はない」と回答を受けたので、「一部報道につきまして、そのような事実はありません」と自社のホームページでプレスリリースを出した。

翌3日、アブラハム・プライベートバンクに対して、6カ月間の業務停止処分の勧告が金融当局から下された。「大手投資助言会社が無登録営業、金融商品取引法違反」として日経夕刊一面、NHKニュース、めざましテレビ等、広く報道された。

今回の処分の理由は、いわゆるインサイダー事件のような金融犯罪ではない。投資家に危害・被害を与えた等でもない。民事や刑事の事件でもない。「投資助言業界全体に影響を与える規制（2013年10月7日『日本経済新聞』）」で、当社に前後して、海外ファンド助言会社の10社弱が業務停止処分となった。

しかし、「投資助言会社大手アブラハム、金融商品取引法違反で業務停止」というニュースは、業界規制の話というよりも、まるで金融犯罪のようなイメージを世間に与えた。「顧客資金を紛失したわけでも、いかがわしいファンドを勧めたわけでもない」（英『フィナンシャルタイムズ』2013年10月17日）と後追い報道も出たが、最初の報道のインパクトが大きすぎて、世間のイメージは変わらない。

イメージ悪化については、それまでの当社のコミュニケーションの稚拙さが落ち度であった。当時はアドテクノロジーを駆使してA／Bテストをネット広告で行いながら、タレントを使ってテレビや雑誌・新聞への広告出稿のPDCAを続けており、見た人に強いインパクトを与えていた。

「月5万円で1億円」というキャッチコピーが刺激的で、「年利10％のファンドなんか本当にあるのか？」という疑問も世間から出るようになっていた。当時の法令理解では、海外金融商品に関する情報を詳しくホームページに記載できないという規制があるとして、世間の疑問に正面から回答するコンテンツを公表しておらず、不十分な情報提供姿勢をやむなくされていた。

今思い返すと、そもそも宣伝が派手な新興投資会社には、後に詐欺事件になるものが多い。タイミングが悪いことに実際に海外ファンドを舞台にしたMRI事件という詐欺事件も世の中を騒がせていた頃であった。自分がまさか詐欺ファンドと同一視されるリスクがあるという自覚は当時はなかった。当時当社の顧問であった、三井物産の元副社長からは、世間で目立ちすぎることに対して充分注意するようにとは言われていた。

テレビCMの反応を分析すると、ターゲットである高額所得者層や金融リテラシーが高い層には評判は良かったが、投資未経験の一般の人からすると怪しいサービス以外の何物でもないという視聴者調査結果も並行して出ていた。

「急成長している怪しい疑惑の新興企業という印象が強まっているのでは？」と感じたのは、私に突然、雑誌『フライデー』の取材が入った頃だ。後の日銀副総裁が自社のオウンドメディアに出演してくれたのだが、当時の安倍政権と当社に何か癒着や金銭的つながりがあり、その結果、急成長をしているのではないか？　という邪推も生まれ、とうとう私が『フライデー』から直撃取材を受け、横断歩道を歩いている最中の私の写真を隠し撮りされるという珍事が起きたのであった。

稚拙な広告はマイナスのブランド価値を累積しており、世間が警戒している中での業務停止処分の報道である。「やたら宣伝して急成長していたあの会社はやっぱり怪しかったので、お上に潰されたんだな」と世間に思われ、信頼が失墜するのもやむなしであった。

即日、当社を急成長ベンチャー企業として表彰していた監査法人トーマツは、過去の受賞を取り消すとの発表を一方的に出してきた。常々「失敗を恐れずに挑戦しろ」などとベンチャーを応援すると言っている人たちであったが、本当に失敗すると冷たくなるのが現実であった。

しかし意外にも、冷たかったのはここだけで、その他の既存取引先の大半は、最大限できる範囲で、アブラハムを応援、支援する姿勢を見せてくれた。

金融当局による業務停止処分という行政処分は、大和証券や三井住友銀行、楽天証券やマネックス証券等、大手金融機関に対しても多発している。業務停止処分を下された金融機関は、適切に業務改善をして業務再開するか、潰れるか、である。アブラハム・プライベートバンクの場合は、金融商品取引法という業法上において、業務に必要なライセンスに関する解釈の問題が処分の主因であった。

「リラクゼーションサロン」と「医療行為」の境目、「ゲームのコイン」と「通貨同等物」の境目のようなもので、業法における業態の境目は実は曖昧である。金融業も同様だ。

銀行・証券・保険と規制により業種は3つに分かれるが、取引相手の信用リスクに応じて金銭をもらう契約は、ある商品は「保険」として扱われ、ある商品は「デリバティブ」と扱われる等、人為的に線が引かれている。前者と扱われれば保険業法になり、後者になると金商法の領域となる（元金融庁弁護士　増島雅和　２０１６）。

当社業務が「助言」と「勧誘」のどちらに該当すると考えるかによって、必要とされるライセンスが助言業登録か販売業登録かで異なる状況だった。そこに当社と当局の見解の相違があり、結果として、販売業ライセンス（登録）を有していない無登録営業状態と見做された。無資格であるから業務を停止すべきは当然で、業務停止処分となった。

法令上は明確ではない部分に関する当局による解釈の問題であったから、当事者である自分たちや顧問弁護士、大手法律事務所は、何をどのように業務改善すれば、当局の意向に沿うのか、その時点ではまだわからなかった。したがって、6カ月後に業務再開ができるかどうかも見通しが立っていなかった。もし業務再開できないとすれば、新規売上が永久になくなるため、企業として破綻する可能性もあった。そうなれば、数千人の投資家に迷惑がかかる。テレビCMを派手に繰り広げ、スピード感を持って業容拡大した挙句の業務停止命令である。猛スピードで運転した挙句に、ガードレールに車体をぶつけ、ショックで視界が薄れ、事態がまだ呑み込めない中、ハンドルさばき次第で、このまま大破するか、元のコースに戻れるか。その瀬戸際だった。

この事態に対する私の初動が、会社の命運を決めるに違いない。処分が出た翌朝の最初の一言で、社員の前に立ち、全社に次のように発表した。

「業務停止中の6カ月間は新規の収入がゼロになる。それでも誰一人リストラはしない。全社員の雇用は維持する」

そんな渦中の折、かつて対談させていただいたことでご縁があった冨山和彦氏（元産業再生機構COO、現経営共創基盤代表取締役CEO）がアドバイスをくださった。

「過去、似たような状況で2つのパターンを見てきた。1つは、危ない方向に救いを求めてさらに深い淵に落ちていった人々。2つ目は、破綻の憂き目にあっても最後の一線は踏み越えずにあとで復活した人々。この難局を切り抜けられることを期待する」

そうか、正々堂々とやるのが一番の得策なのだ。企業再生のプロの言葉に大変勇気づけられた。幸い、創業以来、当社は無借金経営だった。金融機関から借金さえしていなければ、企業は事業休止になることはあっても倒産はしない。支払い期限にあせることなく、腰を入れて対応できる。

そんな折に誘惑があった。

「ここだけの話、私は金融庁の内部に知り合いがいるのだが、このままアブラハムは潰す方針のようだ。つまり君は再起不能である。よって今のうちに会社を売却すべきだ。20億円でどうだ」

そう言って会社を買いに来る人もいた。数千人の既存富裕層顧客と締結した投資助言契約が数百億円あり、そこから将来見込まれるストック収入の総額は約150億円以上の計算であった。現在価値で割り引いた時価は20億円、アブラハム創業者の私の株式持分が約90%。会社を売却して19億円を抱いてシンガポールにでも渡って楽になりなさい、というわけである。

しかし、それは逃げに感じられた。それは自分らしくない。倒れたら、立ち上がりたい。仲間である社員たちと一緒に再起を果たすことこそに、自分の人生の意味があると私は思った。

30歳で起業を志し、40歳を迎える矢先である。テレビドラマで言えば、ここはまだ第3話「挫折」くらいではないのか。第4話のタイトルは「再起動」に決まっている。

打開策と先々の見通しを立てるため、金融業界に関わる様々な角度からの助言を得ようと、人づての紹介で、元金融大臣、財務省官僚、金融庁官僚、大手証券会社幹部等に相談をした。各立場の方の話を総合すると、当社のやるべきことは、一連の流れで次々に業務停止処分を下されていった他の海外ファンド投資助言会社たちとは異なるレベルの業務運営態勢・コンプライアンス態勢を構築し、個人投資家、ひいては日本社会にとって必要な企業・業態であると金融当局にしっかり認めてもらうことである、ということであった。

新しくシニアのコンプライアンスの専門家を採用したり、大手証券会社の元常務を社外役員に招聘しながら、粛々と行政対応を続け、販売業登録を有する新設子会社（アブラハム・ウェルスマネジメント）を設立する等の改善策を進めていった。

行政処分事由の1つには、広告表現についての指摘を受けたため、「アブラハムが推していた高利回りのファンドなんかは実際に存在しておらず、その結果、業務停止になったのである」という誤解も受けた。これらの誤った報道に対しては、後に「アブラハム・プライベートバンク株式会社に関する過去の一部報道について」等のリリースを出す等の対応を行いながら、再発しないよう広告審査態勢の確立等、内部統制の強化を進めた。

業務改善期間中に、『日経ビジネス』から「敗軍の将、兵を語る」に出ないかと取材依頼が来た。色々弁明したいことが山ほどあったが、今は言葉ではなく、業務再開という結果を世の中に見せるしかない。粛々とコンプライアンス態勢の整備等の業務改善に没頭した。

苦しい暗闇のような6カ月間を経て、2014年春に全社員揃っての業務再開になった。全社員が一丸となって難局に立ち向かってくれたおかげで、顧客の9割以上が残ってくださった。その後、東証一部上場企業のアサツーディ・ケイや、著名な投資家が新規出資者として入ってくれて、元気づけてくださった。金融庁が新しく販売業登録を付与したことでみそぎが済み、新しい監査法人もついてくるようになった。各方面に多大な迷惑をおかけしながらも、当社が再起できたのは、9割も残ってくださった数千人のお客様によるご支援のおかげであった。

（コラム5に続く）

第5章

富裕層が保有している「手頃なヘッジファンド」の実例

01. 約1000万円からヘッジファンドに投資できる時代に

❖富裕層がヘッジファンドに投資する配分

本章では、ヘッジファンドダイレクトの顧客である富裕層が実際に保有している手頃なヘッジファンドを紹介していく。

〝手頃な〟というのは、通常は最低投資額が1億円以上のところ、ヘッジファンドダイレクトが提供する専門的なノウハウを活用することで、日本の投資家が、日本にいながら気軽に、最低投資単価1000万円程度から投資できるヘッジファンドということである。

では日本の富裕層は自分の資産をどの程度、ヘッジファンドに投資しているのだろうか？

ヘッジファンドダイレクトの顧客は、開業医・企業オーナー・大企業幹部が中心であるが、純金融資産がちょうど1億円の富裕層であれば、ポートフォリオの約半分、5000万円程度をヘッジファンドにアロケーションをしている。

ノーベル経済学者のジェームズ・トービンが説くように、分散投資理論のセオリーに忠実に従うのであれば、機関投資家のように株や債券に投資をしなければならないという縛りがない個人投資家にとっての理論上の「最適ポートフォリオ」は、たとえば「現金2：ヘッジファンド8」のような配分になる。

まずはリスクをとる量を決めて、リスクをとると決めた部分については、再掲したリスク・リターン実績表（図表8）で一番リスク・リターンが優れているアセットクラス、つまりヘッジファンドに投資し、残りは無リスク資産である現金として置いておくのが最適ポートフォリオである。リスクを減らしたい場合は、何か新しいアセットクラスをあれこれ追加するのではなく、単純にポートフォリオにおける現金比率を高めるだけで良い。

資金の8割以上をヘッジファンドに投資するとしても、ヘッジファンドAに40％、ヘッジファンドBに40％と分散することもできる。ヘッジファンドAとヘッジファンドBに相関が低ければ、より低リスク高リターンのポートフォリオを構築することができる。

図表8　アセットクラスごとのリスク・リターン実績表（再掲）

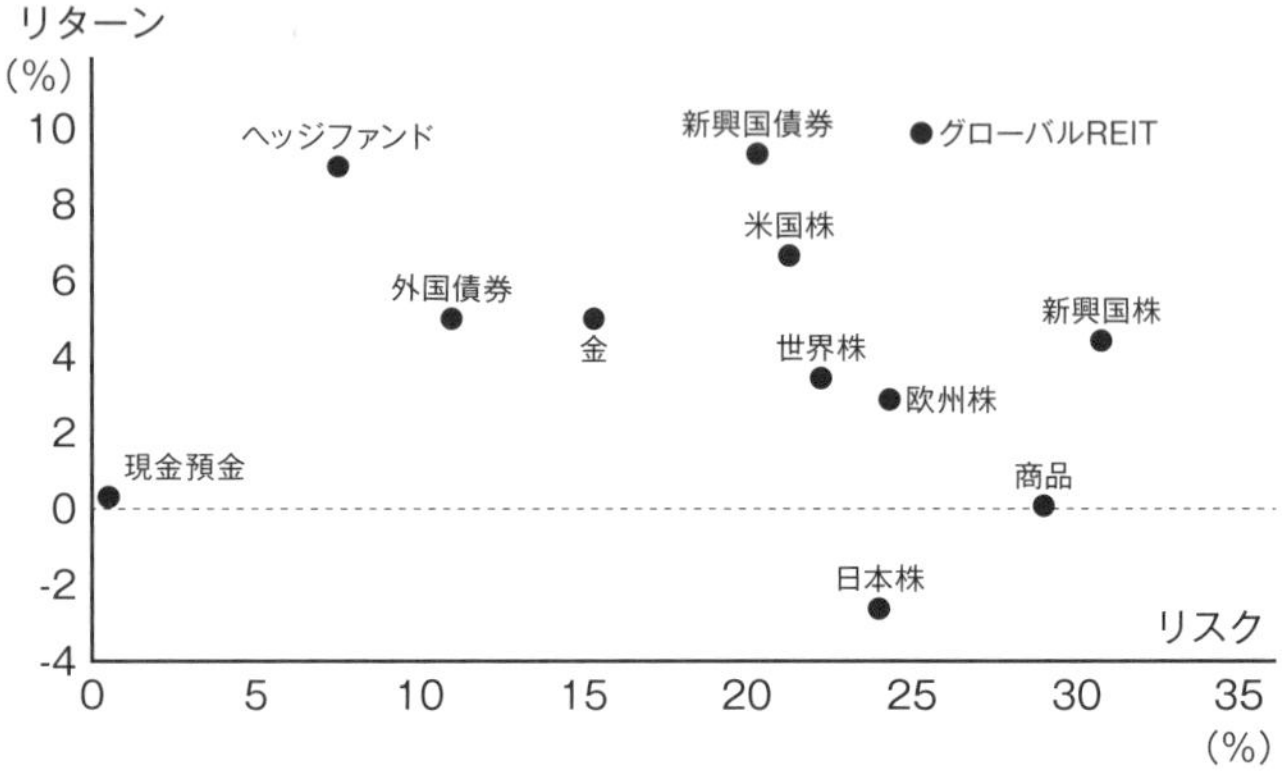

各種インデックスの年次リターンを用いて、データ期間の年率換算リターンをヘッジファンドダイレクトが計算

計算期間1990年～2016年　スタート時が異なるものだけカッコ内に記載
現金預金：Japan Cash indices LIBOR Total（1996年）
米国株：DOW JONES Index
グローバルREIT：FTSE/NAREITオール・エクイティ REITTR指数
日本株：日経225
世界株：MSCI WORLD Index
商品：S&P GSCI商品指数TR
欧州株：Euro Stoxx 50 Index
外国債券：Bloomberg Barclays GlobalAgg Total Return Index Value Unhedged USD
ヘッジファンド：Eurekahedge Hedge Fund Index（2000年）
金：XAU-USD X-RATE
新興国債券：J.P.Morgan EMBI Global Total Return Index（1994年）
新興国株：MSCI EM

このような理論的な整合性はさておき、大学基金や一流機関投資家に倣い、「とりあえず3割」をヘッジファンドに振り向け、残りは債券や株式にしておく、という個人投資家もいる。

さて、これから具体的に〝手頃〟なヘッジファンドをご紹介するわけだが、筆者は投資助言会社ヘッジファンドダイレクトのオーナーという立場である。投資家がこれらのファンドに投資することによって、ファンド側から広告費・販売手数料等の名目によらず金銭の受領は一切ないことを改めて申し上げたい。つまり販売や勧誘、媒介を行う立場にない。

また、投資助言契約者様に配慮して本書上では各ファンドは匿名とさせていただくことを御容赦願いたい。

02. データ分析が強みの英国系名門ヘッジファンドA

❖金融危機でもリターンを出した実績

はじめに紹介するヘッジファンドAはヘッジファンドダイレクトが創業期から実際に推奨した実績のあるヘッジファンドである。世界で最も著名であるヘッジファンドの1つでもあり、大手機関投資家がこぞって投資している。アルゴリズムが売りである英国系ヘッジファンドの代表選手で、運用資産は約300億ドルに達する。

1997年の設定以来、年率収益率は14.14%。金融危機のあった2008年の収益率は20.99%である。グラフで明らかなように、様々な世界的な金融危機に見舞われても、年々着実に上昇しているのがわかる。約18年間の運用で、投資元本が10倍以上になっているのが特徴だ（図表24）。５００名近い研究者たちが世界中のデータを集め収益機会を分析し、取引を実践することで、高収益を叩き出している。

ヘッジファンドAは、アルゴリズムを駆使して、１００以上の先物市場に分散投資。つまり株・債券・為替・原油等、値動きするものすべてを投資対象としつつ、先物を用いてレバレッジを利かせた運用をしている。このような戦略をとるヘッジファンドはＣＴＡと呼ばれる。この分野ではヘッジファンドAが世界最大である。

主な特徴としては、以下のような点が挙げられる。

- 世界株式と同等程度の価格変動なのに、世界株式よりリターンが高い
- 過去10年以上年率10％以上の実績で信頼性がある
- リーマン・ショック等の下げ相場でリターンを出せる
- 先物を中心として運用しているため、投資対象の流動性と価格の透明性が高い

図表24　ヘッジファンドA　世界株との比較チャート

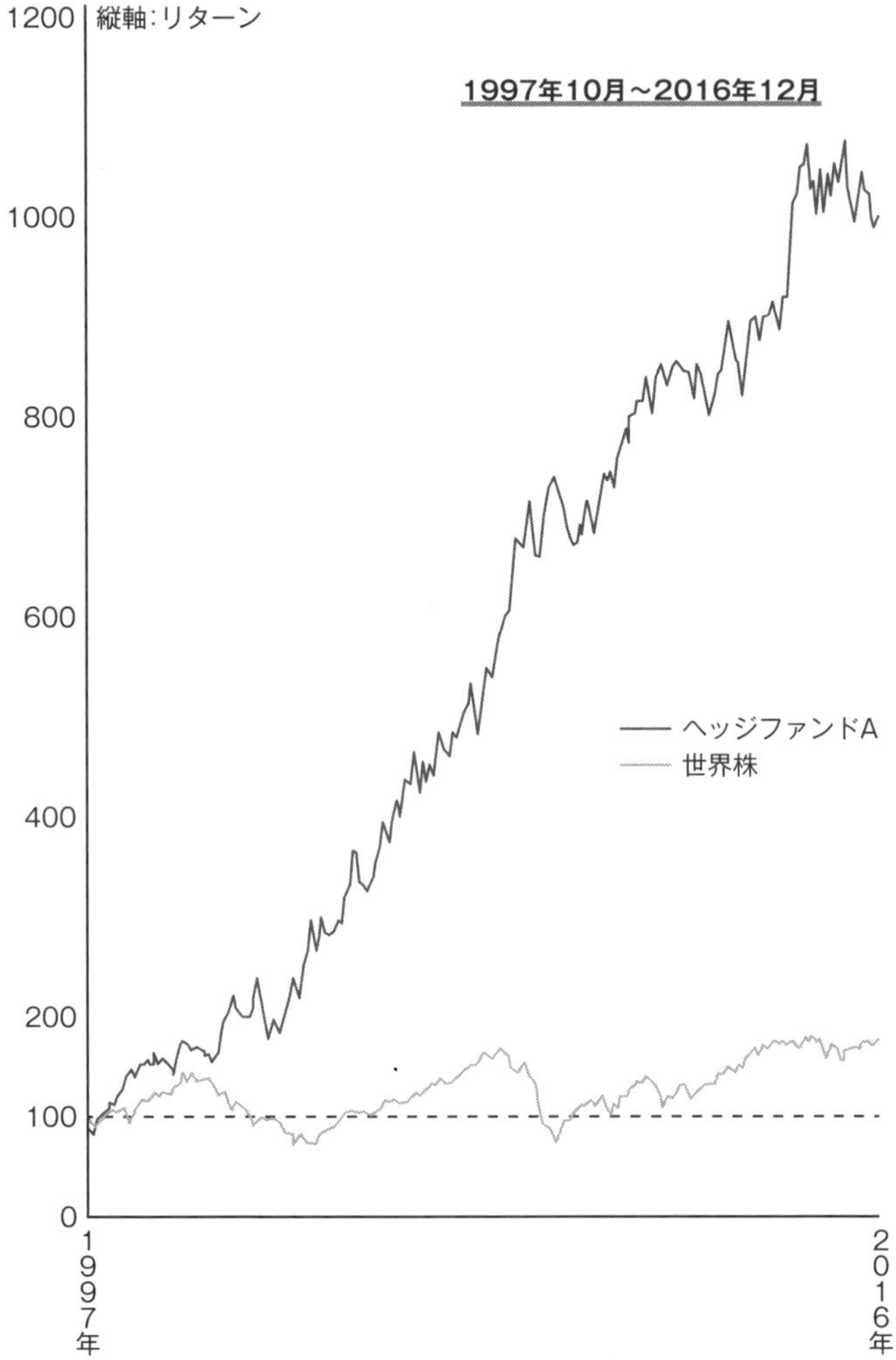

❖ストラクチャー

ファンドのストラクチャーとしては、運用会社はイギリスに登録しているA運用会社がファンドマネジャー、投資家のお金を入れる箱であるところのファンドはＢＶＩ（英領バージン諸島）法人、プライムブローカーはゴールドマン・サックス、カストディアンはＢＮＹメロン・トラスト、決済ブローカーはクレディ・スイス、アドミニストレーターはシトコ・ファンド・サービス等である。

わかりやすく言うと、プライムブローカーとはファンドマネジャーが売買指示を出す証券会社、カストディアンとはファンドに入った投資家資産をファンドマネジャーと分別して保管する信託銀行、アドミニストレーターとは投資家ごとのファンド時価計算や事務作業を担う。

前述の通り、かつてマドフ事件という詐欺事件があった。これは高利回りを謳い、日本を含む投資家からも多額の資金がマドフのファンドに流れ、投資家の資金が失われたという事件であった。野村証券もこのポンジー・スキーム（出資金を配当として払い戻し儲かっていると偽装する）詐欺にひっかかり275億円の被害を受けた。しかし、英米大手金融機関は騙されなかった。

マドフはファンドマネジャーであると共に、アドミニストレーターやプライムブローカーを身内で固めることで、自作自演の運用成績を捏造していた。このような事件の発生を契機として、ファンド業界では、ファンドマネジャーと独立したアドミニストレーターやプライムブローカーをファンドストラクチャーに組み込む透明性をアピールするようになった。

これはヘッジファンドAに限ったことではなく、ヘッジファンドダイレクトが助言対象としているヘッジファンドはいずれもカストディアンや監査法人、独立した事務管理会社等があり、資産の保全性が高いファンドだけを厳選して紹介している。

❖進化したポートフォリオ理論

このように経済危機に強いヘッジファンドを長期的に保有していけば、投資家は資産運用に悩むことはなく、本業に集中できる。

それでは、なぜこのヘッジファンドAは年率15％に近い運用利回りが可能なのか？　その理由は以下の4つである。

1　進化したポートフォリオ
2　リスクコントロール
3　資源となるデータの発掘
4　規模の経済による売買執行の低コスト化

現在の日本で巷に流布している1960年代のポートフォリオ理論でなく、PDCAプロセスで磨き上げられた最先端のポートフォリオ理論に基づいて運用しているからである。そこでポートフォリオ理論の進化を概観してみよう（図表25）。単純化するために、簡単に説明すると、上から2つ目の「①伝統的なポートフォリオ（現物のみ）」と「②伝統的なポートフォリオ（リスク調整後）」が、1990年代までに最良と信じられていたアセット・アロケーションである。

その後、世界経済がグローバルに一体となる中で、「③バランス型ポートフォリオ（リ

図表25　ポートフォリオ理論の進化

ロング（買い）とショート（売り）を頻繁に使い、配分比率を市場変化に応じて機動的に対応しリスク軽減

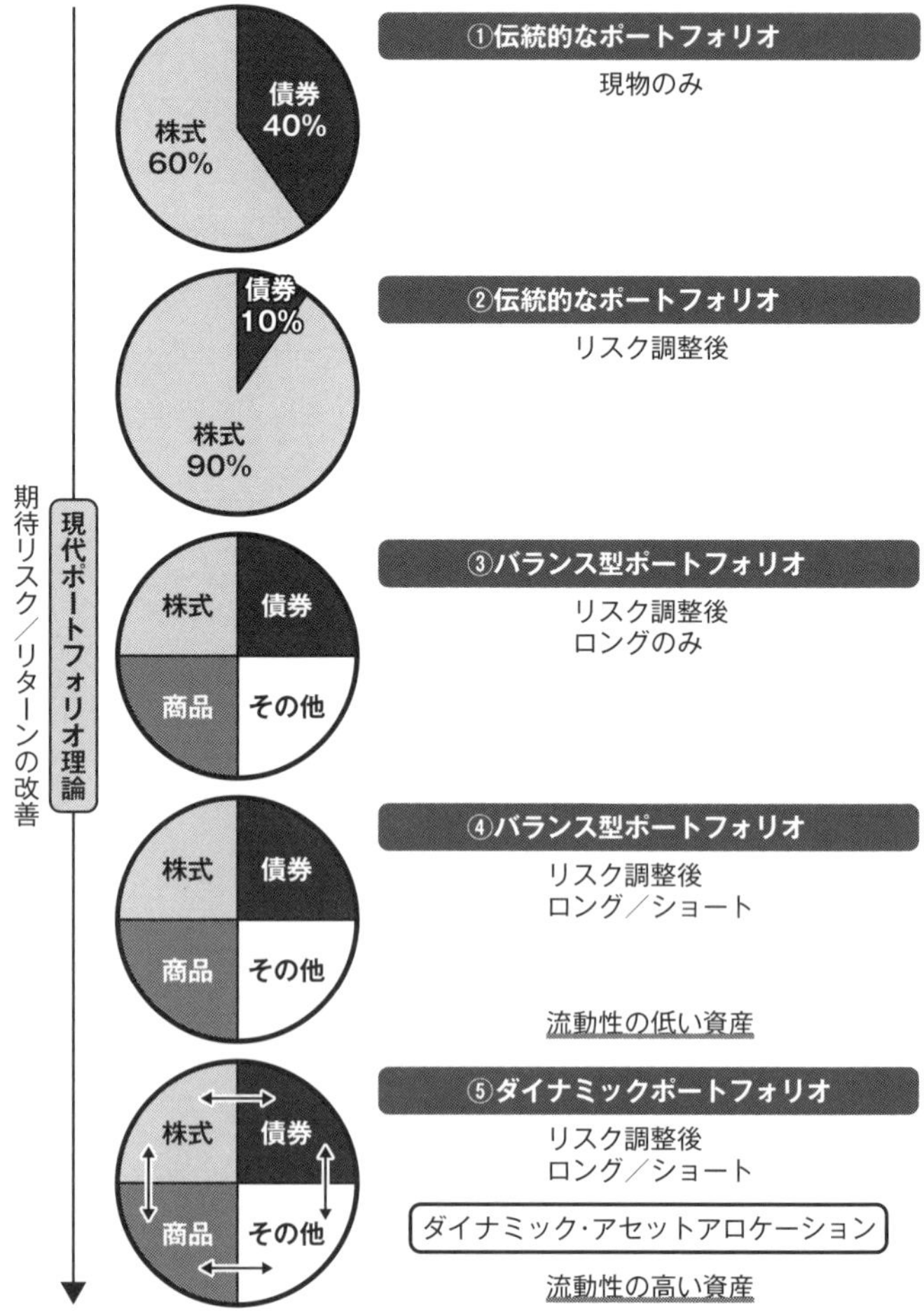

スク調整後ロングのみ）」が最良とされるようになった。③には「コモディティ」と呼ばれる商品やその他オルタナティブなアセットクラスが組み込まれている。

その後、さらに「④バランス型ポートフォリオ（リスク調整後ロング／ショート）」に進化した。

この④と過去のアセット・アロケーションとの違いは、従来は投資対象の価格が上がるときにしか利益を出せなかったのに対し、下がるときも利益を出す空売りを使い出したということである。

世界的な金融危機に対応できるよう、アセットクラスの流動性を計算に入れるようになったのが最後の「⑤ダイナミックポートフォリオ（リスク調整後ロング／ショート）」である。

いま、個人投資家や金融リテラシーが低い金融機関の担当者が勉強しているアセット・アロケーションは主に原始的とも言える②や③のレベルである。しかし、世界の運用の最先端は、⑤のダイナミックアセットアロケーションである。

❖リスクコントロール

運用で大切なことは、リターンを高めるだけではなく、リスクを減らさなければならないということである。シャープ・レシオの話も前述したが、なるべく低いリスクで高いリターンを出すのが優れた運用である。

そのため、ヘッジファンドでは様々なリスクマネジメントを行なっている。図表26にある通り、様々なレベルでリスクをコントロールしている。

たとえば、取引執行前、取引執行、取引執行後の3つのプロセスにおいて、定量的制限を行い、綿密なリスク管理が行われている。これはとても1人の人間ができるものではない。何十名もの科学者と何百台ものシステムを駆使している。

❖データこそが資源

ヘッジファンドAを運用している運用会社の中には、アカデミックリサーチ部門がある。

図表26　リスク管理フレームワーク

取引執行前	定量的制限	リスク目標
		セクターおよび市場のウェイト付け
		個別投資家別に取引市場排除（マネージドアカウントの場合のみ適用）
取引執行前	定量的制限	投機的建玉制限
		1百万ドルに対する最大売買単位
		最大取引量
		最大未決済持高
		最大単一取引発注量
		最大スプレッド取引単一取引発注量
取引執行後	定量的制限及び定性的制限	委託証拠金比率（全体、セクターごと、市場ごと）
		VaR（1日、信頼区間95%）
		投資元本金額に対する純資産価格（グロス、ネット、全体、セクターごと、市場ごと）
		ポジション及び取引量に対する取引所の建玉及び取引量
		ヒストリカル・ストレステスト
		資産クラスごとのリスク指標（株式集中度、オプション感応度等）
		リアルタイム、日時、週時、月次でのP&L管理

統計上の時系列データを用いたコンピュータ・モデリングに関連する複数のプロジェクトが同時進行しており、長期的にワークする投資戦略を構築する上で必要になるデータを常に探し続けている。

データの発見こそが、収益の源泉である。同社が毎年手にする少なくとも300億円の収入がふんだんに投下され、ロンドン、オックスフォード、サンフランシスコ、チューリッヒ、香港の各拠点で研究開発が進められている。

収集するデータは、市場データもあれば、非金融データもある。同社によると、「資金力」こそが有用なデータの発掘力に直結するため、他の運用会社との差別化要因になるという。

❖規模の経済による売買執行における低コスト

ヘッジファンドは、投資家からのお金を預かるわけだが、市場から見ると、ヘッジファンド自体が機関投資家・大口投資家である。そのため、金融取引のコストが低いことが挙げられる。

逆に、一般的な個人投資家は、証券会社等を通した小口取引のため、たとえば株式売買の取次手数料が高くなる傾向がある。

今や取引執行スピードに対するＩＴ設備投資の多寡が運用成果に直結する時代である。最先端のコンピューティング技術、インフラ設備、ソフト環境が活用されている。

一時は、インターネットの普及で一時的に縮まったと思われた個人と機関投資家の格差は、もはや埋めようがないほど差が開いている。

時に、「これからは個人投資家の時代。ネットで情報が取れるようになった。機関投資家と同じ情報を個人投資家が持てるようになったのだ。今がチャンスである」と煽る証券関係者や評論家がいるが、それは世間知らずの妄言か、ネット証券取引に誘導するために真実を隠しているに過ぎない。

ネット証券で原資産（株式・通貨等）を売買するにおいて個人投資家が払うコストは確かに昔に比べれば低くはなったが、売買執行においてボリューム・ディスカウントが効く機関投資家に比べれば高コストで売買しているに過ぎないし（その結果、投資センスが互角であっても、最終的なコスト控除後のリターンは個人投資家の方が低くなる）、トレーディング環境に何十億円も設備投資をし、高度に解析されたデータを基に一度に何万もの注文を繰り返すヘッジファンドに、一般的な個人投資家に勝ち目があるとは考えにくい（もし本当に勝ち目があるなら、その人こそが天才ヘッジファンド・マネジャーとして、すでに世界中で尊敬を集めているはずである）。

03. めったに損しない安定第一のスイス系ヘッジファンドB

❖過去、マイナス運用はわずか2回

次に紹介するのはスイスのブティック系運用会社のヘッジファンドBである。

ヘッジファンドBの特徴は、2001年に設立後、過去10年以上の実績の中で、マイナスで終わった年が2回しかないことだ。リターン重視、またはリスク重視、両方の投資家から選ばれるのは、そのバランスの良さの証明だろう。

【ヘッジファンドBの過去実績】

２００５年　＋3・5％
２００６年　＋8・8％
２００７年　＋7・5％
２００８年　＋11・9％
２００９年　＋2・2％
２０１０年　＋10・9％
２０１１年　▲3・7％
２０１２年　＋4・7％
２０１３年　＋14・0％
２０１４年　＋7・6％
２０１５年　▲0・9％
２０１６年　＋15・9％（12月現在）

10年以上の運用成績の中で、マイナスの年は2回のみであるほか、次のような特徴がある。

- 複数のヘッジファンドに分散投資するファンド・オブ・ヘッジファンズ
- ターゲットリターンは８％であるにも関わらず、価格変動リスクは債券程度の過去実績
- ２０１６年は政治的なリスクにも対応して15・９％を達成

運用会社はスイスの金融庁であるＦＩＮＭＡに登録している。ファンドを運営するのは９人のチームで、自分たちの個人財産の運用をこのファンドでしている形になる。「スモール・イズ・ビューティフル」が彼らの合言葉だ。

❖投資対象はＣＴＡを中心とした複数のヘッジファンド

図表27・図表28で明らかなとおり、安定的なファンドであるにも関わらず、世界株に投資をしていた場合よりも高いリターンを出している。まさに低リスク高リターンである。

このヘッジファンドＢは、１つの運用戦略に固執せず、投資環境に応じて投資先のヘッ

ジファンドの戦略を変更している。リーマン・ショックのあった２００８年はＣＴＡを中心としたトレンドフォロー戦略に投資し、イギリスのＥＵ離脱やトランプショック等の政治的リスクが顕在化した２０１６年はプライベートエクイティ部門やボラティリティ戦略、ハイイールド戦略等により高いリターンを得ることに成功している。今後の飛躍を期待したいヘッジファンドと言えるだろう。

図表27　ヘッジファンドB　世界株との比較チャート

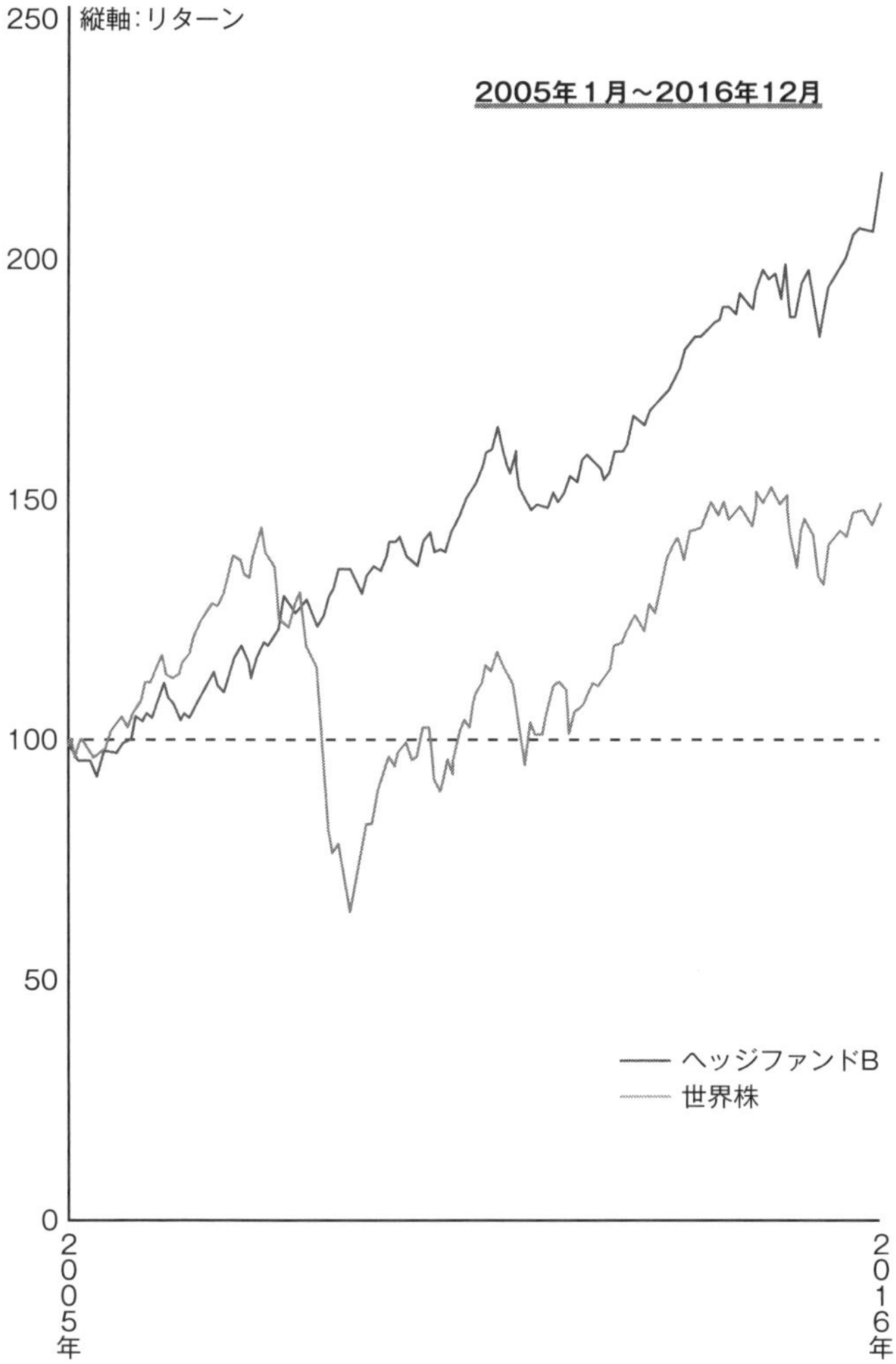

図表28　ヘッジファンドBの戦略的アロケーション

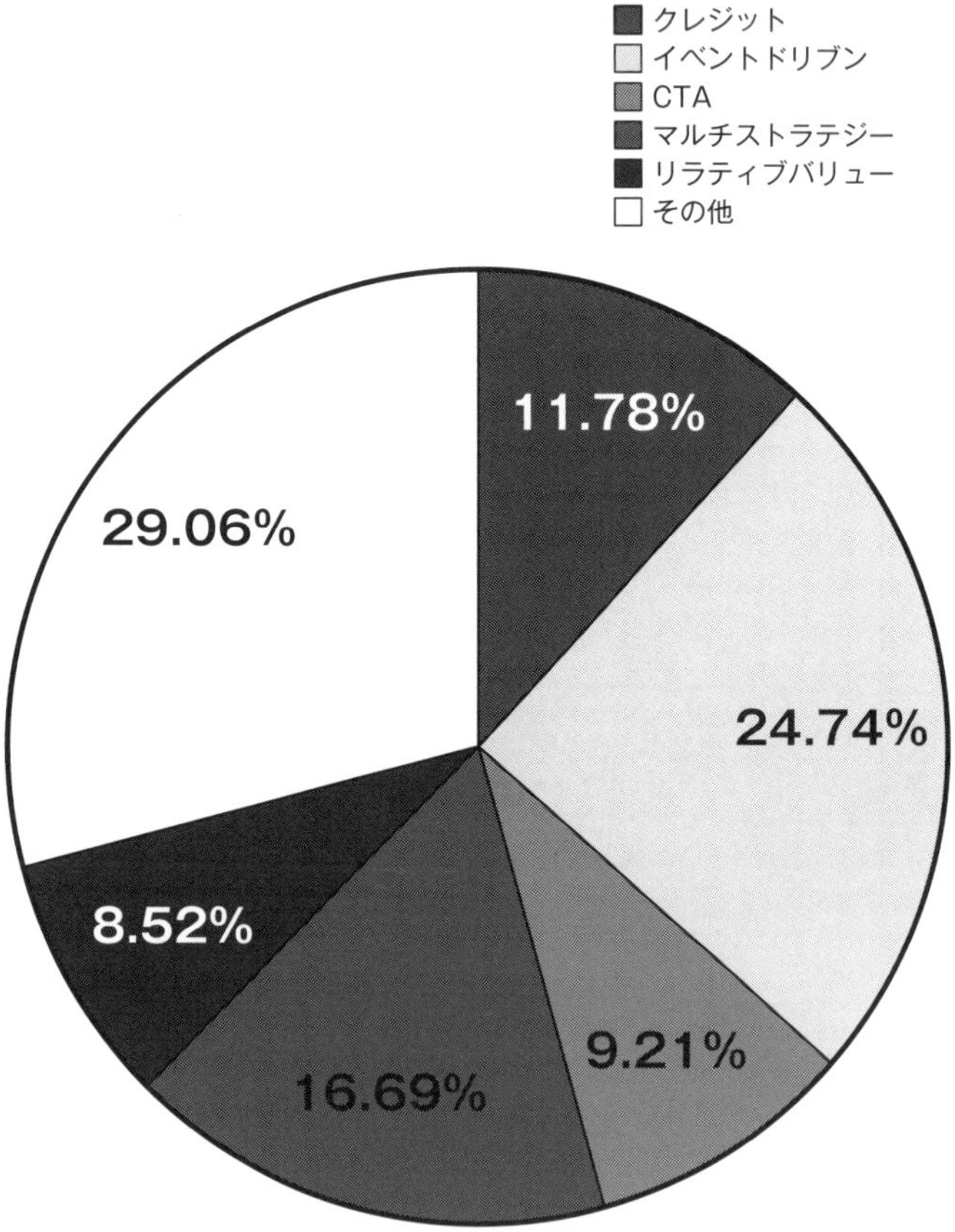

04. 18年間の運用で年次マイナスは2回だけ、債券より手堅いヘッジファンドC

❖日本の富裕層に人気の低リスク型

金融リテラシーが低い人は「リターンを出すにはそれと同等のリスクをとるしかない」と勘違いしているが、実は「低リスク高リターン」が実際に存在することは何度も強調してきた通りである。その実例として、低いリスクで安定的に稼ぐヘッジファンドCは日本の富裕層に人気がある。

世界債券のリスク（年平均価格変動率）は約６・５％であるが（Barclays Global Aggregate Bond Index）、それ以下である３・08％のリスク（ボラティリティ）を取り、年平均リターン5・82％（コスト控除後、19年間）をコツコツ稼ぎ出している。

低リスクの運用にも関わらず、投資家の資金は19年で約3倍となった（図表29）。「Hedge Fund Manager of the Year」で2年連続受賞（２０１５・２０１６）するほど著名である。

戦略としては、あらゆるヘッジファンド戦略に分散投資をする形で、リスクは世界債券以下に抑えている。これまで年次で2回しかマイナスになったことはなく、月次ベースで見るとおおよそ7割以上の月がプラスとなる。

同ファンドはイギリスベースの運用チームで、主に15年以上の運用実績のあるヘッジファンドに投資する「ファンド・オブ・ファンズ戦略」をとる。

株や商品に投資をして上がるか下がるかに賭けているようなヘッジファンドや、債券に高いレバレッジをかけてロング・ショートするようなヘッジファンドを慎重に避けながら、各ファンドの価格変動を打ち消し合うようなポートフォリオを組み込むようにアロケーションを行うからこそ、最終的に「低リスク・ミドルリターン」の運用成績を安定的に継続している（図表30）。

図表29　ヘッジファンドC　世界株との比較チャート

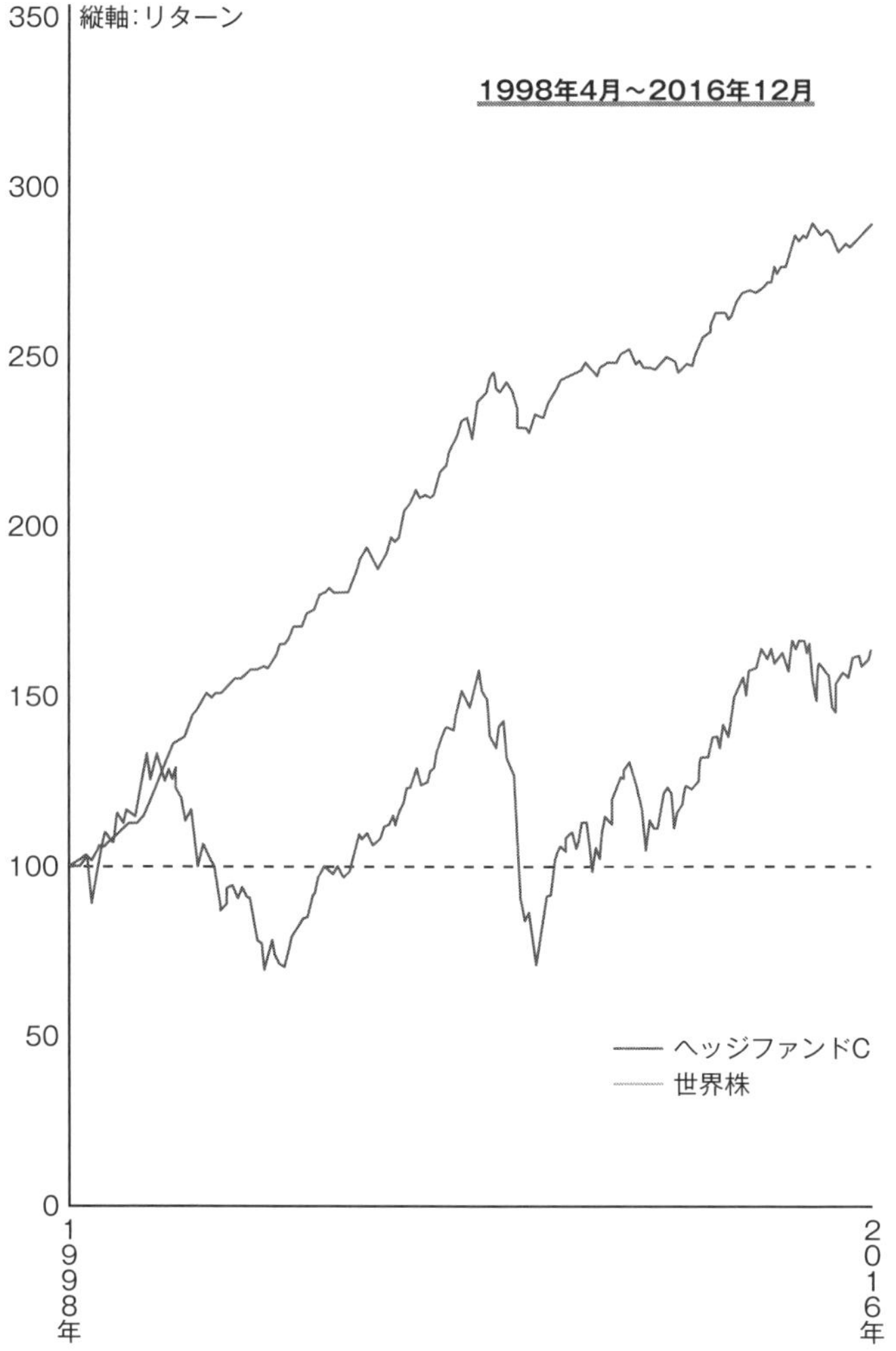

図表30　ヘッジファンドCの戦略的アロケーション

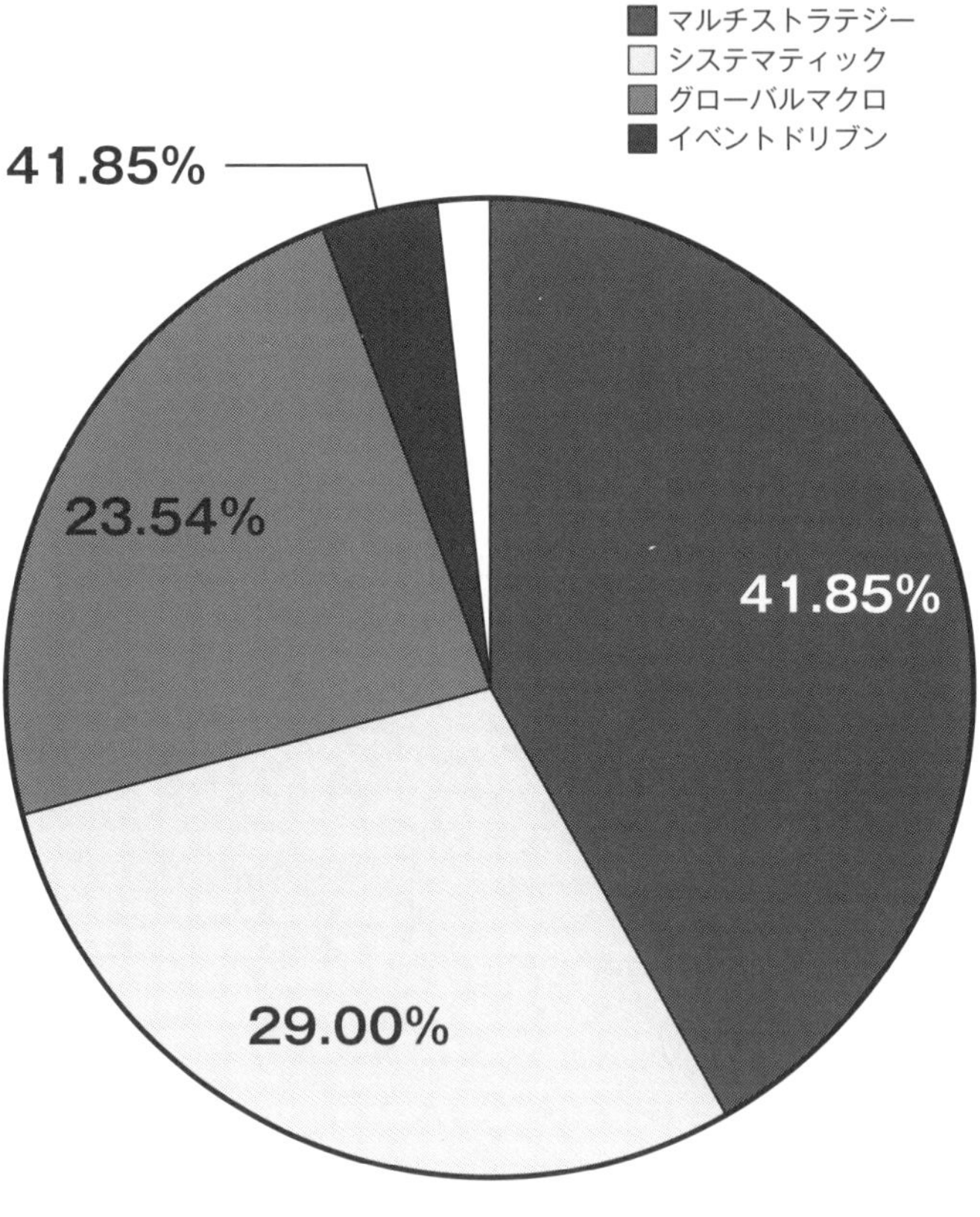

【主な特徴】

- 少ないリスクで着実な資産形成を目指したヘッジファンド
- ベスト・ファンド・オブ・ヘッジファンド賞（1年間・5年間）を受賞、『フィナンシャルタイムズ』主宰　２０１６年ヘッジファンドアワード年金部門で最優秀賞
- シャープ・レシオは10年以上の実績の中では驚異の1・89

前述の通り、シャープ・レシオとはリスク1単位あたりのリターンを示した指標である。高いほど優秀なファンド、高品質なファンドと言える。

- 世界株インデックス（Msci World Index）の10年のシャープ・レシオは0・3程である。
- 日本で販売されている投資信託で、10年以上の実績があり、シャープ・レシオが1以上のファンドはほとんどない。

この2点の事実から見ても、ヘッジファンドCの1・89というシャープ・レシオは特筆に値する実績であることがわかるだろう。

シャープ・レシオは投資のモノサシの1つであり、これが絶対的ではないものの、投資家としては実務的に使いやすい。

このモノサシが個人投資家に浸透すればするほど、日本の金融業界の品質が向上することになる。顧客第一主義に行動するように金融庁が大手証券会社や大手銀行に常々指導しているが、上からの規制だけでは、その規制をすり抜け、低品質の金融商品を金融リテラシーが低い層に売りつけて販売手数料を稼ごうとする販売業者とのイタチごっこになるだけである。

最終的な買い手がモノサシを持ち、商品の真贋の見分けをつけて、高品質を求めるようになってこそ、業界の質の向上、変革につながるのである。

なお、日本で販売されている仕組み債のように、オプションを使って運用する場合は、シャープ・レシオは適切な物差しとならない点には気をつけていただきたい。

05. リーマン・ショックの年に50％リターン、下げ相場でも儲かるヘッジファンドＤ

❖株式投資が好きな富裕層に人気

ヘッジファンドＤは、２００３年の設定以来、年率12・98％のパフォーマンスを誇る（２０１６年12月現在）。英国ＥＵ離脱ショックで他のファンドが不調だった２０１６年の年次リターンは19・59％を達成した。

【主な特徴】

- リーマン・ショックでは59・９％ の年次リターン、英国ＥＵ危機では19・14％の月次リ

ターンを達成

・世界的に著名な賞を受賞（「ベスト・ヘッジファンド・オブ・ザ・イヤー」）

トレンドフォロー戦略を採用しており、上げ相場や下げ相場等トレンドが明確に出れば、リターンが出る。リーマン・ショック等の下げ相場でもリターンを出した（図表31）。

このヘッジファンドDはボラティリティ（価格変動）が高く、年次単位で見るとマイナス運用もしばしばだが、長期的には年率平均12％以上の実績であるため、長期投資志向の投資家向けである。世界中の金利、債券先物、通貨先物、株式先物、エネルギー等、600以上の投資対象に分散投資するため、株式との相関が低い。株式投資が好きな富裕層がポートフォリオの一部に持つヘッジファンドとして人気がある。

ヘッジファンドDに関するデータ・ファクトを紹介するにおいて、ヘッジファンドダイレクト投資助言サービスにて顧客向けに提供している6枚のスライド資料を実例として掲載しよう。投資助言会社が提供する情報は、ファンド会社が作成する販売用資料とは異なる目線で投資家に対して提供されている。

図表31　ヘッジファンドD　世界株との比較チャート

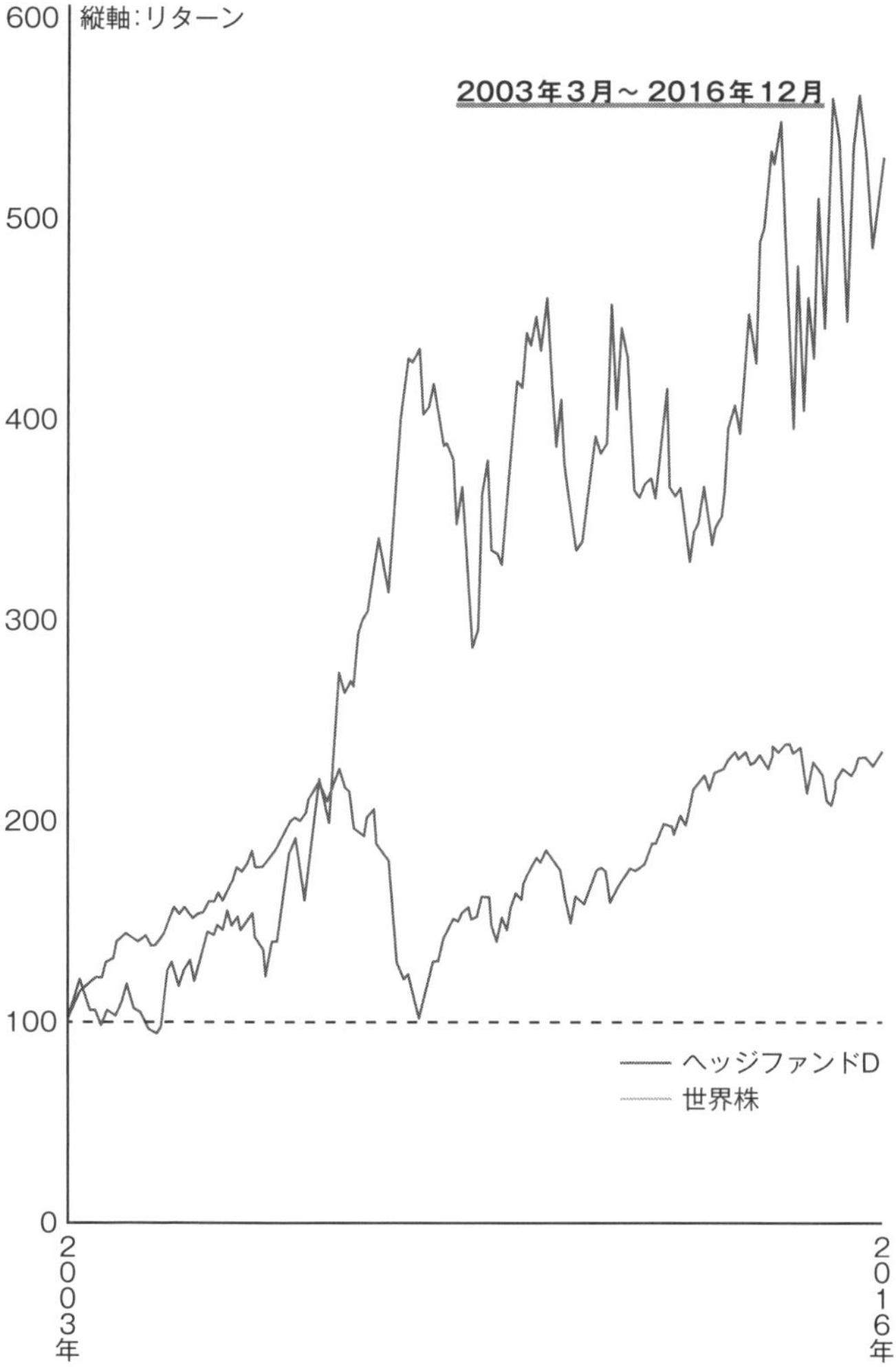

事務管理会社	クリアリングブローカー	監査法人
○	○	○

投資対象					
株	債券	通貨	商品	不動産	その他
○	○	○	○	○	○

運用戦略	
プログラム運用	トレンドフォロー

5年		6年	
ヘッジファンドD	世界株	ヘッジファンドD	世界株
327.67%	112.88%	434.59%	223.41%
-22.71%	-28.11%	102.09%	88.67%

出所：ヘッジファンドダイレクト株式会社ファンド調査部

下げ相場でも儲かるヘッジファンドD　概要

紹介ファンド	ヘッジファンドD(正式名称は入会後)
運用会社	スイス
登記場所	ケイマン籍
設定期間	2003年4月～

分析指標

リスクリターン	
年平均リターン	12.89%
年平均価格変動率	27.50%
シャープレシオ	0.47

相関性	
S&P500	0.08
Berkeley CTA指数	0.74
Msci World Index	0.12

投資期間別運用成績

	1年		3年	
	ヘッジファンドD	世界株	ヘッジファンドD	世界株
最大	84.70%	42.75%	208.05%	74.91%
最小	-34.42%	-47.76%	-25.76%	-43.76%

の内訳

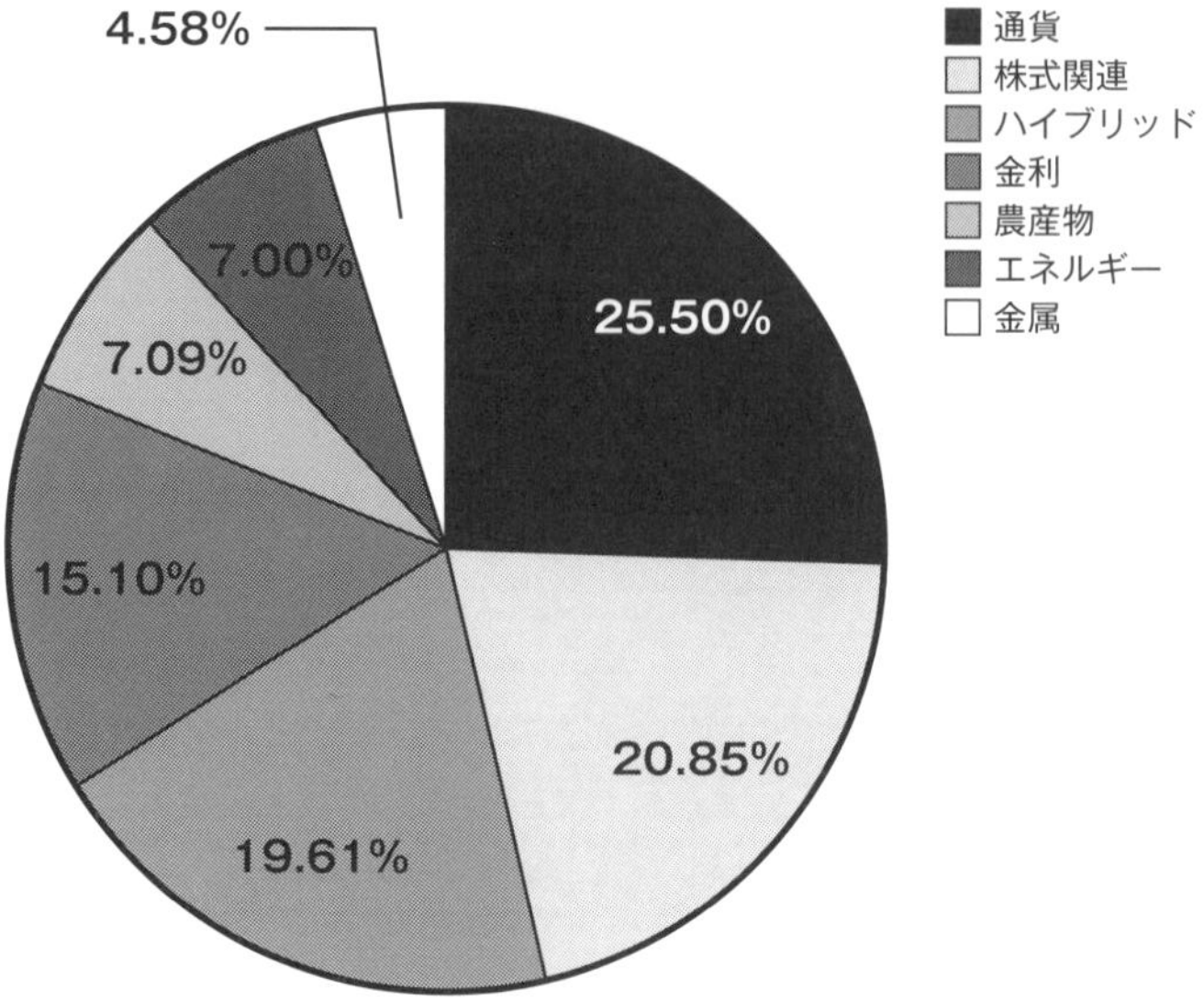

金	原油	ココア
パラジウム	ブレンド原油	コーヒー
プラチナ	軽油	トウモロコシ
銀	ガソリン	綿
アルミニウム	灯油	ゴム
銅	天然ガス	牛
鉛	改質ガソリン	等、およそ726市場

出所：ヘッジファンドダイレクト株式会社ファンド調査部

ヘッジファンドDの投資対象 内訳 2016年10月時点

投資対象は株や債券、商品等の先物がメインで、流動性の高いものを中心に投資している。

資産構成	
通貨	25.50%
株式関連	20.85%
ハイブリッド	19.61%
金利	15.10%
農産物	7.09%
エネルギー	7.00%
金属	4.58%

日経225先物	米国超長期国債	米ドル
米国S&P500先物	米国長期国債	ユーロ
米国ラッセル1000先物	米国10年物中期国債	日本円
ドイツDAX先物	米国2年物中期国債	豪ドル
イギリスFTSE100先物	ドイツ長期国債	英ポンド
フランスCAC40指数先物	オーストラリア10年物国債	カナダドル
VIX指数先物	スイス長期国債	スイスフラン

2016年12月末

2009年	2010年	2011年	2012年	2013年	2014年	2015年	2016年
-25.53%	38.44%	-20.16%	3.67%	-0.12%	35.53%	-10.65%	19.59%
30.79%	12.34%	-5.02%	16.54%	27.37%	5.50%	-0.32%	8.15%

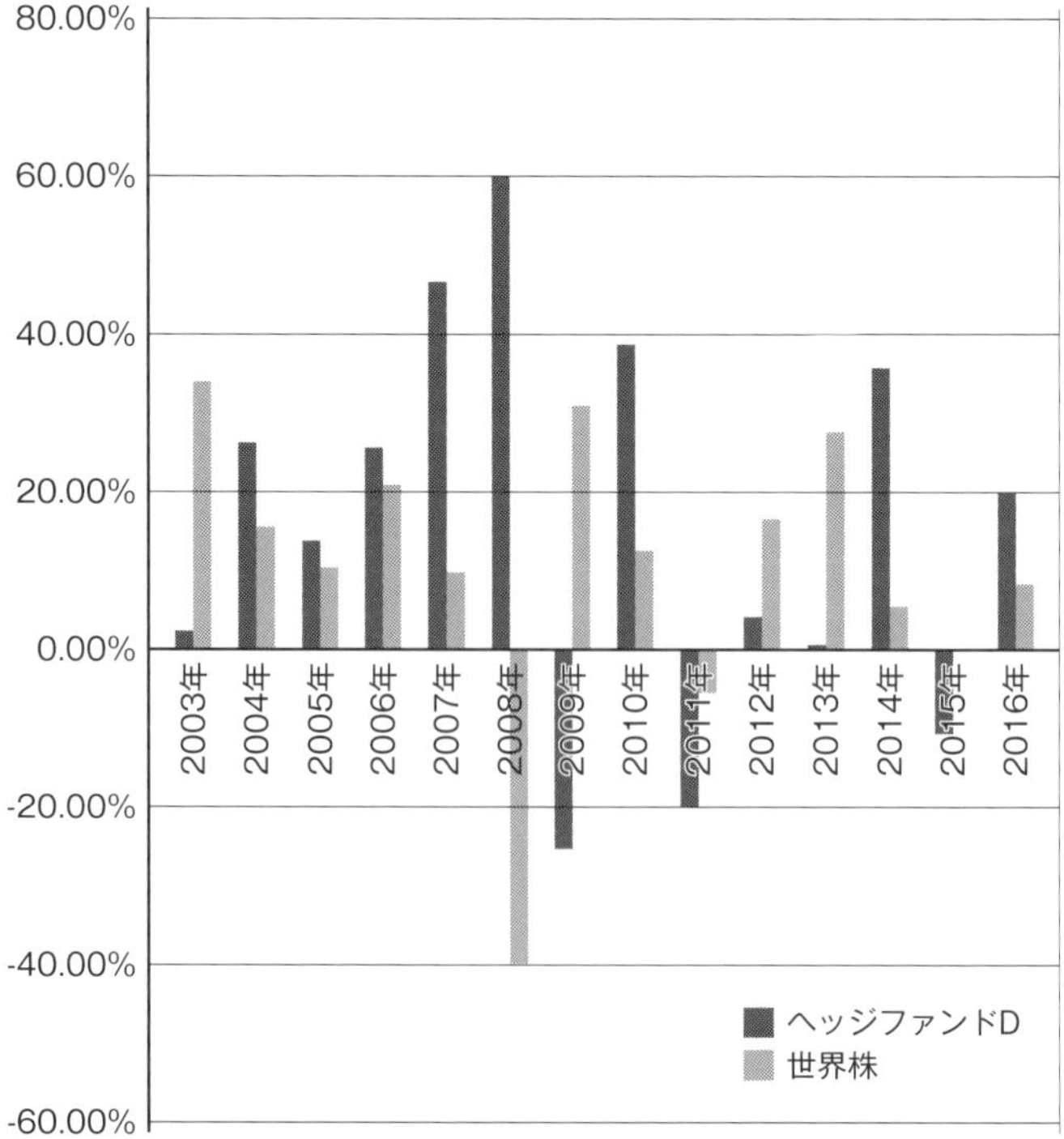

出所：ヘッジファンドダイレクト株式会社ファンド調査部

ヘッジファンドDの年次別リターン 2003年3月末〜

	2003年	2004年	2005年	2006年	2007年	2008年
ヘッジファンドT	2.31%	25.94%	13.55%	25.37%	46.46%	59.97%
世界株	33.76%	15.25%	10.20%	20.65%	9.57%	-40.33%

リーマン・ショック時

※Msci World Index

	ヘッジファンドD	世界株
リターン	12.90%	6.38%
リスク	27.50%	14.93%
シャープレシオ	0.47	0.43

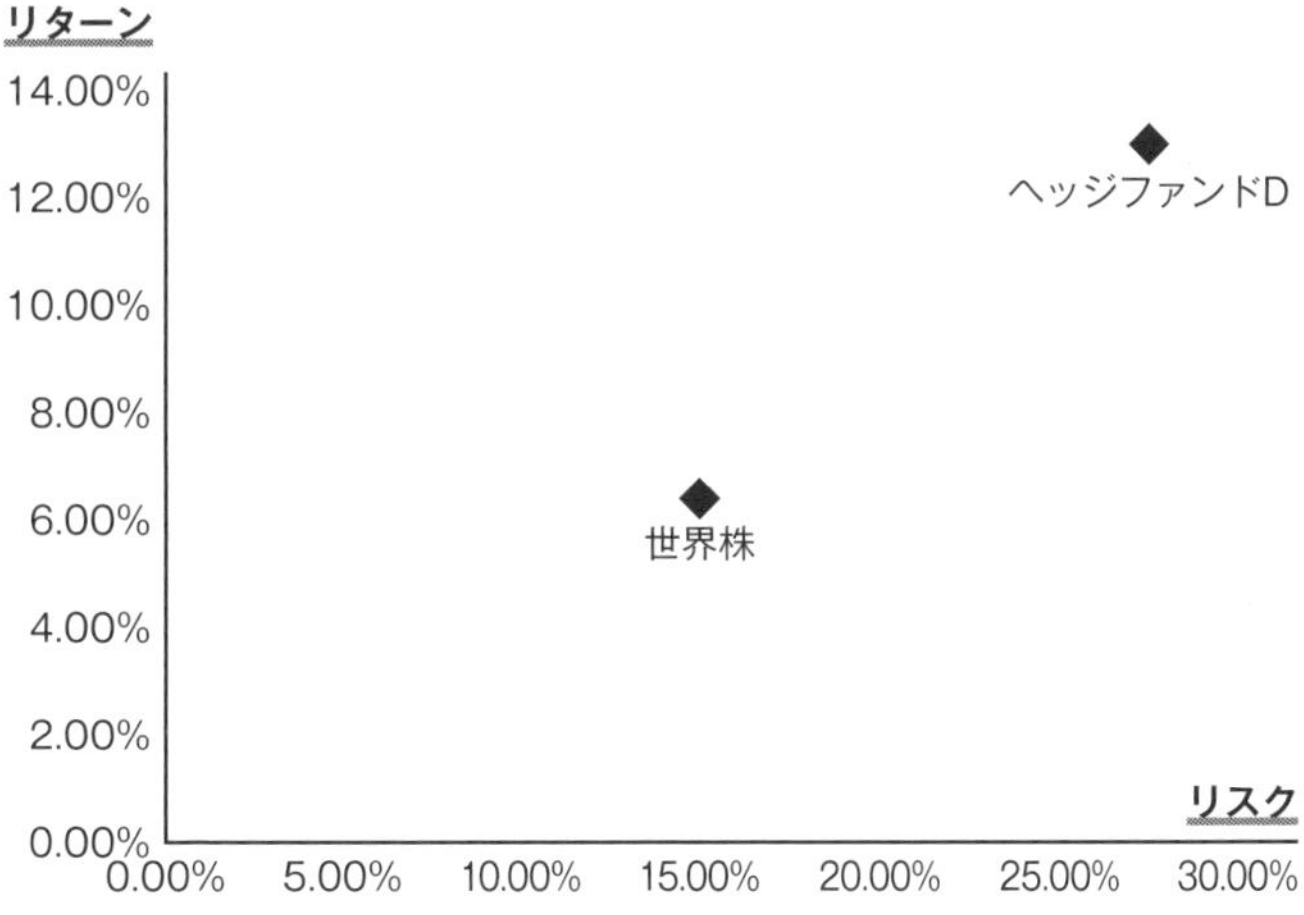

等に投資した場合

2009年	2010年	2011年	2012年	2013年	2014年	2015年	2016年
-25.53%	38.44%	-20.16%	3.67%	-0.12%	35.53%	-10.65%	19.59%
30.79%	12.34%	-5.02%	16.54%	27.37%	5.50%	-0.32%	8.15%
2.63%	**25.39%**	**-12.59%**	**10.11%**	**13.63%**	**20.52%**	**-5.49%**	**13.87%**

2等分ポートフォリオ

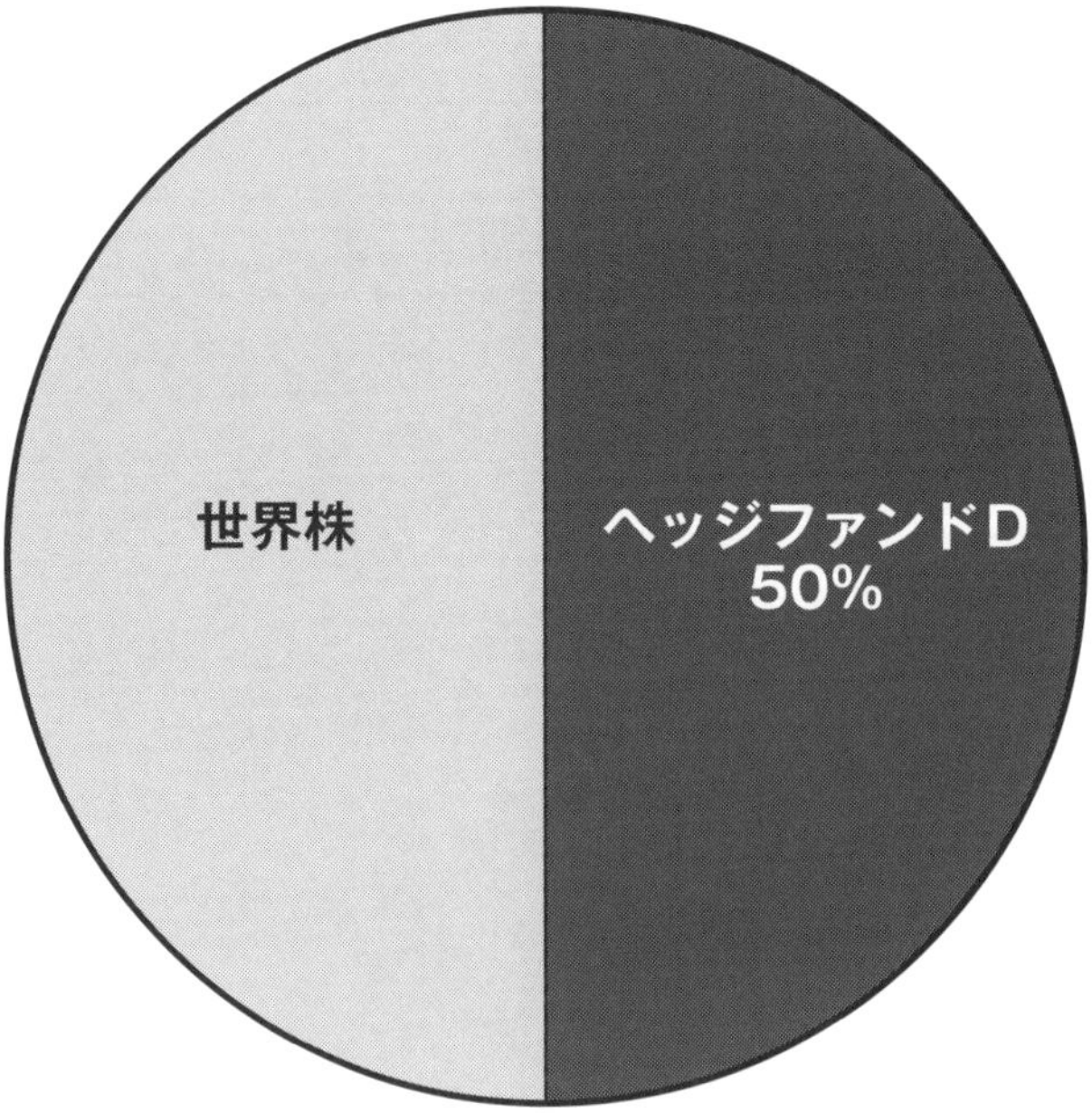

出所：ヘッジファンドダイレクト株式会社ファンド調査部

分散投資の効果 株式とヘッジファンドDに1/2ずつ均

	2003年	2004年	2005年	2006年	2007年	2008年
ヘッジファンドT	2.31%	25.94%	13.55%	25.37%	46.46%	59.97%
世界株※	33.76%	15.25%	10.20%	20.65%	9.57%	-40.33%
1/2ずつ投資	**18.04%**	**20.60%**	**11.88%**	**23.01%**	**28.02%**	**9.82%**

※Msci World Index

	ヘッジファンドD	世界株	1/2ずつ投資
リターン	12.90%	6.38%	10.24%
リスク	27.50%	14.93%	18.37%
シャープレシオ	0.47	0.43	0.56 改善

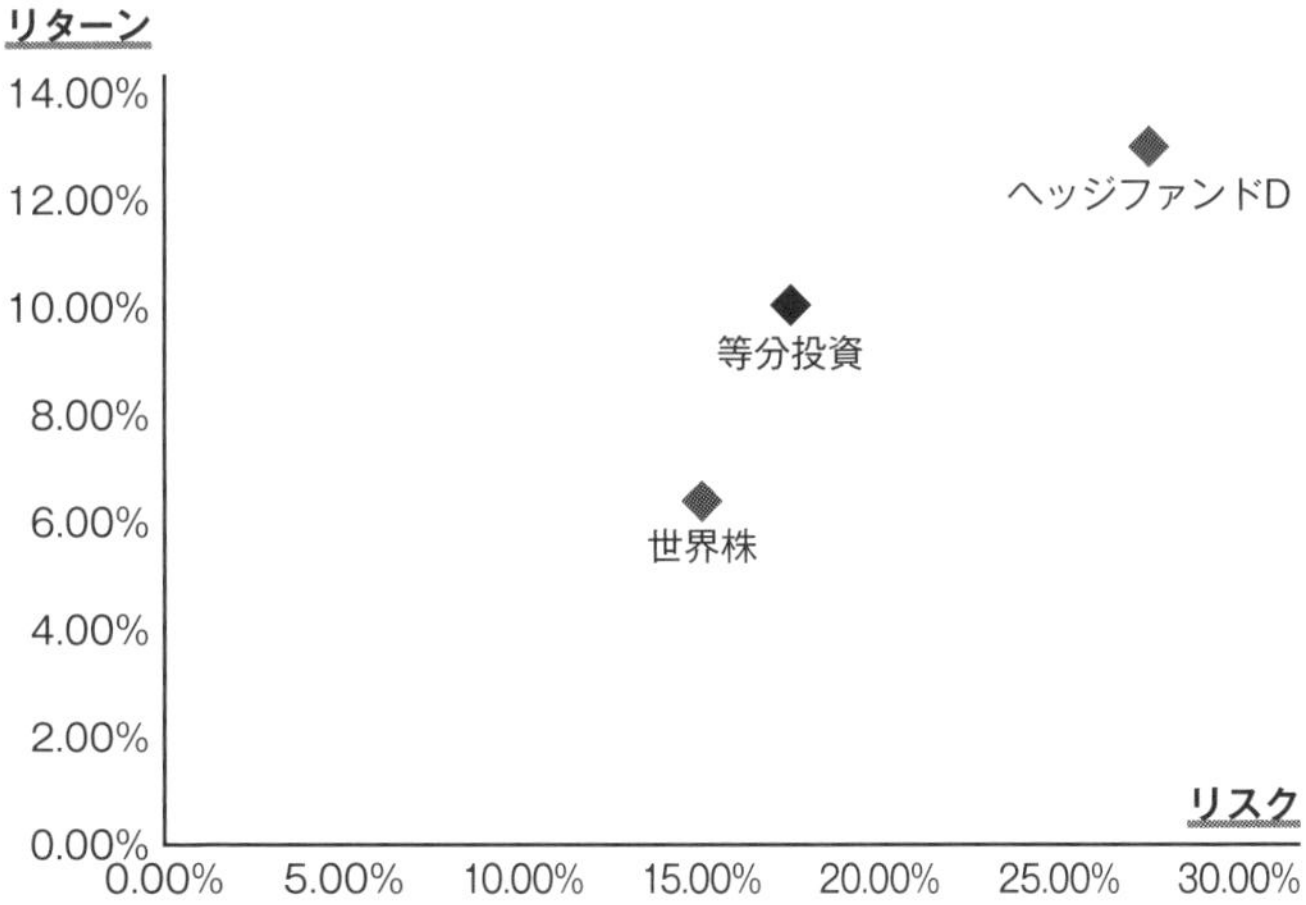

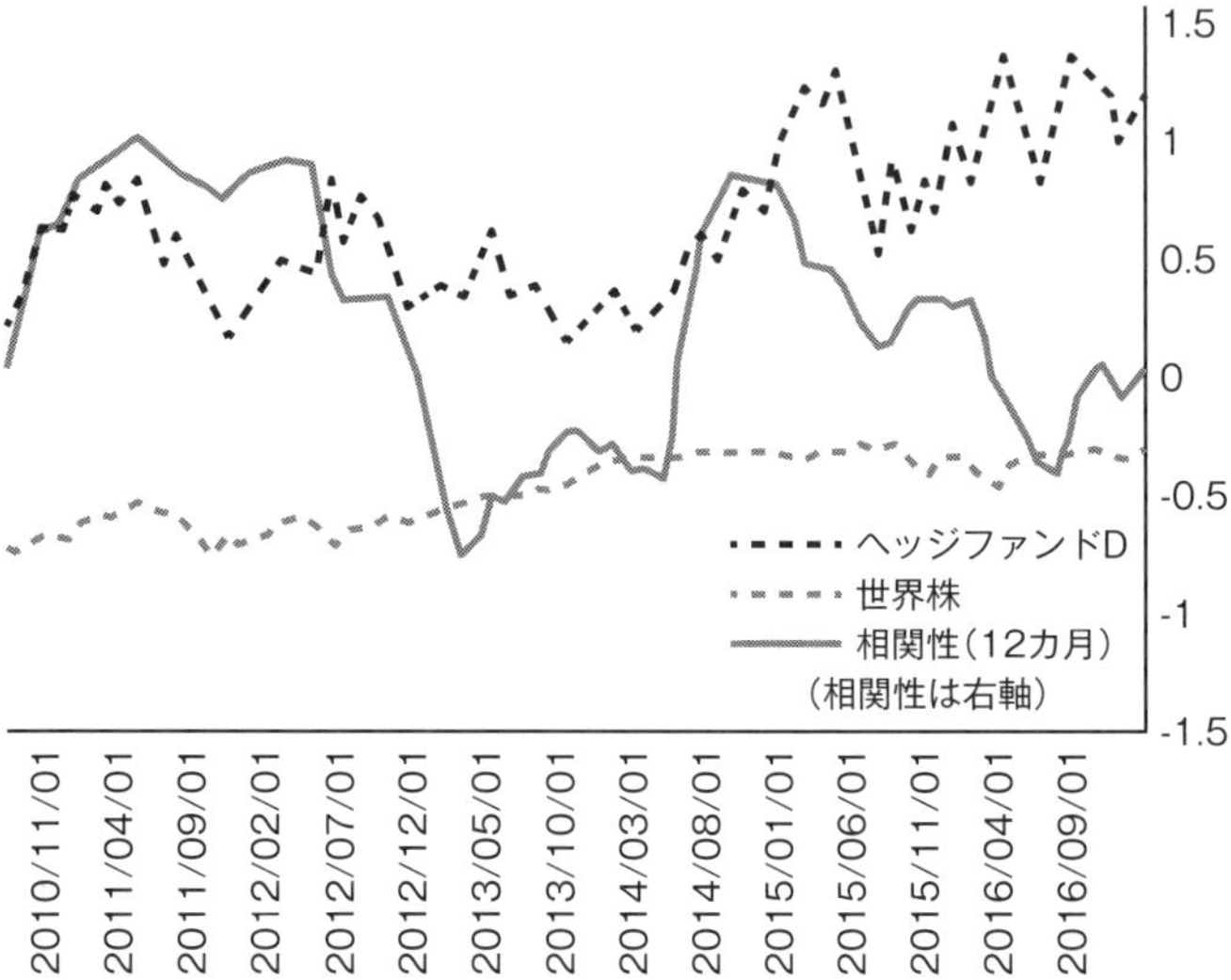

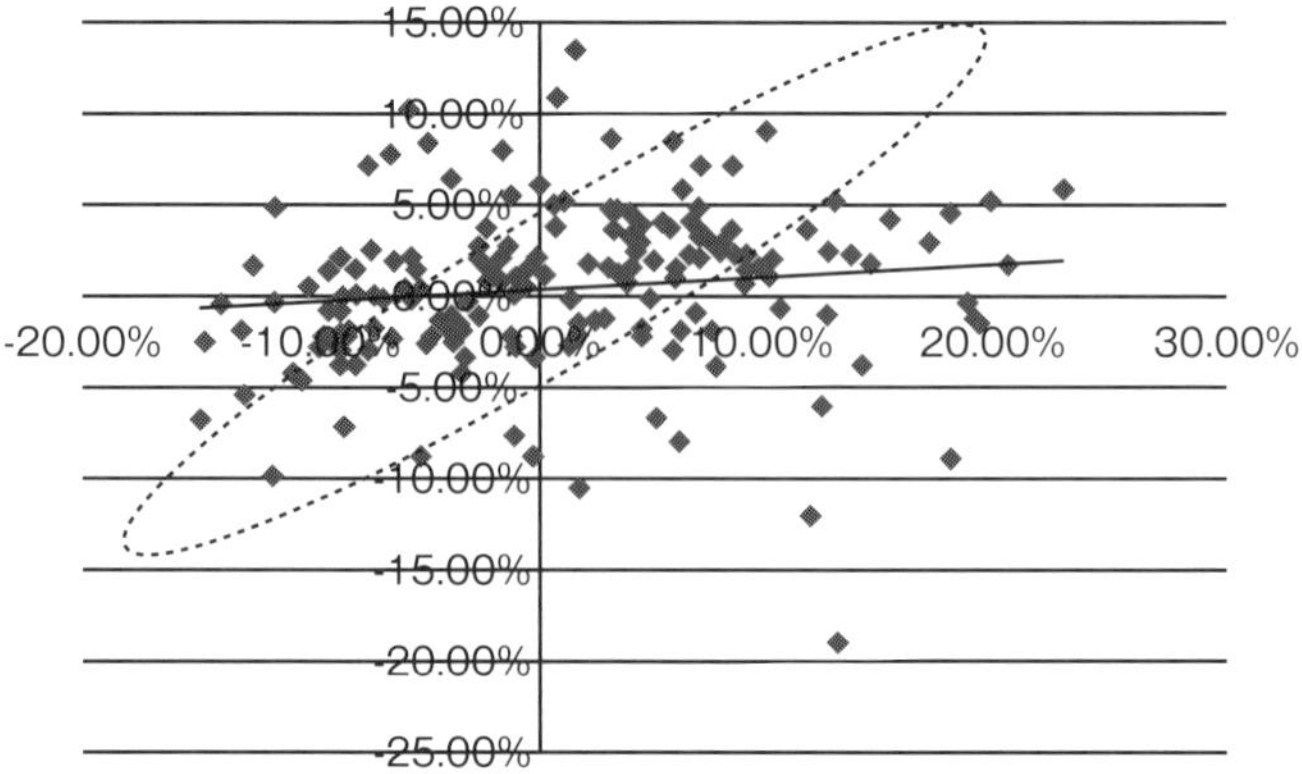

出所：ヘッジファンドダイレクト株式会社ファンド調査部

株式との相性性分析

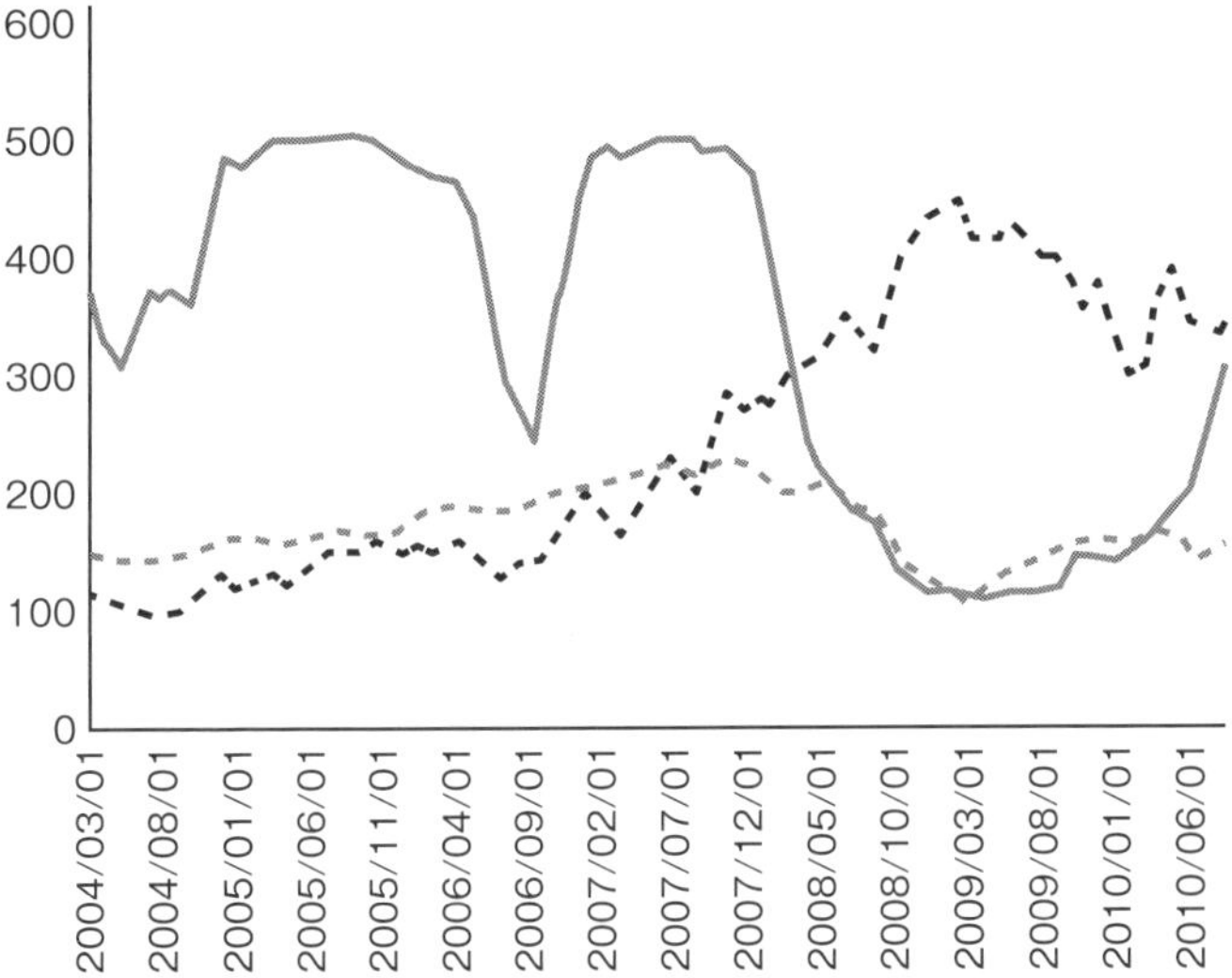

ヘッジファンドDとの相性性	
Msci World Index	0.12

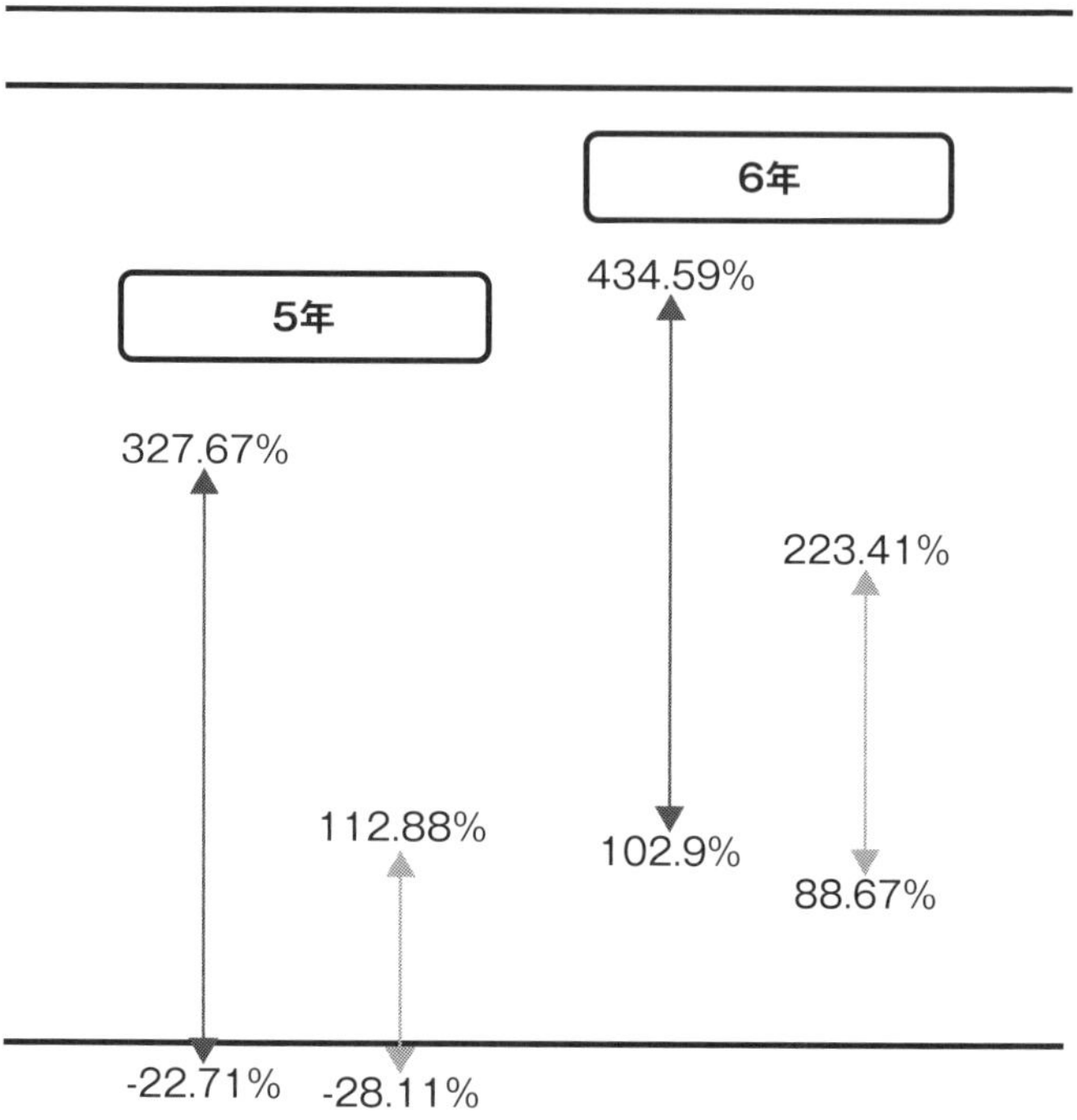

5年		6年	
ヘッジファンドD	世界株	ヘッジファンドD	世界株
327.67%	112.88%	434.59%	223.41%
-22.71%	-28.11%	102.09%	88.67%

出所：ヘッジファンドダイレクト株式会社ファンド調査部

ヘッジファンドD 投資期間別リターン

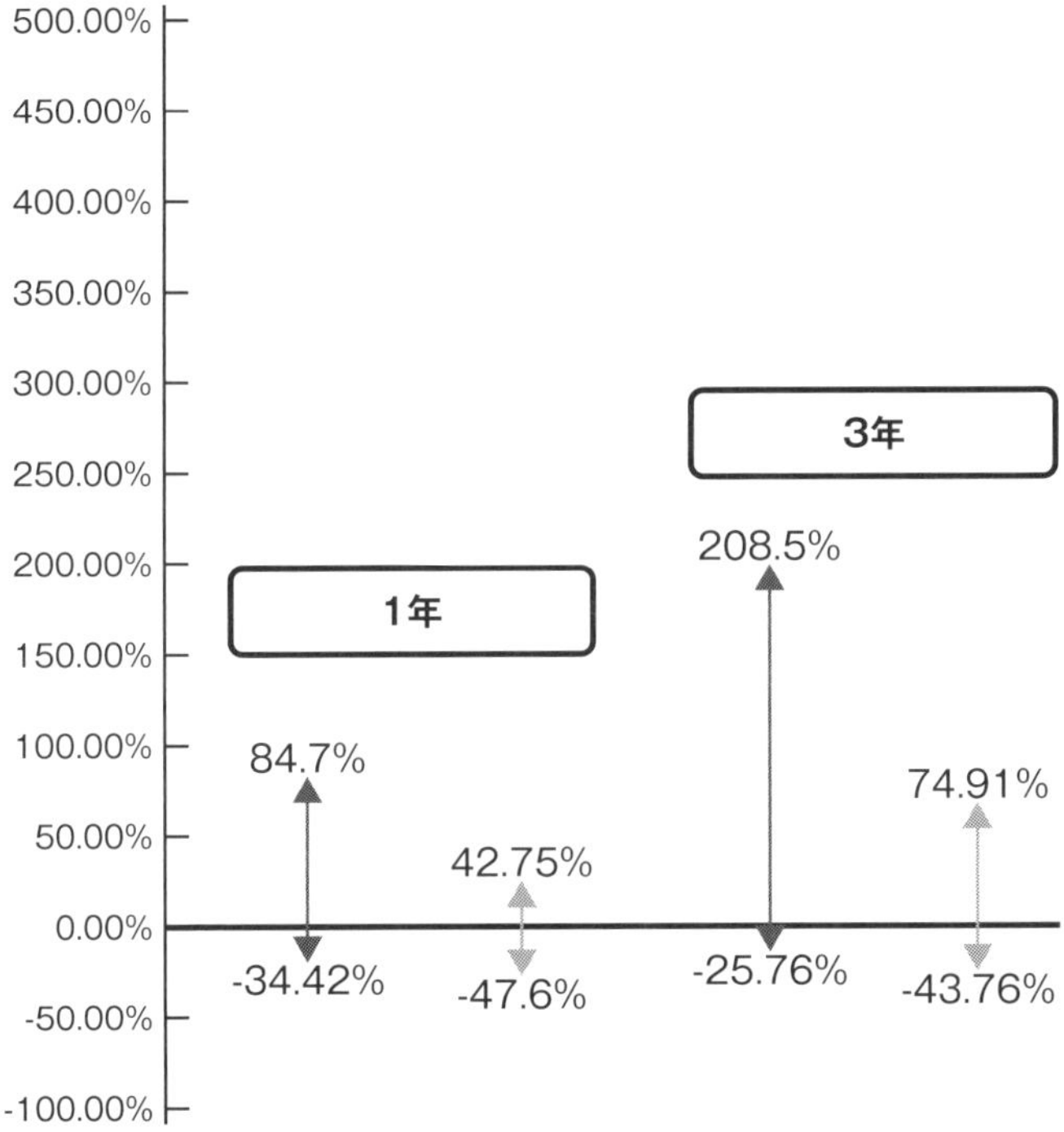

	1年		3年	
	ヘッジファンドD	世界株	ヘッジファンドD	世界株
最大	84.70%	42.75%	208.05%	74.91%
最小	-34.42%	-47.76%	-25.76%	-43.76%

ファンド・運用会社に対して、中立・独立的な立場である投資助言会社による客観的な分析情報を基に、富裕層が投資判断を行っていることがご理解いただけたことと思う。

投資家がヘッジファンドに投資をした後は、定期的に運用会社から英文運用報告書等が送られてくる。その内容に関する解説や分析も専門性を有する投資助言会社であれば、投資家に対して提供可能である。

〈ディスクレーマー〉
本資料は、投資判断の参考となる情報の提供を目的としたもので、金融商品の取得勧誘・販売等を目的としたものではありません。本書作成においては万全の注意を払っておりますが、本書に含まれる情報の正確性、更新性に関して弊社は一切保証していません。また、当該評価は過去の一定期間の実績を分析したものであり、将来の運用成果等を保証したものではございません。銘柄の選択、投資の最終決定は、ご自身の判断でなさるようにお願い致します。当社は販売会社ではないため、運用会社となんらの契約関係もなく、運用会社の判断になんらの影響を与えることはできず、最低投資金額を含む運用会社やファンドに関する最新情報・投資機会について、投資助言契約者に対して情報を提供するという立場です。投資判断はお客様自身の判断でなさるようにお願い致します。

COLUMN 5.

フィンテック時代の幕開け（2015年〜）

アブラハム・プライベートバンクが投資助言会社として業務再開を果たした後、規制対応の一環として、アブラハム・ウェルスマネジメントで販売業のライセンスを取る形で、金融グループとして多角的に営業するようになった。

2010年代になると、世界はフィンテック（Fintech）の話題で持ちきりになった。米フィンテック大手のレンディングクラブ社は、「IT×金融」の分野で前例のない金融ビジネスを起こしたところ、規制上の問題で米金融当局から2008年に業務停止処分を受けたが、法解釈が固まり新規ライセンスを取得することで2014年に上場を果たし、時価総額は1兆円となっていた。

米CNBCが2013年、業界をDisruption（破壊する）ほどのインパクトを与える「未来を創るスタートアップ50社」を発表したが、50社中12社がフィンテック関連スタートアップであり、そのうち4社が資産相談系サービス領域だった。フィンテック・ベンチャーへの投資は4年で3倍以上に増加、アメリカのトップベンチャーキャピタルによるフィンテック案件への投資件数は5年で4倍以上になった。

筆者が創業間もなく東京海上・ジャフコ等から「IT×金融」で総額5億円を資金調達した2006年当時は、「フィンテック」という言葉もなく、この調達金額でも当年における資金調達額が一番大きな案件の中の1つであったが、2015年になり「フィンテック」というキーワードを纏《まと》うことで、40億円をベンチャーキャピタルから調達するベンチャーが日本でも現れ出した。2015年にはフィンテックの台頭についてNHKで特集が組まれるほどに日本の一般社会でもフィンテックは注目されるようになっていった。

2015年年初に投資家に対して第三者割当増資を行った関係もあり、私はベンチャーキャピタルと話をする機会も多かった。彼らと話をする中で、アブラハム・プライベートバンクも世の中の流れを受けて、「フィンテック」と呼ばれ始めるようになった。独自の情報解析アルゴリズムを用いて世界中10万本以上のファンドの中から個人投資家にとって最適なファンドを提案するということを元々行っていたからだ。

具体的にはグローバルな市場データやファンドデータをスクレイピングして、自社独自のアルゴリズムによって解析、日本の富裕層が投資するに値する最適なファンドを選び出す。アルゴリズムは、過去のパフォーマンス実績に重み付けが強い等の独自の味つけがあるわけだが、その部分をいわゆるAI（人工知能）へと発展させていくことが可能である。このような仕組みで、個人投資家により安価に優良な情報を提供できるようになる。言うなれば、従来のリサーチ・アナリストの人力作業を、テクノロジーが代替することができる。

投資業界におけるＡＩの活用・研究と言えば、様々なビッグデータを分析することで、値上がりしそうな株式等の投資対象を見つけて、運用成績を上げていこう、というアルゴリズム取引である。運用会社による売買アルゴリズムの研究開発は、ＡＩがアルファの源泉となることを期待しているが、当社の場合はＡＩをそのように活用する気はない。

当社はあくまで中立的なファンド格付け機関のようなイメージで、ビッグデータを活用しつつ、大量のファンドデータの中から富裕層が長期投資を行うに値する優良ファンドを厳選して選び出すという立場である。その投資助言の精度を高めるための手段として、人工知能を捉えている。

ベンチャーキャピタリストは、将来の世界展開も視野に入れて、「サービス名」と「社名」を一致させるのはどうかという話をよく振ってきた。この頃には、アブラハム・プライベートバンクの投資助言対象は、海外ファンドの中でも、特にヘッジファンドに助言対象を絞り込んでいたせいである。私は社名変更には反対だった。もう数年前のこととは言え、不祥事のせいで社名変更をしたと思われるのが嫌だったからである。

そうとはいうものの、２０１５年８月、グーグルが「持株会社アルファベット」の下の事業会社になる等、ビジネスの潮流としては、「１社・１サービス・１プロダクト」というトレンドになっていた。社会が成熟化してニーズが多様化する中で、ターゲットセグメントや事業ごとに、よりフィットした社名に変更するのが合理的だった。

翌年2016年は創業11年目であり、新しい10年に向かう節目を迎えつつあった。年の節目に一つの区切りとして、心機一転に商号変更も良いかもしれない。従来は結びつかなかった個人投資家とヘッジファンドを結びつけるベンチャー企業らしい商号。サービスの価値をわかりやすく、端的に伝えられる商号。2016年1月にアブラハム・プライベートバンク株式会社を「ヘッジファンドダイレクト株式会社」に商号変更することとした。

このタイミングで、「YUCASEE（ゆかし）」を運営する子会社アブラハム・マーケティング社は、ゆかしウェルスメディア株式会社に改名。アブラハム・ウェルスマネジメント株式会社は改名なしとした。意地でも名を残そうという創業者の思い入れだ。

ヘッジファンドダイレクトやアブラハムを含めた事業会社を束ねるグループ持株会社の商号は、「お客様と共に歩みたい」という意味を込め、「あゆみトラスト」とした。

2年前にお客様のおかげで再起できた経験を忘れないためでもあった。

2016年4月以降になると、「フィンテック」という言葉を日経新聞で見ない日はないほどになった。ほんの1年前までは参加者10人程度のフィンテック勉強会に100人単位で人が集まるようになっていた。当社の業務は以前とそれほど変わらないが、ヘッジファンドダイレクトに対する世間の目が変化した。「あそこはフィンテック銘柄だ」と『週刊ダイヤモンド』等から取材が入るようになったり、シンガポールの投資家向けレポートや日本のフィンテック企業に関する分析ペーパーにも掲載されるようになった。売上実体がなく期待とイメージ先行のフィンテック企業群も多い中で、独特のポジションで投資助言契約額８９５億円以上を積みあげている堅実なフィンテック企業と評されることもしばしばとなった。

２０１６年７月、金融庁は金融審議会を開き、フィンテックの台頭により、従来は明確だった規制ごとの境界線が薄れていることへの対応策等が改めて議論されることになった。「急速に技術革新が進むフィンテックは実態が先行し、法制度が追いついていない」という問題意識の中、金融庁の池田唯一総務企画局長は「現在の法制度は色々なところで時代遅れになりつつあり、迅速に解決していく」と述べた（『日本経済新聞』２０１６年７月28日）。

図表32　ヘッジファンドダイレクトの投資助言実績

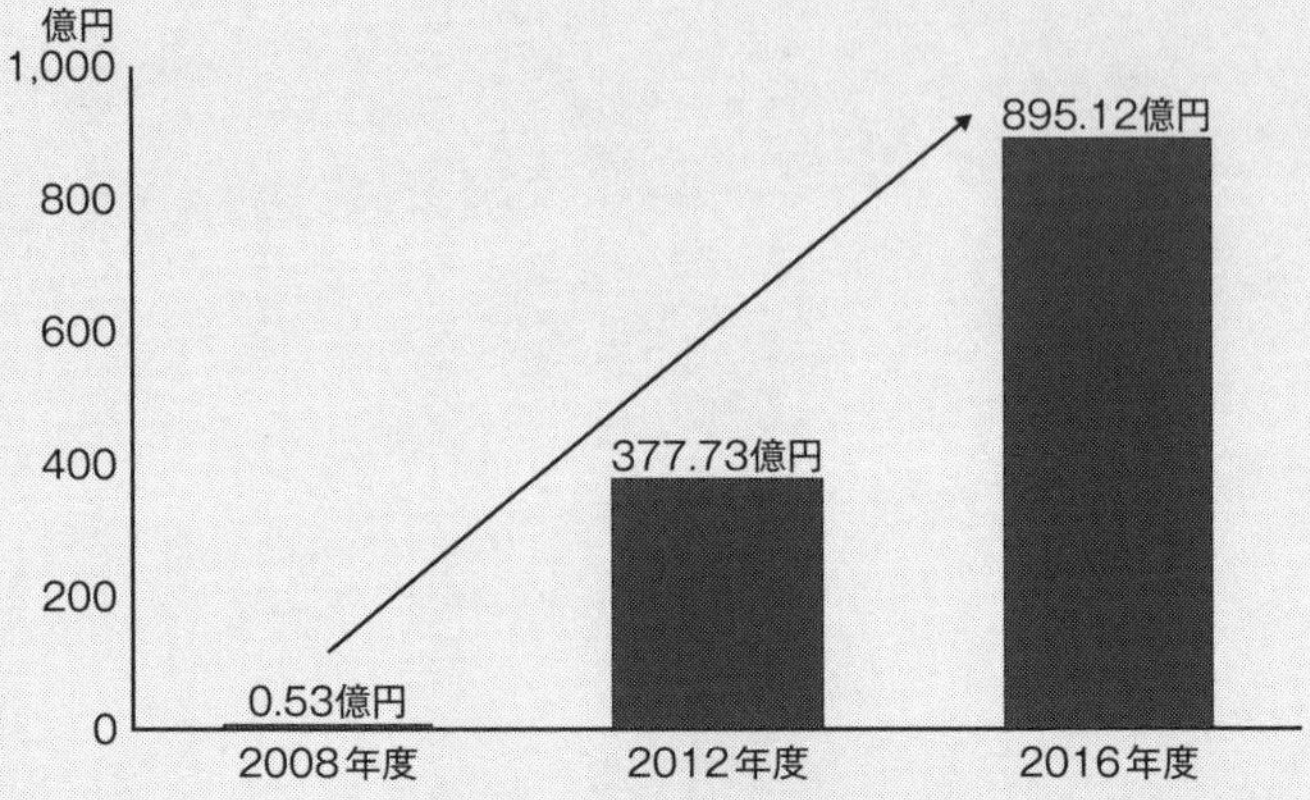

＊投資実行時・円換算、長期積立投資の場合は総積立期間の投資累計額

第6章

フィンテック時代の資産運用

01. 投資家による販売会社の中抜き

賢人ピーター・ドラッカーは２０００年初頭に「日本の金融業界は１９５０年代レベル」だと喝破した。つまり、日本は世界に比べて50年も後進国ということである。そんな日本の資産運用業界がフィンテック時代になり、個人投資家はどう変わるのか。本書の最終章では、過去の流れを振り返った上で、その未来について考察していきたい。

❖個人投資家による販売業者の中抜き

アメリカから遅れること25年、１９９９年についに護送船団方式は過去のものとなり、金融の自由化が起こった。画一的でサービス精神が他業界よりも遅れていた日本の金融業界でもついに「個人投資家の満足」を賭けた本当の自由競争が始まったわけである。

その自由化のタイミングで、業界外から黒船が到来した。ソフトウェア卸業出身の孫正義社長率いるベンチャー企業のソフトバンク系列証券（現ＳＢＩ証券）がネット証券（販売業）を作ったのである。そこで、株式投資に係るコストを限界まで下げて、対面営業の既存大手金融機関に対して挑戦をしたのである。

投資とは「コスト控除後のリターン」の最大化を目指すものである。その結果、あっという間に個人投資家はネット証券に集中することになった。今や、個人投資家だけでなく、機関投資家や外国人までもがネット証券を支持している。業界最大手である野村証券等の対面証券会社を含めた全証券会社中で、株式取り扱い第１位はＳＢＩ証券になった（図表33）。

インターネット時代になると、手数料の削減だけではなく、次は「販売業者そのものを中抜きする動き」が起こるようになった。個人投資家と運用会社（ファンド）がインターネットでダイレクトにつながりだしたのである（図表34）。

その結果、個人投資家がいままで投資信託（ファンド）を購入するときに販売会社に支払っていた販売手数料を３～５％程度も削減することに成功するようになった。

このように大手販売会社（証券会社・銀行）を中抜きして、作り手が自ら売り手になっ

図表33　各社委託売買代金の推移

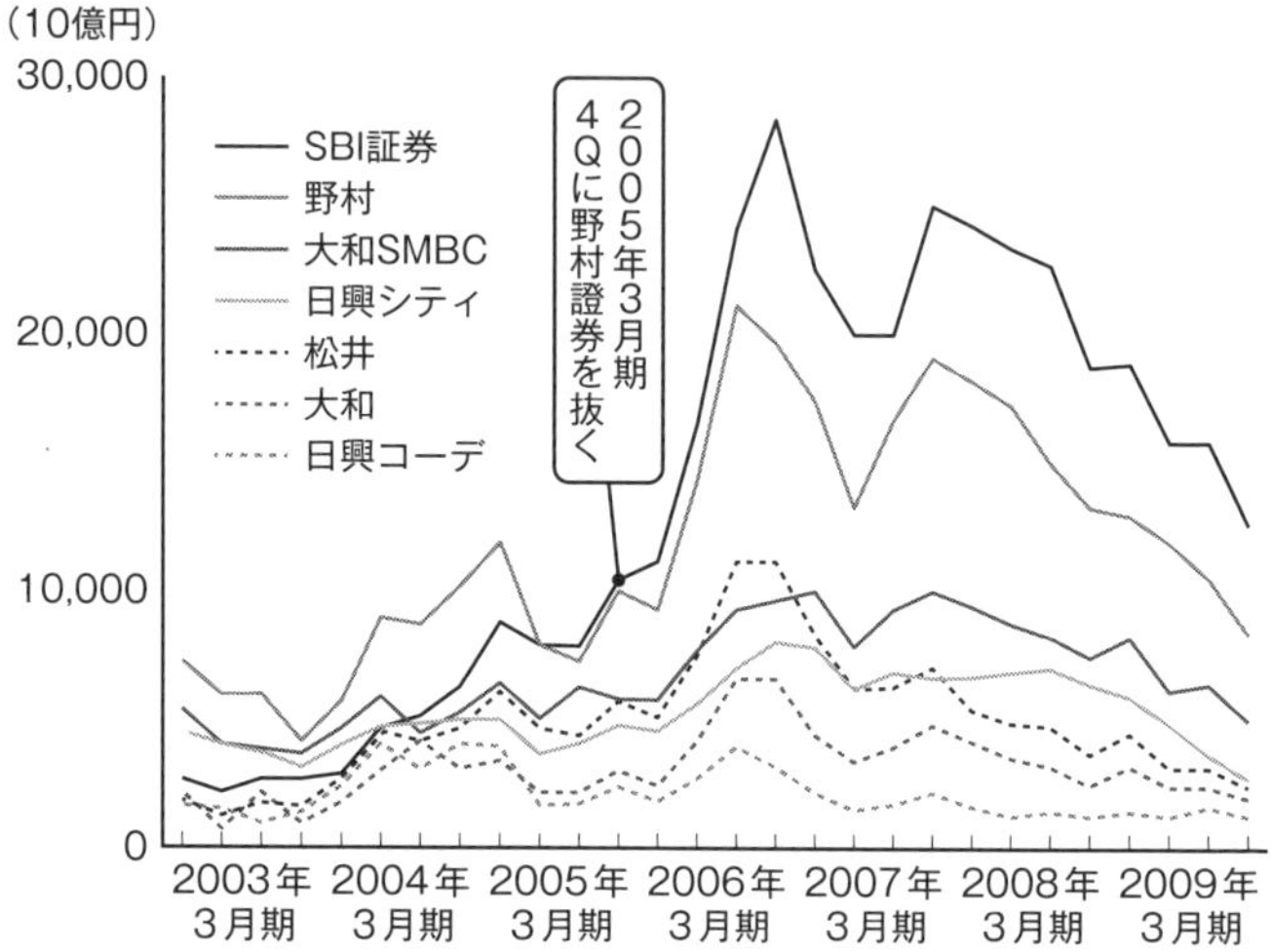

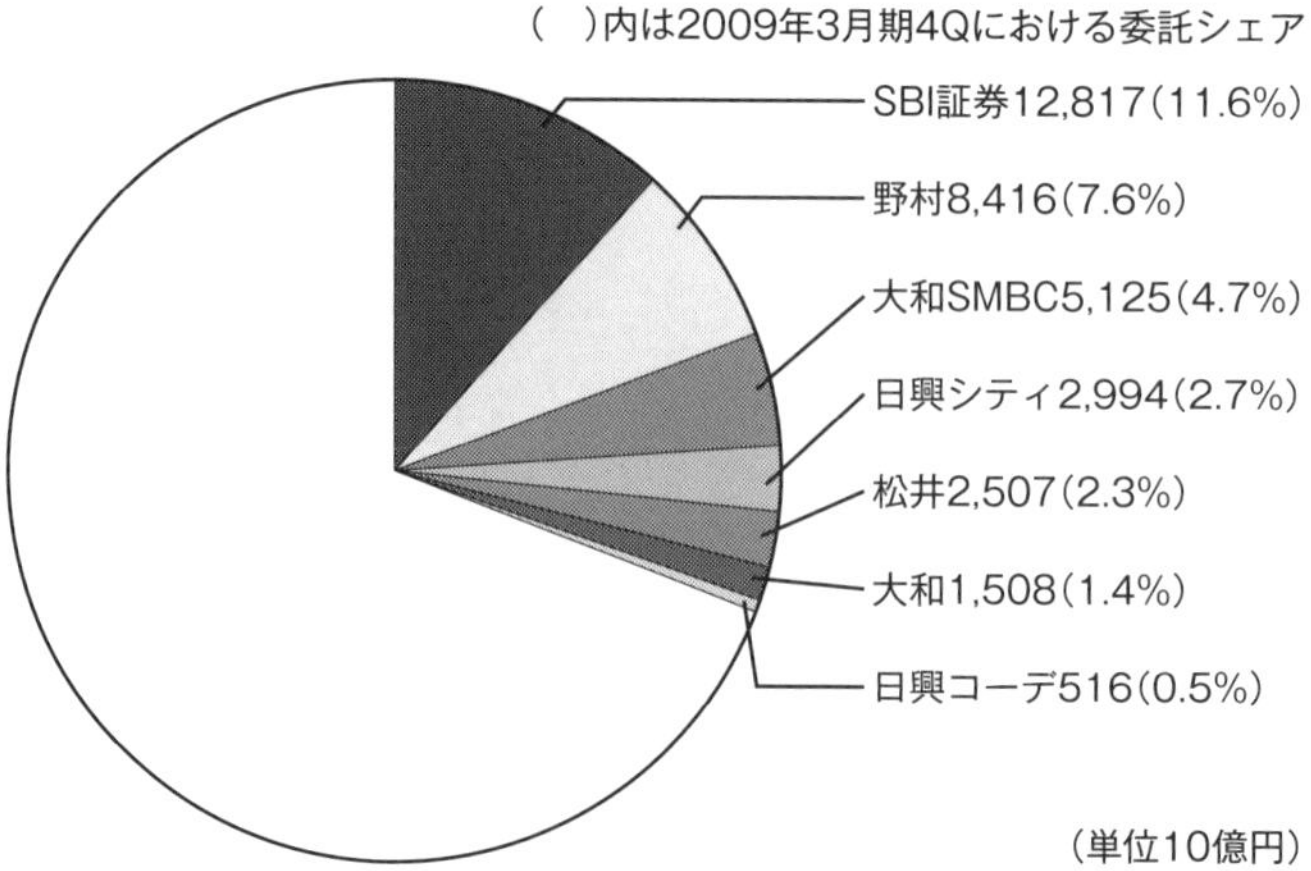

出所：SBI証券HP

図表34　販売会社の中抜き

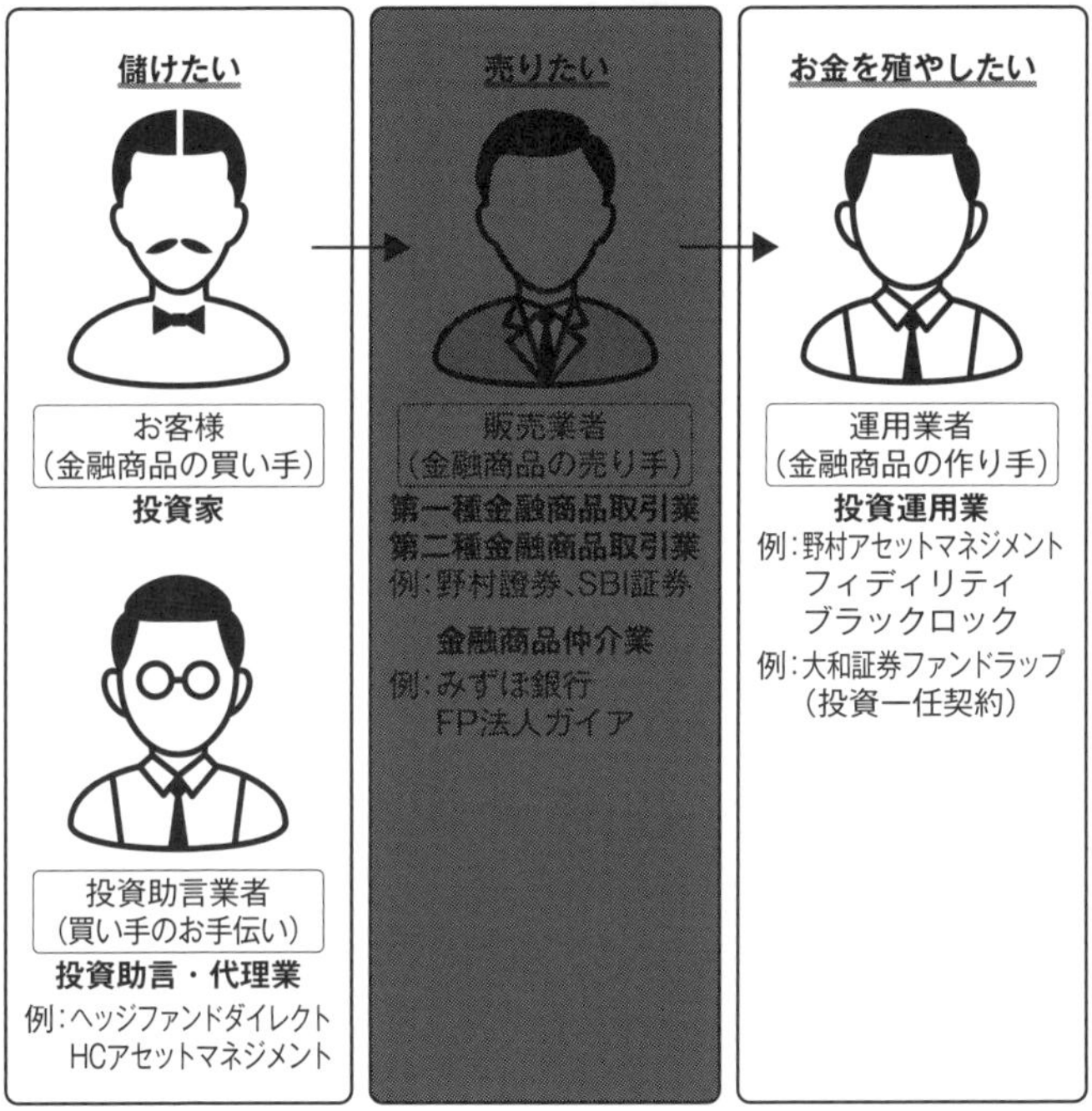

図表35　直販プレイヤーの三世代

創業	社名	投資対象	背景	創業社長の世代
1999年	さわかみ投信	日本株ファンド	インターネットの登場	団塊世代
2006年	セゾン投信	国際分散投資ファンド	少子高齢化で右肩下がりの日本	バブル世代
2008年	ヘッジファンドダイレクト	世界ランキング上位ヘッジファンド	リーマンショック等の世界経済危機	団塊ジュニア世代

たのが、製販一体型の直販プレイヤーとして有名な「さわかみ投信」「セゾン投信」「ひふみ投信」である。

「販売会社の中抜き」というコンセプトは、大手証券会社と系列関係がない独立系運用会社が日本に広めていった。これが金融リテラシーが高まった賢い個人投資家の「長期投資志向」と「コスト削減」というニーズと合致したのである。

直販プレイヤーの第一世代は１９９９年に出てきた「さわかみ投信」である。その投資対象は「日本株」である。「手数料稼ぎで回転売買・短期売買を誘引する大手証券会社を中抜き」して、「本当に個人投資家のためになる長期運用をしたい」という志が世間に受け入れられた。

その後、２００５年以降になって日本の人口が減少フェーズに入り、長期的には日本の成長が見込めなくなると、海外を視野に入れた「国際分散投資で長期投資」しようという第二世代の「セゾン投信」が２００６年に出てきた。

さらにその後、国際分散投資していてもリーマン・ショック等で全面安になる現実を受けて、「下落相場でも儲かるヘッジファンドで長期投資」をしようという第三世代の「ヘッジファンドダイレクト株式会社」が２００８年に出てきたのである（図表35）。

02. 個人投資家のリテラシーの高まりと利益相反

❖利益相反

リーマン・ショック後は、「なんだ、大手金融機関の看板に任せていたのに、結局、損をしたじゃないか」ということで、企業の「一般的な知名度」と「運用能力」に論理的な関係はないという認識が個人投資家に広まった。そして、大手金融機関への不信が高まり、大手金融機関が投資家の利害を損ねている状況が次々と報道されるようになった。

- 高齢者がカモにされる人気金融商品の「裏側」（『週刊ダイヤモンド』２０１５年2月）
- 銀行員にダマされないための正しいマネー運用マニュアル（『現代ビジネス』２０１５

年12月）
- 販売したい投信を顧客に購入させるため誘導質問をするなどしていたシティバンク銀に3度目の業務停止命令（金融庁）（『日本経済新聞』2011年12月）
- 証券界、期待と背信の20年（『日本経済新聞』2014年6月）
- 認知症患者を食い物にするハイエナ金融機関（『週刊朝日』2015年11月）

「高配当ファンドのタコ足」「グロソブ」「仕組債」「販売手数料目当ての投信の短期乗り換え推奨」「回転売買」「インサイダー取引で野村証券トップ辞任（2012年）」等、様々な報道等を通じて、投資家は大手証券会社から心が離れるようになった。

その結果、「運用会社や販売会社等のセルサイドには、もう騙されたくない」という個人投資家ニーズが急増していく。特に「売り手と買い手の間にある利益相反」について、個人投資家は強く意識するようになったのである。

❖投資助言会社の台頭

その結果、欧米と同じように、個人投資家は「バイサイド・エージェントである投資助言会社（アドバイザー）」にまずは相談する動きが登場した。

全米100万部のベストセラーでかつロングセラーの『敗者のゲーム』を記したチャールズ・エリスによると、「長期投資家にとって、適切な専門家の助言を得て、自分に最適な運用計画を作ってもらえば最高だ。しかし多くの人がお金を払ってそれを専門家に依頼しておらず、その怠慢がもたらす機会損失は甚大だ」としている。

エリスによると、多くの投資家にとって最も困難なのは、最適な投資ポリシーを見出すことよりもむしろ、相場の高騰期や暴落期において、その投資ポリシーをぶれずに維持することである。つまり、投資家は市場の上げ下げにおいて冷静でいられないということである。そのために、投資コンサルタントが役に立つとチャールズ・エリスは指摘している。投資コンサルタントの使命は、顧客である投資家の長期的な投資目的と、その目的を実現する上での現実的な投資判断を明確にして、投資家に理解させ、その投資ポリシーにコミットさせることである、とする。ポートフォリオを運用するファンドマネジャーよりも、投資家に対して投資基本方針を助言する専門能力の方が質が高く、長期的には投資家に富をもたらすというのがエリスの主張である。

このように中立的な投資アドバイザーの価値が認識され、リテラシーの高い金融先進国のアメリカでは、個人投資家による金融商品の購入の80％はバイサイドのアドバイザー経由であり、販売会社経由は20％に過ぎない（Investment Company Institute アメリカ投信協会）。

今後、日本の金融業界でも同様の流れになると言われている。

これは現在、会社を経営している人なら、「ガバナンス」という観点からも理解できるだろう。経営者も投資家も、すべては己の判断次第で浮きもすれば沈みもする。経営者の場合は、社外取締役を入れて経営会議を行うことで、自社の意思決定として非合理的なことをしていないかチェックできる仕組みを作ることが多い。同様に、投資家も、投資助言会社等の信頼できる第三者であるアドバイザーの意見を聞いた上での投資判断を行うことで、非合理的な意思決定を避ける仕組み作りができる。

運用では「素人の直感や納得」が正しいケースは少なく、時には正反対のことが多々あるのである。
たとえば、飛行機に乗ることを恐れる人は多いが、車に乗ることを恐れる人は少ない。実際は、自動車での死亡者は年平均3万人、飛行機での死亡者は年平均30人以下なのが事実なのにである。

客観的な情報があってこその正しいリスク認識・意思決定である。したがって、自分（投資家・金融商品の買い手）とも、売り手（証券会社・銀行）とも異なる立場で客観的な視座を提供してくれる第三者アドバイザーとしての投資助言会社からの情報提供や分析を得ることは、投資の成功のために必須だと言える。

今はまだ銀行や証券会社の販売担当員も「アドバイザー」という名刺を持っている。しかし、金融商品取引法によって各業態の収益源が定められている通り、実態は販売業者の利益を追求する販売員であるから、「お客様から見て紛らわしい呼称」は使えなくなるように規制強化が進むと予測される。このように販売業の先行きは暗いため、大手銀行も大手証券会社もなんとか自社を運用業に脱皮させようとしている。これが最近、大手銀行や証券会社が海外の資産運用会社を焦ってM＆Aしている理由と言えるだろう。

03. 個人投資家のグローバル化

❖海外ファンドブーム

少子高齢化で右肩下がりのトレンドの日本には、有望な投資先が少ないと感じる投資家が増えており、日本の金融業は世界に比べて遅れているとの報道も新聞でもよく見かけるようになる。

- 「残念ながら、日本の金融で一番遅れている分野が個人向けの資産運用ビジネスだ」と語るのは、香港の資産運用専業銀行ニッポン・ウェルスの中島努最高経営責任者（ＣＥＯ）（60）。「日本はまだまだ」（時事ドットコム２０１５年10月）

日本人の海外投資が外為法改正により1998年から解禁される中、世界で流通しているファンドのわずか6％しか日本では入手できない状況から、「情報豊富な富裕層」や「金融知識が豊富なインテリ層」を中心に、「海外投資ブーム」が起こった。

・「オフショアファンドは日本の投資信託に比べると選択肢は広い」オフショアファンド　現地で「直接投資」（『日経ヴェリタス』2012年2月19日）
・「5年後のあなたを救う！　外貨投資入門「オフショア投資　海外で口座を作って運用」（『日経マネー』2011年9月号）

ブーム当初は、距離が近くて行きやすい香港やシンガポールに注目が集まったが、やがてインターネット社会となり、物理的な距離は関係なくなると、より洗練された英米の金融商品に注目が集まるようになった。

❖海外ファンド助言業界の健全化

このような海外ファンドに対する個人投資家ニーズの高まりを受けて、海外の金融商品を専門とする投資助言会社が登場するようになった。第４章で詳述したように、当初50社にまで増え、金融商品取引法が成立した２００７年に10社程度に集約、２０１３年、２０１４年における投資助言業に関する規制強化の結果、それに対応できた数社に淘汰されていった。

個人投資家側から見ると、１９９６年の外為法改正から立ち上がった海外ファンド助言業界は、ひと昔前の中古車業界や通販業界、インターネット業界のように新興業界としての怪しさがあった。その後、海外ファンドを舞台にしたＭＲＩ事件やＡＩＪ事件を契機とした金融当局による一斉検査によって問題のある会社が淘汰された結果、業界全体が健全化し、より安心できるようになった。

その結果、リテラシーのある個人投資家による自らの意思に基づく海外ファンドへのアクセス、つまり「個人投資家のグローバル化」がより加速する環境になったのである。

❖運用会社の淘汰

個人投資家のリテラシーの向上、利益相反意識の高まりによる助言会社の台頭の結果、個人投資家のグローバル化によって、世界中の運用会社が一律横並びで投資家から評価される対象になっていく。

「コスト控除後の実績リターン」というモノサシで、「投資信託（ファンド）」「大手証券会社のファンドラップサービス（投資一任）」「ロボアドバイザー」「ヘッジファンド」等のすべての運用業者は、一律に比較されることになる。

その結果、世界ランキングで上位の最高水準の運用実績を有する運用業者だけが生き残ることになるだろう。

04. フィンテック革命による個人投資家への恩恵

❖金融業界の構造変化

ここまでの業界の流れを簡潔にまとめると図表36の通りだ。

この流れがフィンテック革命で加速する。従来はアメリカ社会の変化を10年間かけて追いかける形で日本社会は進行していたが、今やアメリカと同じスピードで日本も変わるからこそ革命と言われている。

米コンサルティング大手マッキンゼー・アンド・カンパニーは、２０１５年9月に発表した『グローバルバンキング・アニュアルレビュー２０１５年版』において、今後10年間で、フィンテックによって銀行の利益が60％減少し、売り上げが40％減少すると予測した。

図表36　日本の資産運用業界の変化

「インターネットの登場」「販売会社による回転売買・手数料稼ぎへの不信」

→「販売会社の中抜き」(事例:セゾン投信)

「海外の金融商品を個人購入できるように規制緩和」「日本は金融後進国との報道」

→「日本の投資家のグローバル化」(事例:ヘッジファンドダイレクト)

「売り手と買い手の利益相反に対する意識の高まり」「金融庁の規制の強化」

→「相談窓口が、販売業者から投資助言業者等(バイサイド)へシフト」
(事例:アメリカにおける個人向け資産運用業界)

具体的には、消費者向け貸付(クレジットカード、自動車ローン等)の分野で、今後10年間で利益が60%減少し、売り上げが40%減少すると予測されている。

また、送金、中小企業への貸し出し、および資産管理の分野では、利益が10%から35%減少すると予測されている。

フィンテック革命によって、ベンチャー企業は低い価格で利用者にサービスを提供することが可能となり、従来の金融機関にとって利益率が最も高い部分を奪い取るクリームスキミング現象が起きる。資産運用分野で言えば、付加価値の高い分野として、ファンドの投資助言がある。従来、情報の収集・解析には多数のリサーチ・アナリス

図表37　日米フィンテックベンチャーの勃興

■「銀行」を中抜きして、「借り手」と「貸し手（投資家）」がダイレクトにつながる

ーアメリカ：Lending Club
ー国内：クラウドクレジット

■「販売会社」を中抜きして、「従来の機関投資家向け投資対象（ヘッジファンド）」と個人投資家がダイレクトにつながる

ーアメリカ：HedgeCoVest（Benzigna most disruptive award2015）
ー国内：ヘッジファンドダイレクト

■「営業マン」を中抜きして、「ポートフォリオ」と個人投資家がダイレクトにつながる

ーアメリカ：wealthfront
ー国内：お金のデザイン
ウェルスナビ

トが必要で、そのため、規模と知名度を誇る巨大金融事業者に優位性があった。しかし、近年、スクレイピングの技術を利用して、膨大な金融情報・企業情報の中から有益な情報を収集し、収集されたデータを解析した上で、利用者のニーズに応じた情報を提供するプレイヤーが登場しフィンテックビジネスの一角を占めるようになっている。

なお、テクノロジーによって従来プレイヤーに比べて、より効率的・より高品質にサービスが提供できるだけではない。次のように、従来の金融業界そのものを破壊する（disruption）コンセプトでフィンテック・ベンチャーが日米で勃興している。

図表37に挙げた日米ベンチャー企業は、銀行や証券会社そのものを中抜きしている点が大きな社会的インパクトがある。顧客ベネフィットの観点から、業界構造自体に変革を起こしているのである。フィンテック革命とは、何もスマホやビッグデータ、家計管理ソフトのことではない。それは手段に過ぎない。フィンテックの本質は「既存の大手金融機関を中抜きすることで、個人が便益を得るムーブメント」である。

政府の動きを見ると、2015年12月には金融庁がフィンテックサポートデスクを開設、銀行によるフィンテック企業への資本参加を可能とする銀行法等の改正等が行われる等、規制緩和やフィンテック推進策が進められている。

おわりに　〜フィクションとしてのマネー〜

本書の「はじめに」では、富裕層の好みをビッグデータで分析した結果、「東大・銀座・ヘッジファンド」が現代の富裕層の好物だという情報を開陳した。好物としてその次に並ぶのは「皇族」「慶応幼稚舎」である。ところが、これはワイドショーが好きな話題である。

富裕層に限らず、人は「No.1」が好きなのだ。

ところで、銀座と新橋は何が違うのだろうか？　２０１６年の路線価日本一は、銀座５丁目の文具店「鳩居堂」前である。人口減少社会となった日本の中で、前年より2割も値上がりしている。１平米３２００万円で、はがき1枚の面積が47万円である。しかし、その一方で、隣の新橋の路線価は約半額である。では、銀座は新橋に比べて賃料を2倍リアルに取れるかというと、そうでもない。銀座で見上げる空と新橋で見上げる空はまったく同じである。共同幻想の1つとして、多くの人が銀座を一番だと思うからこそ、銀座が一番となっている。

ソフトバンクの孫正義氏はティファニー銀座ビルを300億円以上出して買った。住むわけではない。たまに立ち寄って見る分には、保有者が見ても、通行人が見ても、ビルの見た目は変わらない。ただ「これは俺が手に入れた銀座のNo.1ビルである」という心理的な満足度が高まるに過ぎない。

イスラエルの歴史学者ユヴァル・ノア・ハラリの『サピエンス全史』によると、食物連鎖の真ん中に位置し、サバンナの負け組としてライオンに怯え、ハイエナの食べ残しである死肉の骨の中にある骨髄をすすりながら生きていた人類には様々な種がいて、ネアンデルタール人とホモ・サピエンスという種族が残っていた。

ネアンデルタール人は、リンゴ等の眼に見えるものしか言葉で周りに伝えることができなかった。他方で遺伝子の突然変異が起こったホモ・サピエンスは、現実には存在していないものについて語ることができるようになった。そして、集団で1つの虚構（フィクション）を信じ込むことができ、大勢で柔軟に協力するという空前の能力を身に着けた結果、ネアンデルタール人を絶滅させ、人類種として唯一の生き残りとなった。これが7万年前の認知革命である。

その後、ホモ・サピエンスの末裔であるところの現在の人類は、宗教、通貨、近代国家、法律、会社、人権、自由、正義という想像の中にのみ存在するフィクションを生み出し、虚構を皆で信じることから協力や集団の維持が可能となり、結果として社会を発展させてきたとされる。

人類種の創った最強のフィクションは「マネー」である。ハラリによると、マネーの誕生は、物々交換経済の不便さを契機に、技術的な発展ではなく純粋に精神的な革命として起こった。マネーは、人々が共有する想像の中にだけ存在する新しい共同主観的な現実である。物質的現実ではなく、心理的概念である。

多くの他人が信じているものだからこそ、あなたはそれを信頼する。マネーは、人類の寛容性の極みである。言語や国家の法律、文化の基準、宗教的信仰、社会的習慣よりも心が広い。貨幣は差別をしない。宗教・性別・人種・年齢に基づいて差別することのない唯一の信頼制度である。マックス・ウェーバーの『プロテスタンティズムの倫理と資本主義の精神』によると、金銭的成功、つまり蓄財とは神の祝福の徴《しるし》とされ、蓄財そのものが神の御心に沿った褒められるべき行動規範となったとされる。

マネーがマネーを生むとして、富裕層や機関投資家がこぞって信じる「ヘッジファンド」は、現代資本主義社会を象徴するアイコンであり物語だ。

あなたは、虚構であり心理的概念に過ぎないフィクションとしてのお金が、いくら欲しいだろうか？　もし世界の富をあなたが1人で独占できるとしたら？

大変残念なことに、あなたが世界の富を独占しても、自分の通帳に見えているマネーの最大25％しか、実際には使い道がない。世界のＧＤＰ合計額は７３５９兆円（２０１５年ＩＭＦ）、世界株式時価総額もこれとほぼ同額である。

債券市場は株式市場の約3倍であるから、株と債券だけ見ても、少なくともＧＤＰの4倍のマネーがうごめいていることになる。ＧＤＰとは簡単に言えば、誰かが実際にサービスやモノを作ってくれたものの合計である。その実体経済の4倍以上が投資マネーとして存在していて、どこかの誰かがそのマネーの所有者であるということだが、そのマネーは実際には使えない。

つまり、世の中のお金の少なくとも4分の3は、単なる記録に過ぎず、その多寡や変動によって、持ち主の想像上の満足度が変化しているだけに過ぎないのである。

孫正義氏は、マネーと銀座を交換したが、それは自分の通帳の数字と、資産台帳の文字を書き換えただけに等しい。銀座ティファニービルに使った320億円も、総資産1兆6900億円の孫正義氏から見れば、誤差であろう。

あなたが今日、私から10億円を貰って、そして明日死ぬとする。あなたは本日中にリアルに使ったマネーの分しか、現実のお金持ちではない。今日、なんとか豪遊して1000万円を使い切ったならば、それが1000万円を使ってあなたが実際に味わうことのできた輝かしい人生の1日である。通帳に残り9・9億円があろうとも、それは想像上のお金持ちとなんら変わらず、結局は実際に使った1000万円分が現実である。

他国の人が現金を使い切って人生を全うするのに対して、老後が不安な日本人は平均3500万円の貯金を残したまま死んでいく。3500万円を現実に使い切る人生と、通帳に3500万円を残す人生と、どちらが本当に幸せだろうか。不安のために貯金は使えないと高齢者は言うが、計画さえ持てば不安も減るかもしれない。

フィクションとしてのお金で構築されている現代の資本主義社会が続く限り、最もリスク・リターンが良いヘッジファンドにマネーが集まる構造は不変である。ドル紙幣には「我々は神を信じる」という言葉が印刷されている。お金でお金を生み出す「ヘッジファンド」を人々が神のように崇め、求め、そして恐れるのは自明である。

共同主観的な現実の中では、お金が一番集まるところこそが、一番信頼できるところであると認識される。だからこそ、またそこにお金が一番集まるのである。それだけの話である。このシンプルな原理・原則を理解しているあなたのマネーがこれからも増え続けていくのは自明のことであろう。実はこれが「富裕層のNo.1投資戦略」の本質である。

そこであなたに伺いたい。この戦略で年率10％以上、10年間の実績があるヘッジファンドに投資して資産を倍増させ、投資の勝者となり何億円もの利益を手に入れたその先で、あなたは本当に何がしたいのだろうか？　あなたが心から信じられるフィクションはすでに見つかっているだろうか？

世界1位2位を争うお金持ちであるウォーレン・バフェットとビル・ゲイツ。彼らは自分が死亡した暁には、自身の総資産の半分以上を慈善事業に寄付することを約束し公表した。これを単なる節税対策と揶揄する向きもあるが、筆者は、大富豪たちが「人生とお金の本質」を熟考した上でこの英断を下したと受け止めている。フィクションであるお金を、彼らが望む現実に変えようとしており、それは社会を良くする方向に大きなインパクトを与えうる。

お金が増え蓄積されること自体に喜びを見出す人もいる。誰かを喜ばせたい。その手段としてのお金が必要な人もいる。どちらも素敵な考え方だ。所詮は一回限りの人生だ。やりたいようにやるしかない。

人々が求めてやまない「ヘッジファンド」。
これは皆が信じる虚構、フィクションの中にある。
人生で味わうべき「時間」や「愛」に保存は利かない。
それもフィクションではある。ただしマネーの外にある。

本書は日本の個人投資家の利益を第一に考えて執筆した。読者である皆様の自己実現と健康を願って、筆を置きたい。
願わくば、あなたが手に入れたお金が、他の人の喜びにつながりますように。

２０１７年３月　高岡壮一郎

〈参考文献〉

『現代ファイナンス論』ロバート・マートン、ツヴィ・ボディ著　ピアソン・エデュケーション刊

『ウォール街のランダム・ウォーカー』バートン・マルキール著　日本経済新聞出版社刊

『敗者のゲーム』チャールズ・エリス著　日本経済新聞出版社刊

『行動ファイナンス』ヨアヒム・ゴールドベルグ著　ダイヤモンド社刊

『ファスト&スロー』ダニエル・カーネマン著　早川書房刊

『現代ファイナンス分析 資産価格理論』Jean-Pierre Danthine 著　ときわ総合サービス刊

『最新金融工学に学ぶ資産運用戦略』大庭昭彦著　東洋経済新報社刊

『クルーグマン国際経済学 理論と政策〔原書第10版〕』（上　貿易編）（下　金融編）ポール・R・クルーグマン、モーリス・オブストフェルド、マーク・J・メリッツ著　丸善出版刊

『進化する年金運用』三菱UFJ信託銀行著　日本経済新聞出版社刊

『ファンダメンタル・インデックス』ロバート・D・アーノット、ジェイソン・C・スー、ジョン・M・ウェスト著　東洋経済新報社刊

『アクティブ運用の復権』角田康夫著　金融財政事情研究会刊

『オルタナティブ投資戦略』可児滋著　日本評論社刊

『リスクアプローチによるファンド鑑定』山本明著　金融財政事情研究会刊

『投資の科学』マイケル・J・モーブッシン著　日経BP社刊
『ヘッジファンドの魔術師』ルイ・ペルス著　パンローリング刊
『40兆円の男たち』マニート・アフジャ著　パンローリング刊
『世界経済の三賢人』チャールズ・モリス著　日本経済新聞出版社刊
『ヘッジファンドⅠ』『ヘッジファンドⅡ』セバスチャン・マラビー著　楽工社刊
『実践ヘッジファンド投資』バージニア・レイノルス・パーカー著　日本経済新聞出版社刊
『ヘッジファンド投資入門』ジェームズ・オーウェン著　ダイヤモンド社刊
『合理的市場という神話』ジャスティン・フォックス著　東洋経済新報社刊
『サピエンス全史』ユヴァル・ノア・ハラリ著　河出書房新社刊
『大前流心理経済学』大前研一著　講談社刊
『なぜ専門家の為替予想は外れるのか』富田公彦著　ぱる出版刊
『信じていいのか銀行員』山崎元著　講談社刊
『フィンテックの法律』森・濱田松本法律事務所著　日経BP社刊
『Fintechから見た金融サービスの最新動向』田中達雄著　株式会社野村総合研究所刊

【著者紹介】

髙岡壮一郎（たかおか・そうういちろう）

1999年東京大学卒業後、三井物産株式会社に入社、海外投資審査、情報産業部門における新規事業立ち上げやM&Aに従事。2005年、あゆみトラスト グループ（旧アブラハム グループ）を起業、ヘッジファンドダイレクト株式会社等のグループ各社の代表取締役社長に就任し、フィンテック領域にて富裕層向け金融事業・メディア事業を行う。

・世界10万本以上のファンドデータベースから独自アルゴリズムで最適なファンドを選別、中立的な立場から投資家に助言を行うフィンテック企業ヘッジファンドダイレクト株式会社は、投資助言契約額累計895億円以上（2016年12月末現在）の実績を有し、海外ファンドを専門とする個人投資家向け投資助言会社として業界最大手。
・純金融資産1億円以上の富裕層限定オンライン・プライベートクラブ「YUCASEE（ゆかし）」は会員資産1兆円以上で国内最大規模。
・富裕層向けオンラインメディア「ゆかしメディア」は月間100万アクセス以上で国内最大級。
・同グループ子会社として証券会社を香港に設立する等、グローバル金融に関する豊富な知見を有すると共に、「金融×IT」のフィンテック領域にて18年の経験を有する。「ロイター・ウェルスマネジメント・サミット」「日経BP金融ITイノベーションフォーラム」に登壇。
・著書に『富裕層はなぜ、YUCASEE（ゆかし）に入るのか』（幻冬舎）

ヘッジファンドダイレクト株式会社
https://hedgefund-direct.co.jp/

＊本書に記載した情報や意見によって読者に発生した損害や損失については、著者、発行者、発行所は一切責任を負いません。投資における最終決定はご自身の判断で行ってください。

富裕層のNo.1投資戦略

2017年3月7日　初版発行
2020年8月6日　2刷発行

著　者　髙岡壮一郎

発行者　野村直克
発行所　総合法令出版株式会社
〒103-0001　東京都中央区日本橋小伝馬町15-18
ユニゾ小伝馬町ビル9階
電話 03-5623-5121（代）

印刷・製本　中央精版印刷株式会社

落丁・乱丁本はお取替えいたします。

ISBN 978-4-86280-544-7
総合法令出版ホームページ　http://www.horei.com/